31인 협상전문가의 현장 이야기

사례로 보는 협상과 갈등해결

원창희, 최동하, 장동혁, 조윤근 외 27인 지음

책을 내며

 4년 전에 파인협상아카데미(한국협상경영원의 전신)는 16주의 협상가 1급 자격과정을 시작하면서 매년 2기씩 교육생을 배출하였다. 교육생들은 자격과정에서 협상의 개념, 전략, 절차, 기법 등 많은 이론을 학습하고 역할연기를 통한 실습을 하면서 협상의 이론적 무장과 현실 적용 감각을 익혔다. 협상 교육의 효용성은 학습한 역량이 현실에서 적용되고 현실에서 발생한 협상을 해석하고 활용하는 곳에 있다. 이러한 의미에서 교육과정에서 배운 이론을 이용하여 현장에서 발생한 협상의 경험 사례를 해석하고 소개하는 사례발굴이 시작되었다.

 협상가 1급 자격증 교육과정을 이수한 수료생들 중 사례발굴에 관심 있는 31명의 협상전문가들이 2022년 11월부터 월 2회 협상사례레터(Negotiation Case Letter, NCL)를 발간하는 한국협상경영원 사업에 참여하였다. 이렇게 시작한 협상사례레터는 2024년 12월까지 지속되어 총 52편의 사례를 발간하는 성과를 거두었다. 한 사람의 필자가 평균 1.7편의 사례를 작성하였다. 우리나라 뿐 아니라 세계적으로도 현장의 협상 사례를 장기간 발굴하고 분석하는 사례연구는 희소하다는 사실을 고려하면 52편의 사례분석과 발간은 대단한 성과임에 틀림이 없다.

 이 책의 제2부에서 수록되는 52편의 협상 사례는 다양한 현장에서 다양한 쟁점으로 발생한 각종 비즈니스 협상과 갈등해결의 사례들로 구성되어 있다. 갈등해결 사례가 36편으로 전체의 70%를 차지하여 압도적으로 많은 비중을 보이고 있다. 두 부문은 발생 배경과 과정 및 결과에서 상당한 차이가 있는 것으로 관찰되어 비즈니스 협상 사례는 1장에서, 갈등해결 사례는 2장에서 서로 구분하여 수록하였다. 또한 갈등해결 사례는 당사자 해결 사례와 제3자 해결 사례로 선명하게 구분되는 특징이 있어서 2장 내에서 분리하여 수록하였다.

　52편의 사례는 편집위원회의 엄격한 심사와 수정을 거쳐 발간되었다. 그래서 제1부에서 편집위원들은 협상, 심리, 갈등 관련 기본 지식을 소개하고 있다. 즉, 원창희는 제1장 협상 이론과 현장 사례의 연계성, 최동하는 제2장 협상에 영향을 미치는 심리와 정서, 장동혁은 제3장 갈등해결의 이론과 방법을 각각 집필하였다. 이 글들은 제2부의 사례를 이해하는데 도움이 될 기초적 지식을 제공하고 있다.

　제2부 사례를 어떻게 분석하여 의미를 도출할지 고심이 많았다. 그래서 제3부에서는 52편의 사례를 분류하고 특징을 발굴하고 교훈을 정리한 후 시사점을 도출하려고 노력하였다. 제3부 제1장 사례의 분류와 운영방법, 제2장 사례 교훈의 비교분석, 제3장 사례 분석의 시사점은 원창희와 조윤근이 공동으로 집필하였다. 이 글들은 52편의 사례를 분류하고 어떻게 합의나 해결에 이르렀는지 살펴보고 각 사례에서 밝힌 교훈을 분석하고 정리한 후 사례 분석의 시사점을 도출하는 내용을 담고 있다.

　이 책에 수록한 사례의 31명의 저자들에게 감사의 말씀을 드린다. 현장의 이야기를 기꺼이 발굴하고 정리하여 전달하고자 한 저자들의 노력이 있었기에 본 사례집 출판이 가능했음을 밝힌다. 모든 사례를 편집하고 수정하는데 각고의 노력을 기울인 최동하, 장동혁 편집위원께 심심한 사의를 표한다. 52편의 사례를 분석하고 교훈을 정리하는 작업에 헌신한 조윤근 위원의 노고에도 감사를 드린다. 이 책의 출판을 기획하고 후원한 한국협상경영원의 전폭적 지지가 있었기에 출판이 가능해졌음을 밝혀둔다. 책의 내용과 표현 상 오류는 전적으로 저자들의 책임이며 독자들의 조언을 환영한다.

2025년 4월 1일
대표 저자 원창희 씀

차례

책을 내며_ iii

제1부 협상과 갈등의 기본적 이해 ·················· 1
제1장 협상 이론과 현장 사례의 연계성 ················ 3
제2장 협상에 영향을 미치는 심리와 정서 ············· 35
제3장 갈등해결의 이론과 방법 ·························· 65

제2부 현장실무 협상과 갈등해결 사례 ············ 101
제1장 비즈니스 협상 사례 ······························ 103
제2장 갈등해결 사례 ······································ 171
  1. 당사자 갈등해결 사례 ···························· 171
  2. 제3자 갈등해결 사례 ···························· 233

제3부 협상 사례의 분석과 시사점 ················· 319
제1장 협상 사례의 분류와 운영방법 ················· 321
제2장 협상 사례 교훈의 비교분석 ···················· 332
제3장 협상 사례 분석의 시사점 ······················· 338

부록. 협상사례 번호, 제목, 저자 및 페이지 344
저자 출판 소감 346

표 차례

표 1.1 협상에서 감정의 효과 ·· 14
표 1.2 비즈니스 협상 사례의 협상적 특징 ······························ 23
표 1.3 갈등해결 사례의 협상적 특징 ······································ 25
표 1.4 협상 이론과 사례의 특징 비교 ···································· 29
표 2.1 당사자의 문제와 관계 구분 ·· 257
표 3.1 비즈니스 협상 사례 리스트(16개 사례) ······················· 321
표 3.2 갈등해결 사례 리스트(36개 사례) ······························· 322
표 3.4 협상 사례의 분류체계와 빈도 ···································· 325
표 3.5 협상 사례의 운영 방법과 빈도 ·································· 328
표 3.6 협상 사례의 운영 방법별 소분류 ······························· 330
표 3.7 협상 사례에서 제시된 교훈 항목의 설명 ···················· 333
표 3.8 비즈니스 협상과 갈등해결 사례의 교훈 항목 빈도 ········ 335

그림 차례

그림 1.1 거래와 갈등에서 협상의 구조 ································· 10
그림 1.2 LHO 협상전략모형 ··· 11
그림 1.3 갈등 발생 요인들 ··· 69
그림 1.4 갈등의 악순환 ·· 88

제1부

협상과 갈등의 기본적 이해

제1장 협상 이론과 현장 사례의 연계성

제2장 협상에 영향을 미치는 심리와 정서

제3장 갈등해결의 이론과 방법

제1장
협상 이론과 현장 사례의 연계성

1. 협상의 주요 이론

1) 협상의 개념과 의미

(1) 협상의 개념

 우리가 협상이란 말을 생각할 때 무엇이 머리에 떠오를까. 아마도 갈등, 이견, 타협, 거래, 대표단, 상대편, 전략, 대화, 비밀, 밀담, 인질, 가격, 정치, 외교, FTA, 유연성, 결렬, 타결, 악수, 합의, 이해득실 등 연관단어가 떠오를 수 있다. 연관단어 중 일부는 부정적인 연상이지만 긍정적인 연상이 더 많을 것으로 보인다.
 협상을 개념적으로 정리한다면 가장 공통적인 설명은 의사결정과 의사소통 과정이라는 것이다. Alan Coddington(1968)에 의하면 협상은 다수의 이해당사자들이 가능한 복수의 대안들 중에서 그들 전체가 수용할 수 있는 특정 대안을 찾아가는 동태적 의사결정과정이라고 한다. G. Richard Shell(2006)은 협상은 한 사람이 다른 사람으로부터 어떤 것을 원할 때 발생하는 상호 의사소통과정이라고 정의하였다. Patton(2005)은 협상이란 두 사람 이상이 한편으로는 공통의 이해관계가 있고 다른 한편으로는 갈등이 있거나 이해관계가 다른 상태에서 합의에 이르기 위해 마련된 상호간의 의사소통이라 정의하고 있다. 이들 문헌 중 Patton의 정의에 기초하여 협상은 '두 사람 이상이 공통의 이해관계와 서로 다른 이해관계가 있을 때 합의에 이르기 위해 서로 주고받는 의사소통'이라 정의한다(원창희, 2004, 4).

(2) 거래에서의 협상

협상이 왜 발생하는지 상황을 살펴보는 것은 협상을 이해하는데 도움이 된다. 내가 원하는 것을 상대방이 가지고 있고 상대방이 원하는 것은 내가 가지고 있는 거래관계에서 협상이 발생하게 된다. 내가 가지고 있는 것을 가능한 한 적게 주고 상대방이 가지고 있는 것을 가능한 한 많이 받기 위해 서로 대화하고 설득하여 균형을 이루는 교환비율에 다다르면 협상이 성사되는 것이다. 이는 흥정하여 가격을 결정하는 것이라 할 수 있다.

거래에서 전혀 만족하지 않은 결과로 타결되어 끝난다면 협상의 의미를 상실한 상태라 하겠다. 한 쪽만의 만족은 협상이 아니라 일방적인 결정과 수용의 결과이다. 예를 들어 판매자의 요구가격으로 거래되면 판매자의 이익이 극대화될 것이고 구매자의 제시가격으로 거래되면 구매자의 이익이 극대화될 것이다. 이들 요구가격과 제시가격 사이 중간쯤에서 결정되면 한쪽 일방의 만족이 아니라 상호 수용할 정도의 만족을 얻게 되어 협상의 이점을 볼 수 있다.

(3) 갈등에서의 협상

갈등을 해결하는 문제해결식 협상이라는 것이 있다. 정보를 공개하고 상대와 더불어 공동문제인 갈등을 해결하는 과정을 협상으로 보는 것이다. 갈등이라는 문제를 파악하여 해결을 위한 대안을 강구하고 이러한 대안의 결과를 정확하게 추정하여 그 중 최선이라고 판단되는 대안을 공동으로 선택하는 것이다.

갈등해결에서도 한 쪽의 제압으로 결론난다면 제압을 한 쪽은 최대의 만족을 얻지만 제압을 당한 쪽은 상대적 박탈감을 가지게 되어 협상이라고 할 수 없다. 갈등 당사자들이 서로 타협하여 수용할 수 있는 수준의 만족을 얻는 지점에서 결론이 난다면 당사자들은 협상으로부터 이익을 얻을 수 있다. 그래서 협상은 거래에서 가격을 흥정하여 서로 만족을 얻기 위해서도 나타나지만 서로 충돌하는 갈등상황에서 문제를 공동으로 결정하여 서로 만족을 얻기 위해서도 나타난다.

(4) 협상의 가치

협상은 분명히 추구할 만한 가치가 있다. 협상이 주는 장점과 가치가 어떤 것이 있을지 알아보자(원창희, 2019, 171-172). 첫째, 협상은 어느 한 쪽의 만족으로 끝나는 것이 아니라 참여한 모든 당사자들에게 만족을 준다. 물론 그 만족의 정도는 모두 똑같다고는 할 수 없으나 최소한 일부분의 만족을 주며 상호 비슷한 정도의 만족을 준다는 의미에서 상호 호혜의 원칙이 작용한다.

둘째, 협상은 당사자들이 서로 좋은 관계를 유지하게 해준다. 소송에서 한 쪽이 승소하고 다른 한 쪽이 패소하게 되면 패소한 쪽이 매우 불만을 가지고 상대편을 원망하거나 원한을 가지게 되어 관계가 악화될 가능성이 매우 크다. 반면 협상에서 양쪽이 서로 만족하게 되면 상대적 박탈감이 적고 상대방에게 우호적인 감정을 가지게 되어 당사자들의 관계가 유지되거나 더욱 발전할 수도 있다.

셋째, 둘째의 이유와 관련하여 협상은 당사자들이 속해 있는 조직이나 사회를 발전시키는데 기여한다. 당사자들의 관계가 협상의 좋은 결과로 잘 유지된다면 그 외부효과로서 그들이 관계하는 조직이나 사회에 긍정적인 영향을 미친다. 당사자들의 갈등을 협상으로 해결하는 모습을 바라보는 다른 조직이나 사회 구성원들이 학습효과로서 협상을 잘 활용하려는 마음을 가질 수 있다.

넷째, 협상은 협상 당사자들이 스스로 책임을 지고 결정하는 자율성과 자기결정권을 중시하고 있다. 협상은 다른 사람이 대신 결정해주거나 판정을 내려주지 않고 자기 자신이 결정한다는 의미에서 자율성과 자기결정권을 가져야 하는 덕목을 내포하고 있다. 이렇게 결정한 협상의 결과에 대해서는 자기가 책임을 져야하는 것이다.

다섯째, 협상은 인간의 평등과 존중을 토대로 이루어진다. 한 쪽이 일방적으로 협상을 지배하여 끝낸다면 그 협상은 강압적이며 상대를 무시하고 평등하지도 않은 상황을 만들어낸다. 진정한 협상은 상대방을 협상 당사자로서 인정하고 존중해야 가능하다. 또한 진정한 협상은 동등하고 평등한 자격으로 협상에 임하는 당사자들에 의해 완성된다. 따라서 협상은 평등과 존중이라는 가치를 실현하는 매우 효과적인 실행도구가 되는 것으로 평가된다.

2) 협상의 기본 요소

협상을 구성하는 요소는 크게 나누어 당사자, 이해관계, 협상자원, 커뮤니케이션, 협상력, 협상결과 등으로 구분할 수 있다(원창희, 전게서, 169-171). 먼저 협상의 주체는 바로 당사자들이다. 협상적 상황이 성립하려면 둘 이상의 당사자들이 존재해야 한다. 함께 의사결정을 할 상대방이 존재해야 협상을 시작할 준비가 된 것이다.

둘째, 상반되거나 공통적인 이해관계가 존재해야 협상이 가능하다. 이해관계가 상반되면 경쟁과 투쟁으로 자신의 목표를 달성하려고 하여 협상이 비효율적으로 치달을 가능성이 높지만 이해관계가 공통적이면 협상을 문제해결식으로 전환하여 해결할 수 있다. 대개 이해관계가 상반되기도 하고, 공통적이기도 할 때 협상이 효율적으로 타결될 가능성이 높다. 그래서 협상이 성립하려면 당사자들의 이해관계가 어떤 형태로든 존재해야 하고 그런 이해관계가 없다면 협상이 성립할 수 없다.

셋째, 협상이 이루어지는 과정으로서 커뮤니케이션이다. 우리 몸의 70%는 물로 구성되어 있듯이 협상의 70% 또는 그 이상이 커뮤니케이션으로 구성되어 있다고 해도 과언이 아니다. 커뮤니케이션이란 의사소통이라고 번역하기도 하는데 뉘앙스의 차이로 외래어로서 그대로 사용하는 경향이 있다. 커뮤니케이션이란 말하는 사람이 듣는 사람에게 메시지를 전달하면 듣는 사람이 그 메시지를 이해하고 말하는 사람에게 피드백을 해주는 시스템으로 구조화되어 있다. 메시지에는 정보, 의견, 감정이라는 요소들로 이루어지는데 상황에 따라 그 중요도가 차이난다. 원래 커뮤니케이션의 양대 축인 말하기와 듣기가 다 중요하지만 대화를 원활하게 하기 위해 상대적으로 소홀하기 쉬운 듣기를 중시하고 강조하게 된다.

 넷째, 협상 당사자가 보유하는 협상력(negotiation power)이다. 협상력은 상대방을 자기가 원하는 쪽으로 이끄는 힘이다. 협상력이란 의도된 협상결과를 만들어 낼 수 있는 능력으로 협상자원(negotiation resources)을 얼마나 효과적으로 동원하여 협상목표를 달성하는데 적절히 사용하는가에 따라 그 크기가 결정된다. 협상자원을 효과적으로 동원하는 방법은 바로 커뮤니케이션에 달려 있다. 그래서 협상자원이 유리할수록, 커뮤니케이션이 효과적일수록 협상력이 증가할 것이다. 그래서 협상력을 다음과 같은 등식으로 표현할 수 있다.

 협상력 = 협상자원 × 커뮤니케이션

 협상력의 등식이 수학적으로 표현된다고 해도 정확한 수량적 의미를 지니는 것은 아니고 협상자원과 커뮤니케이션에 비례하며 두 요소가 결합되면 상승작용을 한다는 의미에서 곱셈으로 표현하였다.

 마지막으로 협상의 결과이다. 협상이 어떻게 결론이 나느냐는 당사자들이 바로 협상을 하는 이유가 될 수 있다. 한쪽이 일방적으로 승리할 수도 있고 양쪽이 중간 지점에서 타협하여 절반의 승리를 할 수도 있다. 또는 양쪽이 모두 자기가 원하는 바를 얻어서 욕구가 충족되는 수도 있다. 일방적으로 승리를 하면 승패(win-lose)의 결과이고 양쪽이 모두 승리하면 승승(win-win)의 결과이다. 양쪽이 모두 지는 게임이 되었다면 패패(lose-lose)라는 결과이다. 양쪽이 중간 지점에서 적절히 양보하여 합의한다면 타협(compromise)으로 절반의 승승이 되었다고도 볼 수 있다. 이 협상의 결과들은 자신과 상대방의 협상력에 따라 결정된다. 자신의 협상력이 약할수록 패배하거나 손해 볼 수가 있으며 강할수록 승리하거나 이익을 볼 수 있다. 그러나 두 사람 모두 협상력이 강하다면 승패로 한쪽으로 치우치진 않지만 상호협력 여부에 따라 패패, 승승, 타협의 결과를 예상할 수 있다.

3) 협상의 구조 분석

협상이 이루어지는 구조를 시각적으로 그려보는 것은 협상을 이해하는 데 도움이 될 것으로 보인다. 협상이 거래에서 협상과 갈등해결에서 협상으로 나눠지는데 모두 포괄하는 협상구조를 구축할 필요가 있다. 앞에서 언급한 협상의 기본 요소들의 유기적 관계를 만들어보면 **그림 1.1**과 같다.

협상의 당사자는 A와 B가 좌우에 위치하고 있다. 거래나 갈등의 쟁점에 대해 양 당사자는 각자 입장을 가지고 있고 내면의 이해관계도 서로 다르다. 또한 양 당사자는 각자의 협상자원을 보유하고 있다. 양 당사자는 쟁점에 대한 서로 다른 입장과 이해관계를 토대로 하여 각자 보유하고 있는 협상자원을 활용하여 상호간에 커뮤니케이션을 하면서 협상에 임하게 된다. 최종적으로 협상을 실시한 결과는 합의를 하거나 결렬을 하거나 둘 중 하나가 될 것이고 합의를 한 경우에는 승패, 패승, 승승, 패패, 타협의 5가지 결과를 가지게 된다. 이 협상의 구조는 두 당사자가 거래나 갈등에 맞이하여 협상자원을 이용하고 커뮤니케이션을 통해 거래를 완성하거나 갈등을 해결하는 단순한 흐름을 보여주고 있다.

그림 1.1 거래와 갈등에서 협상의 구조

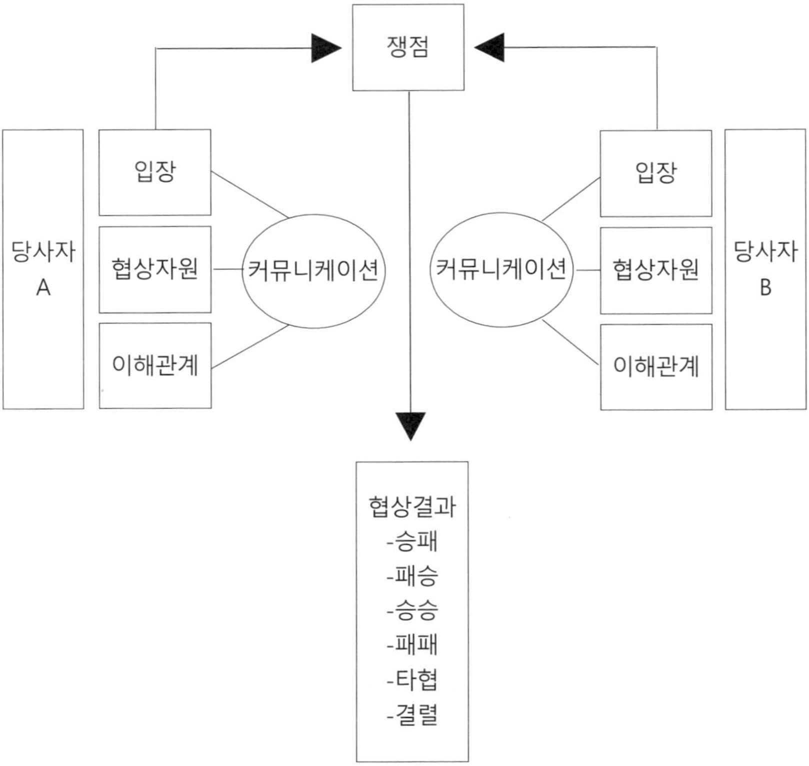

출처: 원창희, 박정일, 진한겸, 조윤근, 이강수, 2023. 12. 협상의 구조 그림은 조직갈등 협상의 구조를 거래와 갈등에 범용하는 구조로 응용하여 변형하였다.

4) 협상의 기본 전략

(1) 협상전략 모형

협상전략 모형은 Lewicki, Hiam & Olander가 개발한 LHO 협상전략모형인데 그 전략 명칭은 TK 갈등관리모형에서 사용한 전략 명칭을 그대로 사용하였다. 종축은 성과의 중요성을 나타내고 횡축은 관계의 중요성을 나타낸다. 원래 LHO 협상전략모형에서는 종축이 관계의 중요성을 나타내고 횡축이 성과의 중요성을 나타낸 것으로 표기되어 있으나 TK 갈등관리모형과 비교하기 쉽고 관계는 평등이라는 개념도 있어서 서로 축을 바꾸어 그림을 그렸다. 성과의 중요성과 관계의 중요성이 모두 낮으면 회피전략, 성과의 중요성은 높으나 관계의 중요성이 낮으면 경쟁전략, 반대로 성과의 중요성은 낮으나 관계의 중요성이 높으면 수용전략을 사용하게 된다. 성과의 중요성과 관계의 중요성이 모두 높은 경우에는 협력전략을 사용하고 성과의 중요성과 관계의 중요성이 중간 정도가 되는 경우 타협전략을 사용한다.

그림 1.2 LHO 협상전략모형

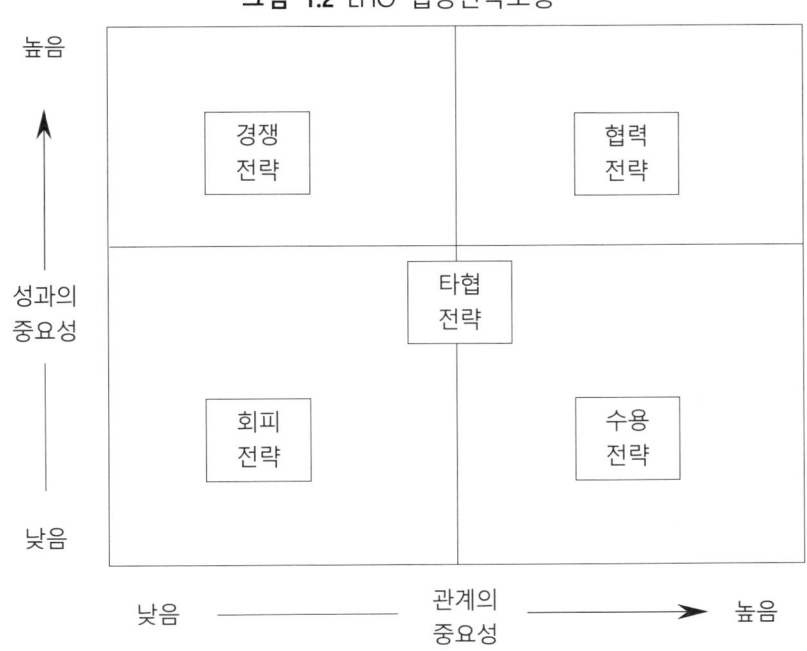

출처: Lewiki, Hiam & Olander(2015), 원창희(2024)

(2) 경쟁적 협상전략

경쟁적 협상전략은 협상을 생각할 때 흔히 취하는 전략이다. 경쟁적 협상전략은 분배적 협상전략 또는 전통적 협상전략으로 표현하기도 한다. 협상의 성과가 관계보다 더 중요할 경우 경쟁적 협상전략을 선택한다. 이 전략은 성과를 얻지만 관계를 손상할 수 있다는 의미에서 win to lose (승리에서 실패로) 전략이라고도 한다. 경쟁적 협상전략의 목표는 단기적 성과를 최대한 많이 차지하려는 것이고 장기적 결과나 관계는 별 관심이 없는 것이다.

경쟁적 협상전략을 사용할 때 중요한 요소는 교섭범위(bargaining range)인데 이는 시작점(starting point), 목표(target), 종결점(ending point)으로 구성되어 있다. 시작점은 당사자들이 협상을 시작하는 지점으로서 서로 다르다. 차량 구매협상에서 구매자는 낮은 시작점을 가지지만 판매자는 높은 시작점을 가진다. 종결점은 더 이상 협상을 하지 않은 최저선 또는 최대양보선이다. 상대방의 종결점은 보통 알려져 있지 않다. 협상이 결렬되면 상대방의 종결점은 근접해 있다는 것을 알게 되고 협상이 타결되면 상대방의 종결점은 알 수가 없다. 종결점이 서로 겹치는 영역은 합의가 가능한데 합의가능영역(zone of possible agreement, ZOPA)이라고 한다.

협상이 결렬될 때 취할 수 있는 대안이 매우 중요하다. BATNA는 협상합의에 대한 최선의 대안(the best alternative to a negotiated agreement)이다. BATNA는 협상의 영역 내에서 존재하는 것이 아니고 협상 밖에서 추구할 수 있는 대안이다. 합의를 할지 말지를 결정하는 잣대로서 BATNA를 이용하기도 하지만 협상 중에 상대를 압박하기 위해 자신의 BATNA를 택하고 협상을 철회할 수도 있다고 말할 수도 있다. 그래서 BATNA는 협상의 파워를 결정하는 중요한 요소가 되기도 한다.

(3) 협력적 협상전략

협력적 협상전략은 양 당사자들이 성과와 관계를 모두 똑 같이 중요하게 생각할 때 취하는 전략이다. 협력적 협상전략은 통합적 협상전략, 원칙적 협상전략, 이해기반 협상전략, 윈윈 협상전략 등으로도 표현된다. 경쟁적 협상전략에서는 목표가 상호 배타적이고 한 쪽이 이기지만 협력적 협상전략에서는 양 쪽이 모두 이득을 얻을 수 있도록 목표를 추구하는 방법을 찾게 된다. 양자 간의 관계는 유지되어 왔으며 이미 주고받은 역사가 있기도 하고 서로 신뢰하고 함께 일할 수 있다고 믿고 있다. 그리고 협력적 협상전략은 특별한 성과와 관계를 위한 장기목표를 수립하기를 원할 때 시작되는 경향이 있다.

5) 협상에서 감정 문제

감정이 협상에서 중요한 역할을 하기 때문에 협상가는 협상테이블에서 감정을 효과적으로 사용하는가를 신경 써야 한다. 자신의 감정을 잘 관리하는 것도 중요하지만 상대방의 감정을 관리하도록 요청하고 감정이 압도하거나 성공에 방해가 되어서는 안 되도록 해야 한다.

Shapiro는 부정적 감정(negative emotions)은 경쟁적 협상에서 단기적으로 원하는 성과를 얻을 수 있지만 장기적 관계를 손상시키고 미래 갈등의 씨앗이 되기도 하며 창의적 활동을 하지 못하도록 작동한다고 주장한다(Shapiro, 2015, 163-170). 이와 반대로 긍정적 감정(positive emotions)은 창의적 협상이 가능하도록 하고 특히 원원 협상에서 필요한 감정이라고 한다. 긍정적 감정이 협상에서 좋은 영향을 미치는 이유는 창의성을 증가시키고 참여하는 팀이나 조직이 긍정적 느낌을 갖도록 촉진하기 때문이다(Leary, Pillemer & Wheeler, 2015, 171-178).

부정적 감정과 긍정적 감정이 어떤 협상에 적절한지는 감정이 어떤 효과를 나타내는지 협상요소별로 식별해보면 더욱 선명해진다. 표 1.1에서 보면 협상의 요소에는 관계, 의사소통, 이해관계, 옵션, 합법성, BATNA, 합의/약속이 있는데 부정적 감정과 긍정적 감정이 각각 요소별로 어떤 효과를 내는지 기술하고 있다.

표 1.1 협상에서 감정의 효과

협상 요소	부정적 감정 효과	긍정적 감정 효과
관계	불신과 긴장관계	협력적 효과적 관계
의사소통	제한적 대립적 의사소통	개방적 쌍방적 의사소통
이해관계	이해관계 무시; 극단적 요구; 인색한 양보	상호관심 청취와 학습
옵션	두 가지 옵션: 내 입장/상대 입장 상호이익 옵션 가능성에 의심	이해관계 충족 다수옵션 창출 상호이익 옵션 창출에 낙관적
합법성	내가 옳고 상대가 틀린 이유에 대해 의지의 싸움	옵션선택에 설득력 있는 기준 사용
BATNA	내 BATNA 나빠도 결렬시킴	BATNA보다 낫다면 최선 선택
합의/약속	합의 부재, 불확실한 약속, 후회	현실적 의무사항 합의, 지지

출처: Fisher and Shapiro (2006).

부정적 감정은 관계에 불신과 긴장관계를 초래하고 대립적 의사소통을 만들어내며 나아가 이해관계를 무시하고 극단적 요구를 하고 있다. 또 부정적 감정은 나의 입장과 상대의 입장만 있는 두 가지 옵션만 존재하고 상호이익의 옵션 가능성에 대해 의심을 주고 있고 내가 옳고 상대가 틀렸다는 이유에 대해 악착같이 싸우게 된다. 또 부정적 감정은 나의 BATNA가 나빠도 결렬시키려 하고 약속이 불확실하며 합의했거나 안했거나 후회하도록 한다. 그래서 부정적 감정은 경쟁적 협상에 흔히 사용되는 감정임을 알 수 있다.

반면 긍정적 감정은 협력적 효과적 관계를 만들고 개방적 쌍방적 의사소통을 만들고 상호관심을 청취하고 학습하도록 한다. 또 긍정적 감정은 이해관계를 충족시키는 다수의 옵션을 창출하고 상호이익 옵션 창출에 낙관적이고 옵션선택에는 설득력 있는 기준을 사용하도록 한다. 또 긍정적 감정은 BATNA보다 나은 옵션이 있다면 선택하고 현실적 의무사항에 합의하고 지지를 보내는 역할을 한다. 그래서 긍정적 감정은 협력적 협상에서 사용하기에 적합한 감정임을 쉽게 알 수 있다.

상대방이 감정을 통제하고 협력적으로 협상에 임하도록 하기 위해서는 보다 긍정적인 마인드를 가지고 긍정적인 언어를 구사하여 분위기를 유도하는 것이 필요하다. Shapiro와 Leary, Pillemer and Wheeler의 연구에서 보듯이 창의적인 윈윈협상을 원한다면 긍정적 감정을 가져야 할 것이다.

6) 협상에서 사용되는 용어와 스킬

협상에서 사용되는 용어와 스킬을 간략히 정리하여 사례를 읽을 때 도움이 되고자 한다(원창희, 2024, xviii-xix).

(1) 갈등과 협상의 전략

토마스킬만 갈등모형: 자신에 대한 관심과 타인에 대한 관심의 결합 정도에 따라 5가지의 갈등관리 스타일: 회피, 경쟁, 양보, 협력, 타협
협상전략: 성과와 관계의 중요성의 정도에 따른 전략
회피전략: 성과의 중요성과 관계의 중요성 모두 낮을 경우 선택
경쟁전략: 성과의 중요성은 높으나 관계의 중요성이 낮을 경우 선택
수용전략: 성과의 중요성은 낮으나 관계의 중요성이 높을 경우 선택
협력전략: 성과의 중요성과 관계의 중요성 모두 높을 경우 선택
타협전략: 성과의 중요성과 관계의 중요성 모두 중간정도면 선택

(2) 협상의 공통적 용어와 스킬

대안: alternative, 협상가가 자신을 위해 취할 수 있는 행동
이해관계: interest, 어느 한 당사자가 어떤 쟁점에 대해 자신의 관심을 표현하는 것
입장: position, 어느 한 당사자가 어떤 쟁점에 대해 자신의 해결방안을 진술한 것
쟁점: issue, 협상에서 해결해야 할 주제나 안건
협상 감정: 협상에서 나타나는 협상가의 감정으로 긍정성과 표현

강도로 구성

협상결과: 패패(lose-lose), 승패(win-lose) 또는 패승(lose-win), 타협(compromise), 윈윈(win-win); WIN-win(큰 윈과 작은 윈)

BATNA: the best alternative to a negotiated agreement, 협상 합의에 대한 최선의 대안, 협상이 결렬될 때 취할 수 있는 최선의 대안

(3) 경쟁적 협상의 용어와 스킬

거래: deal, 협상가들이 합의를 위해 서로 주고받는 행위

교섭: bargain, 자신의 입장을 관철하기 위해 논쟁과 설득을 사용하며 양 당사자들이 타협을 이끌어내기 위해서는 서로 일정한 양보를 함

최대양보가치: reservation, 협상가가 더 이상 갈 수 없는 수준 또는 최저선

최저선: bottom line, 협상가가 더 이상 거래하지 않을 최저 수준, 최대양보가치와 동일한 개념

협상력: 협상가가 원하는 방법으로 원하는 결과를 만드는 능력으로 힘의 원천과 적용으로 구성됨

힘: 사람들이 원하는 결과를 만드는 능력, 또는 원하는 방법으로 일을 이루어내는 능력

힘의 원천: 협상력이 발생하는 원천으로 정보와 전문성 힘, 자원의 통제, 합법성 힘, 구조의 위치, 개인적 힘 5가지로 구성됨

힘의 적용(영향 전략): 협상력의 원천이 협상력으로 전환되기 위해 힘의 원천에 영향을 줄 수 있도록 실행; 설득, 교환, 합법성, 친화력, 비위맞추기, 칭찬, 단호함, 영감의 호소, 협의, 압력, 연합 등 11가지

ZOPA: zone of possible agreement, 합의가능영역, 두 협상가의 최대양보가치 사이의 영역

(4) 협력적 협상의 용어와 스킬

옵션: option, 하나의 이해관계를 충족시키는 해결방안; 한 쟁점에 관련된 옵션들은 매우 많이 존재할 수 있음

옵션 vs 대안: 옵션은 양측이 합의에 이르기 위해 고려하는 가능한 거래의 일부로서 파이확대, 창의성을 요구하는 것인데 반해 대안은 협상가가 자신을 위해 취할 수 있는 행동을 말함

평가기준: evaluation standard, 옵션들 중에 비교하고 판단할 특성이나 요소, 예) 합법성, 예산가용, 수용성, 실천가능성

합의안: consensus, 양측이 수용하는 최적 옵션을 해결방안으로 합의함

2. 현장 사례의 협상적 특징

1) 현장 협상사례 발굴의 의의

4년 전에 파인협상아카데미(한국협상경영원의 전신)는 협상가 1급 자격과정을 시작하면서 매년 2기씩 교육생을 배출하였다. 교육생들은 자격과정에서 협상의 개념, 전략, 절차, 기법 등 많은 이론을 학습하고 역할연기를 통한 실습을 하면서 협상의 이론적 무장과 현실 적용 감각을 익혔다. 협상 교육의 효용성은 학습한 역량이 현실에서 적용되고 현실에서 발생한 협상을 해석하고 활용하는 곳에 있다.

 협상가 1급 자격증 교육과정을 이수한 수료생들이 몇몇 스터디 그룹을 만들어 사례를 연구하고 그 산물을 저서로 발간하였다. 이 저서들은 사례를 보다 깊이 들여다보고 분석한 심층적 현장 사례 연구였다. 이와는 별도로 2022년 11월부터 한국협상경영원에서 협상사례레터(Negotiation Case Letter, NCL)를 월 2회로 발간하기 시작했다. 교육과정에서 배운 이론을 이용하여 현장에서 발생한 협상 사례를 해석하고 소개해보자는 취지에서 시작되었다.

 다양한 현장에서 다양한 쟁점으로 발생한 각종 갈등과 상거래의 협상 사례들이 3년간 꾸준히 발굴되었다. 그래서 '우리의 현장에서는 이렇게 협상이 발생하고 진행되고 마무리되었구나.' 하는 생각을 하며 사례들을 들여다보았다. 보다 흥미로운 관심은 협상의 이론 중 어떤 부분이 현장에서 나타나고 있는지, 이론에는 없는 현상이 발생하는지, 한국인의 독특한 협상 특징이 있는지 등에 모아졌다. 물론 기획된 광범위한 현장 조사를 통한 체계적 분석이 아니어서 객관적 실증분석은 아니지만 협상의 이야기를 통한 질적 분석에서 오는 특징을 발견할 수 있다는 점에서 의미를 갖는다.

 제2부에서 수록하는 사례들은 A4 용지 2매, 또는 200자 원고지 15

장 분량의 단편 사례들이다. 각 사례는 편집회의를 통해 수정 보완된 후 매월 전후반 2회씩 온라인 사이트를 통해 발간되었다. 사례의 내용 구성은 사전에 제시되었는데 갈등과 협상 배경, 진행과정, 갈등과 협상 결과와 합의, 사례의 교훈으로 되어 있다. 이러한 사례의 내용 구성은 사례의 줄거리를 이해하면서도 어떤 과정과 결말이 있었는지 무엇을 배울 점이 있는지를 보여주는 목적을 구현하려는 의미가 있다. 다루는 주제는 협상의 사례이기 때문에 갈등해결이나 상거래 비즈니스 협상에 대체로 국한하였다.

3년에 걸쳐 발간된 사례는 총 52편인데 사례의 성격상 갈등해결 부문과 비즈니스 협상 부문으로 구분하였다. 갈등해결 부문이 전체의 70%를 차지하여 압도적으로 많은 비중을 보이고 있다. 두 부문은 발생 배경과 과정 및 결과에서 상당한 차이가 있는 것으로 관찰되었다. 그래서 양 부문에서 추출되는 협상적 특징을 구분해서 정리해보고자 한다.

협상적 특징이란 협상이 이루어지는 전체 모습을 그려내는데 식별해야 할 중요한 요소들을 구분하여 그 특징을 찾아보는 것을 의미하는데 4가지 차원에서 살펴보고자 한다. 첫째, 전략적 차원에서 협상의 전략이 무엇인지를 살펴본다. 경쟁적 협상, 협력적 협상 또는 혼합적 협상으로 구분할 수 있다. 둘째, 구조적 차원에서 협상의 구조가 갖추어졌는지도 확인해본다. 협상의 구조에는 당사자, 쟁점, 입장, 이해관계, 소통으로 구성되는데 이들 중 어떤 것이 식별되는지 볼 것이다. 셋째, 감정적 차원에서 감정의 문제가 사전적, 사후적으로 어떻게 발생하는지 관찰한다. 넷째, 스킬적 차원에서 어떤 협상의 스킬을 사용하여 협상하고 있는지를 알아내려고 한다.

2) 비즈니스 협상의 협상적 특징

비즈니스 협상은 전체 사례의 30% 정도에 불과해서 사례편수가 적기는 하나 현실에서 일어나는 상거래 협상을 관찰하기에는 충분해 보인다. 협상 사례에서 협상이 당사자들 간에 이루어지는지, 제3자에 의해 진행되는지를 구분하여 당사자 협상, 제3자 조정으로 구분하고 협상의 실무를 다루는 것은 따로 분리하였다. 비즈니스 협상의 사례들이 가지는 특징을 전략적 차원, 구조적 차원, 감정적 차원, 그리고 스킬적 차원으로 구분하여 정리해보면 **표 1.2**와 같다.

(1) 전략적 차원

협상의 학습시간에서는 협력적 협상을 바람직한 것으로 선택하고 있지만 현실에서 협상한 사례는 대부분 경쟁적 전략으로 진행한 것으로 나타났다. 표 1.2에서 보면 당사자 협상에서 협력적 협상이 없고 경쟁적 협상이 10개로 압도적이다. 합의를 한 경우에는 타협으로 마무리한 정도가 된다. 일반적으로 협상을 배우지 않은 상태에서는 협력적 협상을 하고 싶어도 할 줄 모르기 때문에 경쟁적 협상을 하게 된다. 또 학습을 했다 해도 상대방이 경쟁적으로만 나올 경우 같이 경쟁적 협상을 하기 쉽다. 또한 쟁점이 물질적이고 간단할수록 경쟁적으로 진행될 가능성이 높다.

(2) 구조적 차원

협상의 구조는 필요한 요소들이 대부분 언급되고 있다. 당사자들, 쟁점, 입장, 이해관계, 소통은 협상의 구조에서 식별되는 요소들인데 대부분의 비즈니스 협상 사례에서 명시적으로나 묵시적으로 발견할 수 있다. 다만 이해관계는 총 16개 사례 중 6개 사례에서만 발견되고 나머지 사례에서는 언급되지 않는다. 이는 비즈니스 협상 사례가 대부분 경쟁적 협상인 점을 감안하면 이해할 수 있다.

(3) 감정적 차원

비즈니스 협상 사례들은 대체로 감정의 문제를 다루고 있지 않다. 과거 거래관계가 없거나 금전적 손익문제에 집중할수록 감정문제는 개입되지 않는 듯하다. 전체 16개 협상 사례 중 12개 협상에서 감정 문제가 없고 4개 사례에서만 불만, 억울함, 서운함 같은 감정이 발생한 것으로 나타났다. 이러한 감정은 과거의 관계에서 발생하여 소송이나 단체교섭에 표출되고 있다. 대부분 사례는 협상하면서 발생하는 감정의 문제를 다루지 않고 있다.

(4) 스킬적 차원

대부분의 비즈니스 협상 사례는 여러 가지 협상 스킬을 사용하고 강조하기도 하였다. 협상 스킬을 감성, 소통, 스킬로 구분하여 집계하였다. 이는 감성과 소통이 순수한 협상 스킬과는 다른 인간의 감정과 관계 측면에서 다루어야 해서 구분하였다.

표 1.2 비즈니스 협상 사례의 협상적 특징

분류	협상 전략	협상 구조	감정 문제 (복수응답)	협상 스킬 (복수응답)
당사자 협상 11	경쟁적 협상 10 혼합적 협상 1	당사자, 쟁점, 입장, 소통 6 당사자, 쟁점, 입장, 이해관계, 소통 5	불만 2 감정 없음 9	**[감성]** 공감(인정) 1 **[소통]** 진솔한 소통(경청) 3 **[스킬]** BATNA 5 협상력 3 사전준비 2 타협 3 최저선 2 정박효과 1 명분 1 창조적 옵션 1 좋은 사람 나쁜 사람 1 조건부 합의 1 연합
제3자 조정 2	경쟁적 협상 1 협력적 협상 1	당사자, 쟁점, 입장, 소통 1 당사자, 쟁점, 입장, 이해관계, 소통 1	억울함(분노) 1 서운함(괘씸함) 1	**[감성]** 공감(인정) 2 **[소통]** 진솔한 소통(경청) 2
협상 실무 3	경쟁적 협상 3	당사자, 쟁점, 입장, 소통 3	감정 없음 3	**[감성]** 공감(인정) 1 **[스킬]** BATNA 1 협상력 1 사전준비 1 정박효과 1 명분 1 제3자 활용 1 객관적 기준 1
총계	16	16	19	36

감성과 소통은 제3자 조정에서 쉽게 보이지만 당사자 협상에서는 각각 1, 3개로 빈도가 높지 않다. 전체적으로 많이 사용된 스킬을 보면 BATNA 6개, 협상력 4개, 타협 3개, 사전준비 3개, 최저선 2개, 정박효과 2개 사례로 나타났고 그 외도 여러 가지 스킬들이 사용되었다. 경쟁적 협상에서 유리한 상황으로 협상을 이끌기 위해서 여러 가지 스킬을 사용하는 것은 자연스러운 현상이라 보인다.

3) 갈등해결의 협상적 특징

갈등해결 사례는 전체 사례의 70% 정도로 다수를 이루고 있다. 갈등해결이 당사자들 간에 이루어지는지, 제3자에 의해 진행되는지를 구분하여 당사자 해결, 제3자 해결로 구분하고 정책이나 분석은 따로 분리하였다. 여기서 제3자 해결에는 조정, 중재, 판정, 진정(13) 외에 코칭, 민원, 상담, 자문(8개)을 포함하여 보다 정확하게 표현하면 제3자 해결 및 제3자 지원 해결이라 할 수 있다.

비즈니스 협상 사례는 대부분 당사자 협상으로 진행되는데 반해 갈등해결 사례는 당사자 해결보다 제3자 해결이 많다. 표 1.2와 표 1.3을 비교하면 비즈니스 협상 사례에서 당사자 협상 대 제3자 조정 = 11:2이고 갈등 사례에서 당사자 해결 대 제3자 해결 = 13:21을 확인할 수 있다. 비즈니스 협상 사례 경우와 같이 갈등해결 사례들이 가지는 특징을 전략적 차원, 구조적 차원, 감정적 차원, 그리고 스킬적 차원으로 구분하여 정리해보면 표 1.3과 같다.

표 1.3 갈등해결 사례의 협상적 특징

분류	협상 전략	협상 구조	감정 문제 (복수응답)	협상 스킬 (복수응답)
당사자 해결 (13)	협력적 협상 2 경쟁적 협상 4 문제해결(화해) 2 감정해결(화해) 1 소통(적극, 명확, 맥락, 배려) 4	당사자, 쟁점, 입장, 이해관계, 소통 6 당사자, 쟁점, 관계, 소통 3 당사자, 쟁점, 이해관계, 소통 2 당사자, 쟁점, 소통 1 당사자, 소통 1	화냄 4 거부감 1 기분상함 3 서운함 1 불만 1 없음 4	[감성] 사과(용서) 5 감정(치유, 관리, 호의) 3 [소통] 소통(적극, 명확, 진심, 맥락, 고충) 5 경청(인정) 2 비언어 소통 1 [스킬] 창조적 옵션 2 공정성 1 사전준비 1 참여(자발, 결정) 2 사회적 공감 1 언론홍보 1
제3자 해결 (21)	조정(화해) 2 조정(경쟁적 협상) 6 조정(소통) 1 중재(화해) 1 소송(판정) 1 진정신고(권고) 2 민원(화해) 1 고객센터(경쟁적 협상) 1 상담자문(화해) 3 코칭(화해) 2 코칭(협상) 1	당사자, 쟁점, 입장, 이해관계, 소통 6 당사자, 쟁점, 입장 5 당사자, 관계, 욕구, 소통 4 당사자, 쟁점, 입장, 이해관계 3 당사자, 쟁점, 입장, 소통 1 당사자, 입장, 관계, 소통 1 당사자, 관계, 소통 1	기분상함 6 불만 5 불안 4 불신 4 서운함 3 상처 3 화냄 2 적대감 1 배신감 1 괴로움 1 없음 4	[감성] 공감(인정, 존중, 역지사지) 6 사과(용서) 3 자기성찰 2 [소통] 소통(적극, 속마음, 진솔, 경청, I-message) 9 의견수렴 3 이해관계 2 협의 2 [스킬] 타협 2 치킨 게임 1 협상력(압박, 연합) 3 기본규칙 1 사실조사 4 정보(공유, 설명) 2 부서 이동 2
기타 (2)	정책 제안 노사관계	당사자, 쟁점, 입장, 이해관계 1 당사자, 쟁점, 입장, 소통 1	없음 2	[감성] 태도(인정, 존중, 신뢰) 4 [소통] 소통 1 이해관계 1
총계	36	36	49	69

(1) 전략적 차원

갈등해결 사례들 중 경쟁적 또는 협력적 전략을 진행하는 경우는 물질적인 쟁점과 결합되었을 때 나타나는데 당사자 해결에서 6개 사례, 제3자 해결에서 7개 사례로 집계된다. 나머지 사례에서는 화해, 소통 등으로 전략을 선택하고 있다. 갈등 사례 중 인간관계적, 심리적 측면이 부각되는 경우 화해로 가기 위해서 소통, 조정, 중재, 민원, 상담, 코칭 등 다양한 방법들이 사용되고 있다. 비즈니스 협상에서의 제3자 이용보다 갈등해결에서의 제3자 이용이 훨씬 많고 다양함을 알 수 있다.

(2) 구조적 차원

갈등해결의 구조를 관찰해보면 갈등 당사자들이 쟁점을 두고 자신의 입장을 주장하다가 이해관계와 욕구를 식별하고 서로 화해로 합의하거나 해결하는 모습을 보이고 있다. 관계적 측면이 핵심 사항이어서 감정과 소통이 강조되고 있다. 당사자 해결에서 보면 협상으로 진행되는 경우 입장과 이해관계가 나타나지만 관계와 감정이 핵심인 경우 입장과 이해관계가 없이 소통 중심으로 진행되는 경우도 많다. 반면 제3자 해결 중 소송, 진정, 자문의 경우에는 당사자들 사이의 소통이 없는 경우도 상당 수 있다. 결국 물질적 쟁점이 결합된 갈등은 자율적이든 제3자에 의하든 협상적 방법이 사용되지만 감정과 관계적 갈등은 심리와 소통적 방법으로 해결하거나 제3자의 판정이나 권유로 해결되고 있다.

(3) 감정적 차원

갈등해결 사례들은 감정 문제를 상당한 정도로 다루고 있다. 과거나 현재의 상호 관계에 의해 감정이 쌓여 있거나 감정이 문제의 중심에 서 있기도 하다. 비즈니스 협상에서 감정은 협상 전략에 어떻게 활용할 수 있을지, 또는 어떻게 관리할 수 있을지에 초점이 맞추어져 있는데 반해 갈등해결에서 감정은 관계와 소통의 산물로서 풀어야 할 문제 자체이거나 쟁점 해결의 전제나 기초가 되는 측면이 있다.

당사자 해결에서는 감정 없음이 4개 사례로 집계되고 화냄, 기분상함 같은 10개 감정이 9개 사례에서 나타나 한 사례에 평균 한 개의 감정이 나타나고 있다. 제3자 해결에서도 감정 없음이 4개 사례로 집계되지만 기분상함, 불만, 불안 등 30개 감정이 17개 사례에서 나타나 한 사례에 평균 1.8개의 감정이 나타나고 있다. 감정 문제의 해결방법은 당사자 해결에서는 소통으로 해결하는데 반해 제3자 해결에서는 조정, 중재, 자문, 코칭 등의 방법을 통해 화해로서 해결하는 차이점을 발견할 수 있다.

(4) 스킬적 차원

갈등해결 사례에서 사용된 주요 스킬도 매우 다양하다. 갈등해결 사례의 협상 스킬을 비즈니스 협상 사례와 같이 감성, 소통, 스킬로 구분하여 집계하였다. 당사자 해결에서는 사과 5개, 감정 3개와 같은 감성스킬과 다양한 소통방법 5개, 경청 2개와 같은 소통스킬을 많이 사용하고 있다. 제3자 해결에서도 공감 6개, 사과 3개, 자기성찰 2개와 같은 감성스킬과 다양한 소통방법 9개, 의견수렴 3개 등 소통스킬이 비중 있게 사용되었다. 협상적 스킬로는 창조적 옵션, 공정성, 타협, 협상력, 치킨 게임 등이 일부 사용되고 참여, 사실조사, 정보공유 등 일반적 방법들도 사용되고 있다. 따라서 비즈니스 협상에 비해 갈등해결의 스킬은 감성과 소통에 많이 의존하고 있는 것을 발견할 수 있다.

3. 협상 이론과 사례의 비교분석

앞에서 협상의 이론을 정리하고 사례의 특징을 분석하였다. 여기에서는 비즈니스 협상 사례와 갈등해결 사례의 특징을 항목별로 요약, 정리하면서 협상 이론과 비교해보려고 한다. 비교 항목을 협상 전략, 협상 구조, 협상 감정 및 협상 스킬로 구분하여 협상 이론과 비즈니스 협상 및 갈등해결 사례의 특징을 비교해보면 **표 1.4**와 같다.

1) 협상 전략 측면

협상 이론에서는 경쟁, 협력, 타협, 수용, 회피 전략을 구분하고 이 중 경쟁 전략과 협력 전략이 기본 전략으로 분석되고 있다. 실제 비즈니스 협상 사례에서는 협력적 협상은 거의 없고 경쟁적 협상이 대다수임을 볼 수 있다. 갈등해결 사례에서는 감정과 관계적 쟁점이 물질적 쟁점과 결합되었을 때 협상 전략이 나타나고 그렇지 않은 경우에는 협상 전략을 발견하기 어렵다. 갈등해결 사례는 제3자 해결이 많은데 화해로 해결하려는 전략을 취하고 있다.

표 1.4 협상 이론과 사례의 특징 비교

비교 항목	협상 이론	비즈니스 협상 사례	갈등해결 사례
협상 전략	-경쟁, 협력, 타협, 수용, 회피 전략 구분 -경쟁 전략과 협력 전략이 기본 전략임	-경쟁적 협상 전략 위주 -쟁점이 물질적, 간단할수록 경쟁적 협상	-경쟁적, 협력적 협상 전략은 물질적 쟁점이 결합되었을 때만 나타남 -제3자 해결에서는 화해로 해결
협상 구조	-당사자, 쟁점, 입장, 이해관계, 협상자원, 커뮤니케이션(소통), 결과	-당사자, 쟁점, 입장, 이해관계, 소통 식별 -이해관계 사용빈도 미약	-물질적 쟁점은 입장, 이해관계, 소통의 구조 -관계적 쟁점은 입장, 이해관계 없이 소통 중심 해결 -제3자 해결에서는 소통 없이 판정, 권유
협상 감정	-부정적 감정은 경쟁적 협상에 사용됨 -긍정적 감정은 협력적 협상에 사용됨	-대부분 사례에서 감정 문제가 없음 -일부 사례에서 과거 나쁜 관계로 감정 발생	-과거 또는 현재의 감정이 문제의 중심 -당사자 해결보다 제3자 해결에서 감정 많음
협상 스킬	-BATNA, 교섭, 타협, 최저선, 협상력, 힘의 원천, 영향 전략, ZOPA, 비열한 수법, 옵션, 평가기준, 합의안	-감성, 소통은 일부 사례에서만 나타남 -BATNA, 협상력, 타협, 최저선, 사전준비 등 다양한 스킬 사용	-사과, 공감, 감정치유 등 감성스킬이 가장 중요 -경청, 진솔, 적극소통 등 소통스킬이 매우 중요 -창조적 옵션, 타협, 협상력 등 스킬 일부 사용

2) 협상 구조 측면

협상 이론에서는 당사자, 쟁점, 입장, 이해관계, 협상자원, 커뮤니케이션(소통), 결과가 구조를 이루고 있다. 비즈니스 협상에서는 당사자, 쟁점, 입장, 이해관계, 소통이 쉽게 식별되고 있는데 경쟁적 협상이 대부분이어서 이해관계 사용빈도가 미약한 것으로 나타났다. 한편 갈등해결 사례는 다양한 구조를 보이고 있다. 물질적 쟁점이 있는 갈등 사례는 입장, 이해관계, 소통의 구조를 보이지만 관계적 쟁점의 갈등 사례는 입장과 이해관계 없이 소통 중심으로 해결되는 구조이다. 또한 제3자 해결에 의한 갈등 사례는 소통 없이 판정이나 권유로 해결되고 있다. 따라서 갈등해결 사례의 협상 구조는 쟁점의 성격이나 해결 방식에 따라 매우 상이하게 나타난다고 할 수 있다.

3) 협상 감정 측면

협상 이론에서 감정은 부정적 감정과 긍정적 감정이 경쟁적 협상과 협력적 협상에 어떻게 사용되는지를 분석하고 있다. 비즈니스 협상 사례에서 감정 문제는 발생하지 않고 감정 전략도 별로 언급하지 않는다. 반면 갈등해결 사례에서 감정은 문제의 중심인 경우가 많아 매우 중요하다. 과거 또는 현재의 감정이 문제의 중심인 경우 감정을 효과적으로 대처하는데 집중하고 있다. 당사자 해결보다 제3자 해결에서 감정이 많이 나타나지만 완전히 해결되었다고 보기는 어렵다.

4) 협상 스킬 측면

협상 이론에서 스킬은 상당히 많이 소개되어 있다. 예를 들어 BATNA, 교섭, 타협, 최저선, 협상력, 힘의 원천, 영향 전략, ZOPA, 비열한 수법, 옵션, 평가기준, 합의안 등 경쟁적 협상이든 협력적 협상이든 협상이 진행되는 동안 사용될 수 있는 각종 스킬이 다 가능하다. 비즈니스 협상 사례에서 감성 스킬과 소통 스킬은 일부 사례에서만 나타나고 대부분 사례에서는 나타나지 않는다. 대신 BATNA, 협상력, 타협, 최저선, 사전준비 등 다양한 스킬이 사용되고 있다. 다만 비즈니스 협상 사례가 경쟁적 협상에 집중되어 있어서 옵션과 평가기준 같은 협력적 협상 스킬은 잘 발견되지 않는다.

한편 갈등해결 사례에서는 사과, 공감, 감정 치유 등 감성 스킬이 가장 중요하고 경청, 진솔함, 적극 소통 등 소통 스킬도 매우 중요한 것으로 나타났다. 경쟁적 또는 협력적 협상에서 사용되는 창조적 옵션, 타협, 협상력 등 스킬은 일부 사례에서 활용된 것으로 조사되었다.

5) 협상 이론과 사례의 핵심적 차이와 특징

표 1.4에서 협상 이론과 사례를 4가지 측면에서 비교해보았는데 그 핵심적 차이가 무엇인지 요약할 필요가 있다.

(1) 비즈니스 협상 사례의 특징

비즈니스 협상 사례는 협상 이론, 즉 협상의 전략, 구조, 스킬 등이 대체로 잘 적용되어 나타나고 있다. 그러나 비즈니스 협상 사례는 대부분 경쟁적 협상이고 협력적 협상은 거의 없다는 특이점이 발견된다. 현실에서는 비즈니스 협상이 경쟁적 협상으로 진행되는 것이 보편적이라고 보아야 할 것이다. 또한 비즈니스 협상 사례에서 감정 문제가 발생하지 않고 감정 전략도 전혀 언급되지 않고 있다. 감정이 실제로 결합되어 있을지도 모르지만 이에 대한 분석이나 설명이 없어 추가적 연구가 필요하다.

(2) 갈등해결 사례의 특징

갈등해결 사례에는 협상 이론이 제한적으로 적용되고 있다. 갈등해결이 물질적 쟁점과 결합되었을 때 협상 전략이 나타나지만 갈등해결이 관계적 쟁점인 경우에는 소통으로만 해결된다. 그리고 갈등이 제3자에 의해 해결되는 경우에는 소통 없이 제3자의 판정이나 권유로만 해결되는 특징을 볼 수 있다. 갈등해결 사례에서는 감정과 관계가 문제의 중심인 경우가 많기 때문에 갈등해결에 감성 스킬과 소통 스킬이 매우 중요한 역할을 하고 있다. 그 외 일부 갈등해결 사례에서 창조적 옵션, 타협, 협상력 등 협상 스킬이 사용되고 있다.

참고문헌

원창희(2019), **갈등코칭과 협상코칭**, 한국문화사.

원창희(2024), **성공하는 협상의 10가지 핵심역량(개정판)**, 한국협상경영원.

원창희, 박정일, 진한겸, 조윤근, 이강수(2023), **조직갈등해결의 실무와 사례**, 한국협상경영원.

Coddington, Alan(1968), *Theories of the Bargaining Process*, Chicago : Aldine Pub. Co.

Fisher, Roger and Daniel L. Shapiro (2006), *Beyond Reason: Using Emotions as You Negotiate*, Harvard Negotiation Project.

Leary, Kimberlyn, Julianna Pillemer, and Michael Wheeler(2015), "Negotiation with Emotion," in Roy J. Lewicki, Bruce Barry and David M. Saunders, eds., *Negotiation: Readings, Exercises, and Cases*, 7th ed., New York, NY: McGraw-Hill Education, pp.171-178.

Lewiki, Roy J., Alexader Hiam and Karen W. Olander(2015), "Selecting a Strategy," in Roy J. Lewicki, Bruce Barry and David M. Saunders, eds., *Negotiation: Readings, Exercises, and Cases*, 7th ed., New York, NY: McGraw-Hill Education, pp.14-29

Patton, Bruce(2005), "Negotiation," in Michael L. Moffitt and

Robert C. Bordone (Eds.), *The Handbook of Dispute Resolution*, San Francisco, CA: Jossey-Bass.

Shapiro, Daniel L.(2015), "Untapped Power: Emotions in Negotiation," in Roy J. Lewicki, Bruce Barry and David M. Saunders, eds., *Negotiation: Readings, Exercises, and Cases*, 7th ed., New York, NY: McGraw-Hill Education, pp.163-170.

Shell, G. Richard(2006), *Bargaining for Advantage: Negotiation Strategies for Reasonable People*, New York, New York: Penguin Books.

제2장

협상에 영향을 미치는 심리와 정서

1. 협상에서 심리와 정서의 중요성

현대 사회에서 협상은 단순한 비즈니스 거래를 넘어선 일상적인 활동으로 자리 잡고 있다. 우리는 직장에서의 프로젝트 협의나 계약 체결과 같은 공식적인 상황뿐 아니라, 가족 간의 역할 분담, 친구들과의 약속 조율, 심지어 낯선 사람과의 간단한 의견 조율에서도 협상을 경험한다. 이러한 협상의 본질은 단순히 원하는 결과를 얻는 데 그치지 않고, 상대방과의 상호작용을 통해 관계를 형성하고 유지하며 조화로운 결과를 만들어내는 데 있다.

협상은 흔히 논리와 전략의 영역으로 간주되곤 한다. 계산된 숫자와 명확한 목표, 그리고 잘 구성된 전략이 성공적인 협상을 이끌 것이라는 믿음이 강하다. 하지만 실제 협상의 현장은 그러한 단순한 논리적 과정에 머물지 않는다. 협상 테이블 위에서는 각 참여자의 개인적인 신념, 가치관, 경험에서 비롯된 심리적 요인들이 복잡하게 얽혀 있으며, 대화와 제스처, 목소리 톤을 통해 드러나는 정서적 반응들이 협상의 흐름을 크게 좌우한다. 이러한 이유로 협상은 심리와 정서의 기술이라 말할 수 있다.

심리는 협상가의 태도와 행동에 직접적인 영향을 미친다. 상대방의 신뢰를 얻기 위한 말투와 접근 방식, 상대방의 의도를 정확히 파악하려는 인지적 노력 등은 심리적 요소로 설명될 수 있다. 또한 협상가가 가진 권력, 경험, 그리고 협상 결과에 대한 기대치도 심리적 요인에 속하며, 이는 협상에서 자신감을 주거나 반대로 방어적 태도를 강화할 수 있다.

정서는 심리적 요인과 긴밀히 연결되어 있으며, 협상에서 더욱 직접적인 영향을 미친다. 협상 중 느끼는 불안, 분노, 좌절, 흥분, 안도감 같은 정서는 논리적 사고를 흐리게 하거나 강화하는 역할을 한다. 예를 들어, 협상 중 상대방이 지나치게 공격적인 태도를 보일 때 우리는 방어적으로 반응하며, 이는 대화의 단절이나 갈등으로 이어질 수 있다. 반면, 상대방이 공감을 표현하거나 협력적인 태도를 보일 때, 우리는 더 유연하게 협상에 임하며 서로에게 유리한 결과를 도출할 가능성이 높아진다.

결국 협상은 인간 대 인간의 상호작용이며, 그 중심에는 심리와 정서가 자리하고 있다. 우리는 협상에서 인간적인 면을 간과하기 쉽지만, 실제로는 이러한 요소들이 협상 결과에 지대한 영향을 미친다. 상대방의 심리적 동기를 이해하고 정서적 반응을 관리하는 능력은 단순히 거래의 성공을 넘어, 신뢰와 협력을 기반으로 한 관계를 형성하는 데 기여한다.

여기서는 협상에 영향을 미치는 심리적 요인과 정서적 요소를 심층적으로 탐구할 것이다. 이를 통해 협상 과정에서 발생하는 복잡한 심리적 역학을 이해하고, 정서를 효과적으로 관리하며 활용할 수 있는 실질적인 방법을 모색해보고자 한다. 궁극적으로 이 논의를 통해 협상은 단순한 거래가 아니라 사람과 사람 사이의 관계를 깊이 이해하고 조율하는 과정임을 이해하게 될 것이다. 이 글 후반부에 협상과 관련된 심리 및 커뮤니케이션 이론을 소개했다. 추가적인 탐구에 도움이 되길 바란다.

2. 협상에서 심리적 요인의 역할

협상 과정에서 심리적 요인은 협상의 방향과 결과를 결정짓는 중요한 요소다. 협상이 단순한 논리적 사고나 계산의 문제가 아니라는 점은 다양한 심리적 편향과 관계 요인, 그리고 권력 역학에서 잘 드러난다. 협상 테이블에서 발생하는 심리적 요인을 세부적으로 분석해보면, 그것이 협상 결과에 얼마나 깊은 영향을 미치는지 알 수 있다.

1) 인지 편향(Cognitive Biases)

협상은 정보 교환과 분석의 과정으로 보이지만, 협상 참여자들이 항상 합리적으로 행동하는 것은 아니다. 사람들은 자신의 신념과 경험에 따라 특정한 방식으로 정보를 해석하고 반응하며, 이로 인해 종종 편향된 사고를 하게 된다. 이러한 인지 편향은 협상의 객관성을 손상시키고, 갈등이나 오해를 불러일으키는 주요 요인으로 작용한다.

대표적인 예로 확증 편향이 있다. 확증 편향은 자신이 믿고 있는 것을 강화하는 정보에만 주목하고, 다른 관점이나 반대되는 정보를 무시하려는 경향이다. 협상 중 한쪽이 자신의 제안이 완벽하고 정당하다고 확신할 경우, 이를 뒷받침하는 데이터에만 의존하고 상대방의 반론을 간과할 가능성이 크다. 이러한 태도는 협상의 객관성을 떨어뜨리고, 상대방과의 신뢰를 구축하는 데 장애물이 될 수 있다. 따라서 협상가는 자신의 신념을 의심해 보는 태도를 가져야 하며, 열린 마음으로 다양한 관점을 받아들이려는 노력이 필요하다.

협상에서는 앵커링 효과도 자주 나타난다. 이는 초기 제안이 협상의 기준점으로 작용하여 이후 논의에 큰 영향을 미치는 현상을 말한다. 예를 들어, 판매자가 높은 가격을 처음 제시하면 구매자는 그 가격을 기준으로 협상을 진행하게 되는 경우가 많다. 앵커링 효과는 전략적으로 활용할 수 있지만, 초기 제안이 비현실적이거나 과도할 경우 협상의 신뢰를 손상시키고 실패로 이어질 위험이 있다. 따라서 협상가는 첫 제안을 신중히 준비하고, 상대방의 초기 제안에 휘둘리지 않게 의식적으로 경계해야 한다.

또한 손실 회피는 협상에서 매우 강력한 심리적 요인으로 작용한다. 사람들은 이익을 얻는 것보다 손실을 피하려는 경향이 더 강하기 때문에, 협상에서 손실 회피는 종종 의사결정의 중심 동력이 된다. 예를 들어, 두 기업 간의 협상에서 한쪽이 "이 조건을 수락하지 않으면 기존 고객을 잃을 가능성이 있다."고 언급하면, 다른 쪽은 이익보다 손실을 회피하는 데 더 많은 에너지를 쏟게 될 것이다. 이를 이해한 협상가는 상대방의 손실 회피 심리를 자극하지 않으면서도 유리한 제안을 구성하는 것이 중요하다.

2) 신뢰와 관계의 중요성

협상은 단순히 계약 조건을 조율하는 과정이 아니라, 관계를 형성하고 강화하는 중요한 기회다. 신뢰는 협상에서 필수적인 요소로 작용하며, 이는 협상의 진행 속도와 결과에 지대한 영향을 미친다. 신뢰가 형성된 협상에서는 의사소통이 더 원활하고, 합의 사항에 대한 이행 가능성도 높아진다. 반면 신뢰가 부족하면 협상은 방어적이고 갈등적으로 흘러갈 가능성이 커진다.

신뢰를 구축하기 위해서는 진정성 있는 의사소통이 필수적이다. 협상가는 상대방의 의견을 경청하고, 이를 진지하게 받아들이는 태도를 보여야 한다. 예를 들어, 상대방이 불만을 표출할 때 이를 무시하거나 반박하기보다, "그 점은 충분히 이해합니다. 이 부분을 어떻게 조정하면 좋을까요?"라는 식으로 대응하는 것이 신뢰를 쌓는 데 효과적이며 신뢰는 상대방이 자신을 존중한다고 느낄 때 자연스럽게 형성된다.

특히 관계 중심의 접근은 신뢰 구축의 핵심이다. 단기적인 이익에만 집중하기보다 장기적인 관점에서 관계를 우선시하는 태도가 필요하다. 예를 들어, 고객과의 협상에서 단기적인 매출 증가보다는 지속적인 거래 관계를 고려한 유연한 제안은 신뢰를 쌓는 데 큰 도움이 된다. 협상가는 자신의 이익뿐만 아니라 상대방의 필요와 동기를 이해하고, 이를 바탕으로 상호 이익을 추구하는 제안을 해야 한다. 이러한 접근은 협상의 지속 가능성을 높이고, 장기적으로 더 나은 결과를 가져온다.

3) 권력의 불균형

협상에서는 권력의 불균형이 필연적으로 존재하며, 이는 협상 참여자들의 심리에 큰 영향을 미친다. 협상에서 더 많은 권력을 가진 쪽은 자신감 있고 유리한 위치를 점하기 쉽지만, 권력의 남용은 장기적으로 협상 관계를 손상시킬 수 있다.

권력은 협상의 결과를 유리하게 이끄는 도구가 될 수 있지만, 이는 신중히 사용되어야 한다. 권력을 가진 쪽이 협상에서 지나치게 강압적이거나 상대방의 의견을 무시하면, 상대방은 심리적으로 위축되거나 방어적인 태도를 보이게 된다. 이는 협상의 흐름을 방해하고, 결국 갈등을 초래할 수 있다. 따라서 협상가는 자신의 권력을 남용하지 않고, 상대방의 자율성을 존중하는 태도를 유지해야 한다.

심리적 자율성을 존중하는 것은 협상에서 매우 중요한 요소다. 사람들은 스스로 선택할 수 있는 여지가 있을 때 더 협력적으로 행동하는 경향이 있다. 예를 들어, 협상에서 상대방에게 강요하는 대신 여러 선택지를 제시하면, 상대방은 협상 주도권을 가지고 있다고 느껴 더 긍정적으로 반응할 가능성이 높다. 이는 협상의 창의적이고 상호 이익적인 결과를 도출하는 데 기여한다.

권력의 사용은 협상에서 불가피하지만, 이를 신중하고 균형 있게 다루는 것이 협상의 성공과 관계의 지속 가능성을 보장하는 열쇠다.

3. 협상에서의 정서의 영향

협상은 단순히 논리와 전략의 결합으로 이루어지는 과정이 아니다. 협상은 인간 대 인간의 상호작용이며, 그 중심에는 정서가 깊이 자리하고 있다. 정서는 협상의 방향과 분위기를 결정짓는 핵심적인 동력으로 작용하며, 협상의 성공 여부를 좌우한다. 사람들은 협상 중에 자신도 모르게 다양한 정서적 반응을 보이고, 이는 비언어적 신호나 말투,

태도를 통해 상대방에게 전달된다. 협상가가 자신의 정서를 효과적으로 관리하지 못하거나 상대방의 정서를 이해하지 못할 경우, 협상은 갈등으로 치닫거나 원하는 결과에 도달하지 못할 가능성이 크다. 반면, 정서를 전략적으로 활용하면 협상을 유리하게 이끌 수 있을 뿐 아니라, 신뢰를 기반으로 한 긍정적인 관계를 형성할 수 있다. 협상에서 정서가 미치는 영향을 이해하기 위해, 정서가 작용하는 방식, 정서의 유형과 그 영향, 그리고 정서를 효과적으로 관리하는 방법에 대해 논의해보자.

1) 협상에서 정서가 작용하는 방식

정서는 협상 테이블 위에서 다양한 방식으로 작용한다. 가장 먼저 정서는 협상가의 의사결정 과정에 직접적인 영향을 미친다. 예를 들어, 협상 중 상대방이 친절하고 긍정적인 태도를 보이면 우리는 그들에게 더 관대해지고, 그들의 제안을 받아들이려는 경향을 보인다. 반대로, 상대방이 공격적이거나 방어적인 태도를 보이면 우리는 경계심을 높이고 단호하게 대응하려는 태도를 취하게 된다. 이는 정서가 협상의 논리적 진행을 방해하거나, 반대로 촉진할 수도 있다는 양면성을 보여준다.

또한, 정서는 비언어적 신호로 상대방에게 전달되며 협상 분위기에 영향을 미친다. 협상 중 미소나 차분한 어조는 긍정적 정서를 전달하며, 상대방의 긴장을 완화시키고 협력적인 태도를 이끌어낼 수 있다. 반면, 눈살을 찌푸리거나 한숨을 쉬는 행동은 부정적 신호로 작용하여 상대방에게 위축감을 주거나 방어적인 태도를 유발할 수 있다. 이러한 비언어적 신호는 협상의 논리적인 내용보다 더 강한 메시지를 전달할 수 있기 때문에, 협상가는 자신의 비언어적 표현을 신중히 조절할 필요가 있다.

정서는 또한 협상이 끝난 이후에도 영향을 미친다. 협상 중에 느낀 긍정적인 정서는 협상이 종료된 뒤에도 신뢰와 협력을 지속할 수 있는 기반이 된다. 예를 들어, 협상 과정에서 상대방이 공감과 존중을 보여주었다면, 우리는 그와의 관계를 장기적으로 유지하고 싶어 할 가능성이 크다. 반면, 부정적인 정서는 협상이 종료된 뒤에도 갈등과 불신을 남기며, 이후의 협력 가능성을 크게 제한할 수 있다. 따라서 협상가는 단순히 단기적인 협상 결과에만 집중하지 않고, 정서가 장기적인 관계에 미치는 영향을 고려해야 한다.

2) 정서의 유형과 협상에 미치는 영향

정서는 긍정적 정서와 부정적 정서로 나눌 수 있으며, 각각의 정서는 협상에 상반된 영향을 미친다. 긍정적 정서는 협상의 창의성과 협력 가능성을 높인다. 예를 들어, 협상 중 상대방이 미소를 짓거나 따뜻한 말투로 대화를 이끌어간다면, 우리는 더 유연한 태도를 취하며 협력적인 자세를 갖추게 된다. 이러한 긍정적 정서는 협상가로 하여금 창의적인 해결책을 제안할 수 있도록 돕고, 양측이 만족할 수 있는 결과를 도출하는 데 기여한다. 또한, 긍정적 정서는 신뢰를 형성하는 중요한 요소다. 협상 중 상대방이 우리를 존중하고 배려한다는 느낌을 받을 때, 우리는 그들과 장기적인 관계를 유지하려는 동기를 느끼게 된다.

반대로, 부정적 정서는 협상을 방해하거나 갈등을 증폭시킬 위험이 있다. 분노는 대표적인 부정적 정서로, 단기적으로 상대방에게 압박감을 줄 수 있지만, 장기적으로는 관계를 악화시키고 신뢰를 무너뜨리는 결과를 초래한다. 불안 또한 부정적 영향을 미치는 정서다. 협상가가 불안을 느끼면 자신감이 떨어지고, 과도한 양보를 하게 되어 협상 결과의 질이 낮아질 수 있다. 냉소적인 태도는 상대방에게 무관심하거나 비협조적인 인상을 주며, 협상 분위기를 냉각시키고 신뢰를 저하시킬 가능성이 높다. 이러한 부정적 정서가 협상에서 표출되지 않도록 조절하는 것은 협상가로서의 중요한 역량 중 하나다.

3) 정서를 효과적으로 관리하는 방법

협상에서 정서를 효과적으로 관리하기 위해서는 자기 인식, 정서 조절 기술, 그리고 상대방 정서에 대한 공감적 대응이 필요하다. 우선, 자기 인식은 정서 관리의 출발점이다. 협상가는 자신의 정서를 정확히 인식하고, 그것이 협상 과정에서 어떻게 표출되고 있는지 점검해야 한다. 예를 들어, 협상 중에 긴장이나 불안을 느낄 때, 이를 숨기기보다는 스스로 자각하고 이를 진정시키기 위한 방법을 사용하는 것이 중요하다. 심호흡이나 짧은 명상은 이러한 순간적인 감정을 조절하는 데 효과적인 도구가 될 수 있다.

둘째, 정서를 조절하는 기술을 습득하는 것이 필요하다. 협상 중 예상치 못한 상황이 발생했을 때, 부정적인 정서를 긍정적인 언어와 태도로 재구성하는 능력은 협상의 방향을 바꾸는 데 큰 역할을 한다. 예를 들어, 상대방이 비현실적인 요구를 제시했을 때, 이를 단순히 거절하기보다는 "이 문제를 해결하기 위해 다른 접근 방식을 함께 논의해보는 건 어떨까요?"와 같이 상황을 긍정적으로 전환할 수 있는 언어를 사용하는 것이 유용하다.

셋째. 상대방의 정서를 이해하고 이에 공감하는 능력은 협상에서 신뢰를 구축하는 데 핵심적인 역할을 한다. 상대방이 분노하거나 불안을 느끼는 상황에서 이를 인정하고 공감하는 태도를 보이는 것은 협상 분위기를 안정시키고 협력을 이끌어내는 데 도움을 준다. "당신이 이 부분에 대해 걱정하고 있다는 점을 이해합니다. 함께 해결책을 찾아볼 수 있을 것 같습니다"와 같은 공감 어린 표현은 상대방의 방어적 태도를 완화하고 신뢰를 형성하는 데 효과적이다.

정서는 협상에서 단순한 부수적인 요소가 아니다. 정서는 협상의 모든 단계에 걸쳐 영향을 미치며, 협상의 성공 여부를 좌우하는 중요한 요인이다. 협상가는 자신의 정서를 인식하고 조절하며, 상대방의 정서를 이해하고 공감할 수 있는 능력을 갖추어야 한다. 이러한 정서 관리는 단기적으로는 협상의 긍정적 결과를 도출하는 데 기여하며, 장기적으로는 신뢰와 협력의 관계를 강화하는 데 필수적이다. 협상에서 정서를 효과적으로 다루는 것은 논리와 전략을 넘어 인간적인 상호작용의 기술이라 할 수 있다.

4. 협상 단계별 심리 전략과 정서 관리

협상에서 심리와 정서를 효과적으로 관리하는 것은 단순히 협상 기술의 문제를 넘어, 신뢰와 관계를 형성하고 협력적인 결과를 도출하는

데 있어 핵심적인 역할을 한다. 협상가는 자신의 심리적 상태와 정서를 인식하고, 상대방의 심리와 정서를 이해하며, 이를 전략적으로 활용할 수 있어야 한다. 협상은 일회적인 사건으로 끝나는 경우보다 반복적이고 장기적인 관계를 전제로 이루어지는 경우가 많다. 따라서 심리와 정서를 효과적으로 관리하는 능력은 단기적 성공뿐만 아니라 장기적 신뢰를 구축하는 데 필수적이다.

1) 협상 준비 단계에서의 심리적 준비

협상의 성공 여부는 준비 단계에서 얼마나 철저히 심리적 대비를 했는지에 크게 달려 있다. 이 단계는 협상의 토대를 다지는 시간으로, 명확한 목표 설정과 상대방에 대한 심리적 분석, 그리고 자신의 정서적 안정 상태를 점검하는 과정을 포함한다.

먼저, 협상가는 자신이 이루고자 하는 목표를 명확히 설정해야 한다. 단순히 얻고자 하는 이익의 크기만을 고려하는 것이 아니라, 상대방과의 관계를 유지하거나 강화하는 등 장기적 관점에서의 목표도 포함해야 한다. 예를 들어, 단기적으로 가격을 낮추는 데 성공하더라도, 상대방과의 관계가 악화된다면 장기적인 협력 기회를 놓칠 수 있다. 따라서 협상가는 단기적 목표와 장기적 목표를 균형 있게 설정해야 한다.

이와 함께, 협상가는 자신이 느끼는 정서적 상태를 점검하고, 협상 중 예상되는 정서적 반응을 미리 인식해야 한다. 긴장, 불안, 흥분과 같은 감정은 협상 중 갑작스럽게 나타날 수 있으며, 이를 관리하지 못하면 협상의 흐름에 부정적인 영향을 미칠 수 있다. 이를 방지하기 위해 협상 전 간단한 심호흡이나 명상, 또는 자신의 감정을 일기에 적는 등의 방법으로 감정을 정리하는 습관을 들이는 것이 효과적이다.

또한, 상대방에 대한 심리적 분석은 협상 준비 과정에서 반드시 포함되어야 한다. 상대방의 동기, 필요, 우선순위를 이해하는 것은 협상을 성공적으로 이끌기 위한 필수 요소다. 상대방이 어떤 점에 민감하게 반응할지, 무엇을 가장 중요하게 여길지 예측한다면 협상 전략을 보다 정교하게 세울 수 있다. 예를 들어, 상대방이 손실 회피 성향이 강한 경우, 협상가는 손실의 가능성을 최소화하거나 회피할 수 있는 옵션을 강조하는 방식을 택할 수 있다.

2) 협상 진행 중 심리와 정서 관리

협상 중에는 예상치 못한 상황이 발생하며, 이에 따라 협상가의 심리와 정서가 직접적으로 시험받게 된다. 이 시점에서 심리적 안정과 정서 조절 능력을 유지하는 것은 협상의 성공을 결정짓는 핵심 요소다.

먼저, 적극적 경청은 협상 진행 중 심리와 정서를 효과적으로 관리하는 데 중요한 역할을 한다. 적극적 경청은 단순히 상대방의 말을 듣는 것을 넘어, 상대방의 의도와 감정을 파악하고 이를 확인하며 대화를 이어가는 기술이다. 예를 들어, 상대방이 특정 조건에 대해 강한 반감을 표출할 때, "이 조건이 걱정되시는 부분인 것 같습니다. 더 구체적으로 말씀해 주실 수 있을까요?"라는 질문을 통해 상대방의 입장을 이해하고 논의를 이어갈 수 있다. 이러한 공감적 태도는 상대방으로 하여금 자신이 존중받고 있다는 느낌을 주며, 협력적인 분위기를 형성한다.

정서적 긴장을 완화하는 것도 협상 중 중요한 과제다. 협상은 본질적으로 대립적 요소를 포함하고 있으며, 갈등 상황에서 긴장이 고조될 수 있다. 이럴 때 협상가는 감정을 조절하고 긴장을 완화하는 기술을 활용해야 한다. 심호흡, 잠시 휴식 시간을 갖는 제안, 또는 가벼운 유머를 사용하는 방법은 긴장을 풀고 협상을 보다 생산적인 방향으로 이끄는 데 효과적이다. 예를 들어, "잠시 쉬면서 차 한 잔 마신 후에 다시 논의해보는 건 어떨까요?"라는 제안은 긴장된 분위기를 완화하고, 협상 테이블을 더 협력적인 공간으로 만드는 데 기여할 수 있다.

유연성과 창의성은 협상 진행 중 심리와 정서를 효과적으로 관리하는 또 다른 핵심 요소다. 고집스러운 태도는 협상 과정에서 갈등을 심화시키는 반면, 유연한 자세는 협상의 창의적인 해결책을 도출할 가능성을 높인다. 협상가는 자신의 입장에 집착하기보다 상대방의 관점을 이해하고, 양측이 만족할 수 있는 대안을 제시해야 한다. 예를 들어, 단순히 "이 가격은 받아들일 수 없습니다."라고 거절하기보다는, "이 가격 대신 이런 옵션을 추가하면 어떨까요?"라고 제안함으로써 협상의 가능성을 열어둘 수 있다.

3) 협상 이후의 관계 유지와 신뢰 구축

협상이 종료된 후에도 심리와 정서를 관리하는 것은 협상 관계를 장기적으로 유지하고 발전시키는 데 필수적이다. 협상 이후의 사후 관리는 단순히 합의된 내용을 실행하는 것을 넘어, 상대방과의 신뢰를 강화하고 향후 협력을 위한 기반을 마련하는 과정이다.

첫째, 협상 이후 합의된 내용의 명확한 이행은 신뢰 구축의 핵심이다. 협상에서 합의된 사항이 제대로 실행되지 않으면 상대방은 실망하거나 불신을 느끼게 되며, 이는 장기적인 관계에 부정적인 영향을 미친다. 따라서 협상가는 합의 내용을 문서화하고, 이를 성실히 이행하는 책임을 다해야 한다. 예를 들어, 계약 조건을 명확히 기록하고, 이행 과정을 주기적으로 점검하며 상대방에게 진행 상황을 공유하는 방식은 신뢰를 강화하는 데 효과적이다.

둘째, 협상 종료 후 상대방과의 피드백 과정을 통해 관계를 강화할 수 있다. 협상 중에 잘된 점과 개선이 필요한 점에 대해 솔직하게 논의하며, 이를 통해 향후 협상을 위한 발전 방향을 설정할 수 있다. 또한, 협상이 끝난 후에도 상대방과 지속적으로 소통하며, 비공식적인 만남이나 친교를 통해 관계를 더욱 발전시키는 노력이 필요하다. 이러한 지속적인 관계 관리는 단순한 비즈니스 관계를 넘어, 장기적인 신뢰와 협력의 기반이 된다.

셋째, 반복 협상 상황을 염두에 둔 장기적 전략이 중요하다. 협상은 단발적인 사건으로 끝나는 경우보다, 반복적으로 이어지는 경우가 많다. 따라서 과거의 협상 경험을 분석하고, 발생했던 갈등이나 문제점을 개선하며, 새로운 협상 전략을 수립하는 과정이 필요하다. 이를 통해 협상의 질을 지속적으로 향상시키고, 장기적인 협력 관계를 유지할 수 있다.

협상에서 심리와 정서를 관리하는 전략은 단순히 협상의 성공을 위한 기술적 요소가 아니라, 신뢰와 관계를 형성하고 유지하는 데 있어 필수적인 과정이다. 협상의 준비 단계에서 철저한 심리적 준비와 목표 설정, 협상 진행 중 적극적 경청과 정서적 긴장 완화, 그리고 협상 이후 신뢰를 구축하는 노력을 통해 협상가는 단순히 단기적인 결과를 얻는 데 그치지 않고, 장기적인 관계를 기반으로 더 큰 가치를 창출할 수 있다. 심리와 정서를 전략적으로 활용하는 협상가는 갈등을 넘어 협력과 상생을 실현할 수 있는 진정한 협상가라 할 수 있다.

5. 협상과 관련된 심리 및 커뮤니케이션 이론

협상과 관련된 심리 이론은 협상 과정에서 사람들의 행동, 의사결정, 그리고 정서적 반응을 이해하는 데 중요한 도구를 제공한다. 이러한 이론은 협상가가 상대방의 심리적 동기를 파악하고, 자신과 상대방의 행동을 전략적으로 조정하는 데 도움을 준다. 다음은 협상과 밀접하게 연관된 주요 심리 이론들이다.

1) 사회적 교환 이론(Social Exchange Theory)

사회적 교환 이론은 인간의 사회적 행동이 비용과 보상의 균형에 의해 결정된다는 관점에서 협상을 이해한다. 사람들은 관계나 상호작용에서 자신이 투자한 것과 얻는 것의 비율을 계산하며, 이를 바탕으로 관계를 지속하거나 종료할지를 결정한다. 협상에서도 이러한 사고 과정이 작용하며, 상호 이익과 공정성이 협상의 핵심 요인으로 등장한다.

협상에서의 적용:
협상은 본질적으로 교환의 과정이다. 예를 들어, 한 기업이 가격을

낮추는 대신 더 긴 계약 기간을 요청하는 것은 상호적인 교환의 예다. 이 이론은 협상가로 하여금 상대방이 얻는 보상이 그들이 감수해야 할 비용을 상회하도록 설계된 제안을 준비하게 만든다.

전략적 활용:

상대방의 요구를 이해하고, 그들의 투자와 보상의 균형을 맞추는 제안을 통해 공정성을 확보하면 신뢰와 협력을 촉진할 수 있다.

2) 손실 회피 이론(Loss Aversion) - 전망 이론(Prospect Theory)의 일부

손실 회피 이론은 사람들이 이익보다 손실에 더 민감하게 반응한다는 것을 설명한다. 이 이론은 카너먼(Kahneman)과 트버스키(Tversky)의 전망 이론(Prospect Theory)에서 출발하며, 사람들은 동일한 크기의 이익보다 손실을 피하는 데 더 큰 심리적 가치를 부여한다는 점을 강조한다.

협상에서의 적용:

협상 상황에서 상대방은 새로운 이익을 얻는 제안보다, 기존의 것을 잃지 않게 해주는 제안을 더 선호할 가능성이 높다. 예를 들어, "지금 계약하지 않으면 다음 달부터 할인 혜택을 잃게 됩니다."라는 표현은 단순히 "지금 계약하면 혜택을 드립니다."라는 표현보다 더 효과적일 수 있다.

전략적 활용:

상대방의 손실을 최소화하거나, 손실을 피할 수 있는 대안을 강조하면 협상 성공률을 높일 수 있다.

3) 앵커링 효과(Anchoring Effect)

앵커링 효과는 초기 제안이 협상의 기준점(앵커)으로 작용하여 협상 결과에 강력한 영향을 미치는 현상을 설명한다. 이 효과는 초기 제안이 현실적이든 그렇지 않든, 사람들이 이를 기준으로 삼아 이후의 협상 과정을 조정한다는 점에 기반을 둔다.

협상에서의 적용:
초기 제안을 어떻게 설정하느냐에 따라 협상의 흐름이 크게 달라질 수 있다. 예를 들어, 판매자가 높은 초기 가격을 제시하면 구매자는 그 가격을 기준으로 협상을 진행하게 되며, 더 높은 가격에 동의할 가능성이 커진다.

전략적 활용:
협상가는 초기 제안을 신중히 설정하여 협상 흐름을 유리하게 이끌 수 있다. 또한, 상대방의 앵커링 효과를 의식하고 지나치게 영향을 받지 않도록 주의해야 한다.

4) 상호성 원칙(Reciprocity Principle)

상호성 원칙은 사람들이 자신이 받은 만큼 돌려주려는 심리적 경향을 설명한다. 이는 사회적 규범에서 비롯된 행동으로, 협상에서 신뢰와 호의를 구축하는 데 중요한 역할을 한다.

협상에서의 적용:
협상 중 상대방에게 양보를 하면, 상대방도 이에 상응하는 양보를

할 가능성이 높아진다. 예를 들어, 한쪽이 먼저 조건을 완화하거나 유리한 제안을 하면 상대방은 이를 반영하여 협력을 강화하려고 한다.

전략적 활용:
초기 단계에서 작은 양보를 통해 상호 협력의 분위기를 조성할 수 있다. 상대방이 반응하지 않을 경우, 명확한 이유를 요구하거나 협상 전략을 재조정할 필요가 있다.

5) 공정성 이론(Equity Theory)

공정성 이론은 사람들이 관계나 거래에서 공정성을 중시한다는 점을 강조한다. 거래가 불공정하다고 느낄 경우, 사람들은 이를 조정하려는 동기를 가지게 된다. 이는 협상에서도 상대방의 만족도를 결정짓는 중요한 요인으로 작용한다.

협상에서의 적용:
협상가가 제안하는 조건이 공정하다고 느껴질 경우, 상대방은 더 협조적인 태도를 보인다. 반대로, 제안이 공정하지 않다고 느껴지면 갈등이 발생하거나 협상이 중단될 가능성이 크다.

전략적 활용:
협상 조건이 상대방의 기여와 보상 간의 균형을 유지하도록 설계해야 한다. 공정성을 명확히 설명하고 이를 논리적으로 뒷받침하면 협상 성공 가능성이 높아진다.

6) 게임 이론(Game Theory)

게임 이론은 협상 상황을 수학적 모델로 분석하여 협력과 경쟁의 전략적 선택을 설명한다. 특히 반복 게임(repeated games)에서는 신뢰와 협력이 장기적으로 더 큰 이익을 가져올 수 있음을 보여준다.

협상에서의 적용:

협상이 반복되는 관계에서 신뢰를 깨는 행동은 단기적으로 유리할 수 있지만, 장기적으로는 더 큰 손실을 초래할 수 있다. 따라서 반복 협상에서는 상호 협력을 유지하는 것이 중요하다.

전략적 활용:

협상가는 장기적인 관점에서 신뢰를 유지하며 협력적인 태도를 취해야 한다. 반복 게임에서 발생하는 교훈을 기반으로 상대방과의 관계를 조율할 수 있다.

7) 정교화 가능성 모델(Elaboration Likelihood Model, ELM)

정교화 가능성 모델은 사람들이 설득 메시지를 처리하는 방식이 두 가지 경로로 나뉜다는 점을 설명한다. 이 이론은 설득 상황에서 사람들이 얼마나 깊이 메시지를 처리하는지에 따라 태도 변화가 달라진다고 본다.

핵심 개념으론 중심 경로와 주변 경로가 있다. 중심 경로(Central Route)는 메시지의 내용과 논리적 근거를 바탕으로 깊이 숙고하여 태도 변화를 이끈다. 이는 정보가 명확하고 수용자의 동기가 높을 때 효과적이다. 주변 경로(Peripheral Route)는 메시지 자체보다는 전달자의 신뢰도, 감정적 호소, 메시지의 시각적 매력 등 주변 요소에 의해 태도가 변화한다.

협상에서의 적용:

상대방이 메시지의 논리와 근거를 중요시한다면, 중심 경로를 활용해 세부적이고 명확한 데이터를 제시해야 한다.

반대로, 상대방이 감정적 요소에 민감하다면 주변 경로를 통해 신뢰를 강화하고 정서적 호소를 사용하는 것이 효과적이다.

전략적 활용:

협상 중 상대방이 논리적인 근거를 요구할 경우 구체적인 수치를 제시하며, 신뢰를 구축하기 위해 비언어적 표현을 보완할 수 있다.

8) 인지 부조화 이론(Cognitive Dissonance Theory)

인지 부조화 이론은 사람들의 신념, 태도, 행동 간의 불일치로 인해 심리적 불편함(부조화)이 발생하며, 이를 줄이기 위해 자신의 신념이나 행동을 조정하려는 경향이 있다는 점을 설명한다.

핵심 개념으로 부조화의 발생과 부조화의 감소가 있다. 부조화의 발생은 신념과 행동이 서로 불일치할 때 심리적 갈등이 발생한다. (예: "나는 환경을 보호해야 한다고 믿지만, 플라스틱 제품을 자주 사용한다.") 부조화 감소는 심리적 불편함을 줄이기 위해 자신의 신념을 변경하거나, 행동을 정당화하거나, 새로운 정보를 추가한다.

협상에서의 적용:

협상가가 상대방의 기존 신념과 행동 사이의 불일치를 드러내면, 상대방은 이를 해결하기 위해 태도를 변화시킬 가능성이 높아진다.

예를 들어, "당신은 품질을 가장 중요하게 생각한다고 하셨지만, 이 대안은 품질이 낮아 위험할 수 있습니다."와 같은 메시지는 부조화를 유발해 상대방의 재검토를 촉진할 수 있다.
전략적 활용:
부조화를 최소화하기 위해 상대방의 신념과 조화되는 방식으로 제안을 구성하는 것이 중요하다.

9) 인지 편향(Cognitive Bias)

인지 편향은 사람들이 정보를 처리하거나 결정을 내리는 과정에서 발생하는 체계적인 오류를 의미한다. 협상에서는 인지 편향이 협상가의 판단과 행동에 영향을 미쳐 결과에 중요한 영향을 미칠 수 있다. 다음은 협상에 영향을 미치는 주요 인지 편향의 종류와 그 설명이다.

(1) 확증 편향(Confirmation Bias)

확증 편향은 사람들이 자신의 기존 신념이나 기대를 뒷받침하는 정보만 선택적으로 받아들이고, 반대되는 정보는 무시하거나 축소하는 경향이다.
협상에서의 영향:
-협상가는 자신의 제안이 최선이라고 믿고, 이를 뒷받침하는 자료만 강조하면서 상대방의 대안을 간과할 수 있다.
-객관적인 분석이 어려워지고, 상대방과의 신뢰가 약화될 가능성이 있다.
극복 방법:
-자신의 신념을 검증하려는 태도로 협상에 임하며, 상대방의 관점

을 적극적으로 고려한다.
-반대되는 의견이나 데이터를 검토하며, 열린 마음으로 논의를 진행한다.

(2) 자기확신 편향(Overconfidence Bias)

자기확신 편향은 사람들이 자신의 능력이나 판단에 대해 과도한 자신감을 가지는 경향이다.
협상에서의 영향:
-협상가는 지나치게 높은 목표를 설정하거나, 상대방의 의견을 과소평가하면서 협상 실패를 초래할 수 있다.
-합의 가능한 영역을 좁게 설정하여 윈윈(win-win) 가능성을 제한할 수 있다.
극복 방법:
-객관적인 데이터를 통해 자신의 주장과 목표를 검증하며, 상대방의 능력과 대안을 충분히 평가한다.
-동료나 제3자의 피드백을 받아 자신의 판단을 점검한다.

(3) 대표성 편향(Representativeness Bias)

대표성 편향은 사람들이 특정 사건이나 사례가 전체 범주를 대표한다고 잘못 판단하는 경향이다.
협상에서의 영향:
-과거 협상 경험이나 사례를 기준으로 현재 상황을 판단해, 상황의

고유성을 간과할 수 있다.

-상대방의 행동을 잘못 해석하여 부정확한 결론에 도달할 가능성이 있다.

극복 방법:

-현재 상황의 맥락과 고유한 요소를 분석하며, 과거 사례와의 차이점을 파악한다.

-상대방의 동기와 맥락에 대한 정보를 수집하고 신중히 평가한다.

(4) 기저율 무시 편향(Base Rate Neglect Bias)

기저율 무시 편향은 사람들이 통계적 기저율(전체적인 데이터)을 무시하고 눈에 띄는 특정 정보에 지나치게 의존하는 경향이다.

협상에서의 영향:

-협상가는 드문 사례나 극단적인 결과에 주목하며, 현실적이고 일반적인 결과를 무시할 수 있다.

-예를 들어, 특정 계약의 성공 사례만 강조하며 실패 가능성을 간과할 수 있다.

극복 방법:

-특정 사례보다는 전체 데이터를 고려하며, 통계적 근거를 기반으로 결정을 내린다.

-협상 전략을 수립할 때, 다양한 결과의 가능성을 객관적으로 평가한다.

이상의 인지 편향은 협상가의 판단과 의사결정을 왜곡하여 협상의

성공 가능성을 제한할 수 있다. 이러한 편향을 극복하려면:
  -자기 인식: 자신의 판단이 특정 편향에 의해 영향을 받고 있는지 점검.
  -객관적 정보: 데이터와 사실에 근거한 논리적 평가를 통해 편향을 최소화.
  -피드백 활용: 제3자의 피드백을 통해 자신의 편향을 확인하고 교정.

협상에서 인지 편향을 잘 이해하고 관리하는 협상가는 더 공정하고 전략적인 협상을 이끌어낼 가능성이 높다.

10) 정서 이론

협상에서 정서는 단순히 부수적인 요소가 아니라, 협상의 방향과 결과에 직접적으로 영향을 미치는 중요한 요소다. 정서가 협상에서 어떻게 작용하는지 이해하기 위해, 다양한 심리학 이론과 연구들이 제시되어 왔다. 다음은 협상에 영향을 미치는 주요 정서 이론들이다.

(1) 정서 전염 이론(Emotional Contagion Theory)

정서 전염 이론은 한 사람의 정서가 상대방에게 전염될 수 있다는 가설을 제시한다. 사람들은 타인의 정서를 무의식적으로 모방하고, 이를 통해 정서적 상태가 공유될 수 있다.
협상에서의 영향:
-협상 중 긍정적인 정서를 표현하면 상대방도 긍정적인 태도를 보

일 가능성이 높아지고, 협력적인 분위기를 형성할 수 있다.
-반대로, 부정적인 정서를 보이면 갈등이 증폭될 수 있다.
전략적 활용:
-협상 초기에는 미소와 차분한 목소리 톤을 사용해 긍정적인 분위기를 조성한다.
-갈등이 발생했을 때는 자신의 부정적인 정서를 자제하고 상대방의 긴장을 완화하려는 노력을 한다.

(2) 정서 지능 이론(Emotional Intelligence Theory)

정서 지능 이론은 개인이 자신의 정서를 인식하고 조절하며, 타인의 정서를 이해하고 이를 관계에서 효과적으로 활용할 수 있는 능력을 강조한다.
협상에서의 영향:
-정서를 잘 인식하고 조절하는 협상가는 갈등 상황에서도 차분히 대처하며, 상대방의 정서를 공감하는 능력을 통해 신뢰를 형성할 수 있다.
-정서 지능이 높은 협상가는 상대방의 비언어적 신호를 읽고, 협상을 유리하게 이끌 수 있다.
전략적 활용:
-협상 전 자신의 정서를 점검하고, 협상 중 정서적으로 안정된 태도를 유지한다.
-상대방의 정서를 이해하고 공감 표현을 통해 협력적인 관계를 구축한다.

(3) 정서 조절 이론(Emotion Regulation Theory)

정서 조절 이론은 사람들이 자신의 정서를 의도적으로 관리하고 조절할 수 있다는 점을 강조한다. 협상에서는 정서 조절 능력이 갈등을 완화하고 협상 결과를 향상시키는 데 중요한 역할을 한다.

협상에서의 영향:
- 협상 중 화나 긴장감과 같은 부정적인 정서를 조절하지 못하면 갈등이 증폭되거나 협상이 중단될 가능성이 있다.
- 반대로, 긍정적인 정서를 유지하고 적절히 표현하면 협상 분위기를 안정적으로 유지할 수 있다.

전략적 활용:
- 심호흡, 짧은 휴식, 긍정적 언어 사용 등을 통해 부정적인 정서를 관리한다.
- 갈등 상황에서도 차분한 태도를 유지하며, 상대방의 정서를 인정하고 공감한다.

(4) 정서 평가 이론(Appraisal Theory of Emotion)

정서 평가 이론은 사람들이 상황을 평가하는 방식이 그들의 정서적 반응을 결정한다는 점을 강조한다. 즉, 사람들은 동일한 상황을 다르게 평가함에 따라 다양한 정서적 반응을 보인다.

협상에서의 영향:
- 상대방이 협상 상황을 위협으로 평가하면 방어적 태도를 보일 수

있고, 기회로 평가하면 더 협력적인 태도를 보일 수 있다.
-협상가는 상대방의 상황 평가를 긍정적인 방향으로 유도할 수 있다.
전략적 활용:
-상대방이 협상 상황을 긍정적으로 평가할 수 있도록 협상의 장점과 기회를 강조한다.
-부정적인 평가를 최소화하기 위해 상대방의 우려를 사전에 이해하고 대안을 제시한다.

(5) 긍정 정서 확장 이론(Broaden-and-Build Theory)

긍정 정서 확장 이론은 긍정적인 정서가 사람들의 사고와 행동 범위를 확장하고, 문제 해결과 협력적 행동을 촉진한다고 주장한다.
협상에서의 영향:
-긍정적인 정서는 창의적 대안을 모색하고 협력적인 태도를 강화하는 데 기여한다.
-반대로, 부정적인 정서는 사고를 제한하고 갈등을 심화시킬 수 있다.
전략적 활용:
-협상 중 상대방의 긍정적인 정서를 유도하기 위해 미소, 칭찬, 격려 등을 활용한다.
-긍정적인 정서를 통해 협상 테이블에서 창의적인 아이디어를 도출한다.

(6) 정서 이중효과 이론(Dual-Effect Theory of Emotion)

정서 이중효과 이론은 정서가 협상에서 양면적인 영향을 미칠 수 있다는 점을 강조한다. 특정 정서는 긍정적인 결과를 촉진할 수도, 부정적인 결과를 초래할 수도 있다.

협상에서의 영향:

예를 들어, 분노는 단기적으로 상대방을 압박해 유리한 결과를 얻을 수 있지만, 장기적으로는 신뢰를 훼손하고 관계를 악화시킬 수 있다.

긍정적인 정서는 협력과 신뢰를 강화하지만, 지나치게 낙관적인 태도는 상대방이 이를 악용할 여지를 줄 수 있다.

전략적 활용:

상황에 따라 정서를 조절하고, 단기적 목표와 장기적 목표 간의 균형을 맞춘다.

분노를 전략적으로 활용하되, 상대방과의 관계를 해치지 않도록 주의한다.

협상에서 정서는 의사결정, 갈등해결, 신뢰 구축, 그리고 협력의 촉진에 중요한 역할을 한다. 주요 정서 이론들은 협상가가 자신의 정서를 효과적으로 관리하고, 상대방의 정서를 이해하며, 이를 협상 전략에 통합할 수 있도록 돕는다.

-긍정적인 정서는 창의적이고 협력적인 결과를 이끌어내는 데 유리하며,

-부정적인 정서는 갈등을 촉진할 수 있으나 전략적으로 활용하면 단기적인 성과를 낼 수도 있다. 협상에서 정서의 작용을 깊이 이해하

면 더 나은 결과를 도출할 수 있다.

이와 같은 심리 및 커뮤니케이션 이론들은 협상가로 하여금 협상의 심리적 메커니즘을 이해하고, 이를 전략적으로 활용할 수 있는 도구를 제공한다. 협상가는 이 이론들을 실제 협상 상황에 적용하여 상대방의 행동을 예측하고, 자신에게 유리한 협상 환경을 조성할 수 있다.

참고문헌

다니엘 샤피로, 로저 피셔(2013), **원하는 것이 있다면 감정을 흔들어라**, 이진원 역, 한국경제신문.

디팩 맬호트라, 맥스 베이저먼(2008), **협상 천재**, 안진환 역, 웅진지식하우스.

로저 피셔, 윌리엄유리(2022), **Yes를 이끌어내는 협상법**, 박영환, 이성대 역, 도서출판 장락.

엠 그리핀(2013), **첫눈에 반한 커뮤니케이션 이론**, 김동윤, 오소현 역, 커뮤니케이션북스.

원창희(2024), **성공하는 협상의 10가지 핵심역량**, 한국협상경영원.

정인호(2012), **협상의 심리학**, 경향BP.

한규석(2019), **사회심리학의 이해**, 학지사.

허브 코헨(2001), **협상의 법칙**, 강문희 역, 청년정신.

제3장

갈등해결의 이론과 방법

1. 갈등 개요

1) 갈등의 개념

갈등(Conflict)은 두 가지 이상의 상반되거나 대립하는 욕구나 이해관계, 가치관, 행동 등이 충돌하여 서로 간의 긴장이나 불화를 초래하는 상황을 말한다. 이는 개인이나 집단, 조직, 사회 등 다양한 수준에서 발생할 수 있다. 갈등은 부정적인 측면(스트레스, 관계 악화)을 지니지만, 적절히 관리되면 새로운 아이디어와 발전을 이끌어내는 긍정적인 측면도 있습니다. 또한 개인 관계에서는 둘 사이의 관계구조를 바꿀 필요가 있다는 신호이므로 건강한 관계를 유지하는 데 도움이 되는 측면이 있다.

2) 갈등의 정의

일반적으로 갈등은 목표나 가치, 자원, 태도 등에서의 차이로 인해 발생하는 긴장 상태를 포괄적으로 의미한다. 갈등은 학문적, 또는 실용적 관점에서 다양한 정의가 있다.

(1) 심리학적 관점

개인의 내부에서 서로 다른 욕구나 동기가 양립하여 충돌하는 상태로 특히 두 욕구가 서로 양립할 수 없을 때 갈등으로 발전하기 쉽다. 예로서 진로를 선택하는 데 어느 분야를 선택할지 갈등이 일어나는 경우다. 어느 한 분야를 선택하게 되면 나머지는 자동적으로 포기해야 한다.

(2) 사회학적 관점

집단 간 또는 계층 간의 이해관계나 가치관이 충돌하여 사회적 불안과 대립을 초래하는 상태다. 예를 들어 철도를 놓는 데 정차역의 이름을 놓고 두 지자체가 서로 경쟁하는 경우다.

(3) 조직적 관점

조직 내 개인이나 팀 간의 목표와 의견이 상충하여 업무 수행에 방해가 되는 상황이다. 특히 조직 갈등이 제대로 관리되지 않을 경우 갈등으로 인한 비용이 들어갈 뿐만 아니라 부서 간 경쟁심과 적대감이 생겨 정보가 공유되지 않는 등 협조에 문제가 생길 수도 있다. 이에 조직에서는 효율적으로 갈등을 관리하기 위한 노력이 필요하다.

3) 갈등의 의의와 중요성

갈등은 피할 수 없으며 겉으로 보기에는 부정적으로만 보일 수 있지만, 이를 잘 관리하면 다음과 같은 긍정적 결과를 가져올 수 있다. 또한 갈등은 살아 있는 생물과도 같아서 방치할 경우 스스로 힘을 키워 살아남는다. 그러다 갈등이 고조될 경우 갈등당사자는 큰 피해를 입게 된다.

하지만 갈등상황을 객관적으로 인식하고 생산적으로 해결할 수 있다면 다양한 이점을 가져오기도 한다. 창의적인 문제 해결의 기회를 제공하고, 조직 및 관계의 발전 촉진을 촉진시킨다. 또한 갈등해결과정에서 개인의 자기 성찰과 성장의 기회를 제공한다.

4) 갈등의 원인 및 속성

개인 갈등의 경우 본질적으로 개인의 심리적, 사회적, 환경적 요인에서 기원한다. 집단 갈등의 경우 자원의 부족이나 성과를 두고 벌이는 경쟁이 주요 원인이 된다. 하지만 경쟁 자체가 문제가 되는 건 아니다. 경쟁이 공정한지가 문제다. 특히 공정성에 대한 인식이 높아진 오늘날 경쟁 과정 자체가 공정한지가 문제다. 공정하지 않다고 느낄 때 갈등이 발생한다. 그 외에도 개인의 성향이나 가치관, 목표의 차이에 의해 갈등이 발생하기도 한다.

(1) 개인적 요인

개인 성향이나 가치관의 차이가 있고, 오해나 질투, 불안, 스트레스 등으로 인한 감정 동요 등이 원인이 되기도 한다. 메시지의 왜곡이나 잘못된 전달과 같은 소통의 오류로 인해 갈등이 발생하기도 한다.

(2) 구조적 요인

한정된 자원을 놓고 개인 또는 집단이 경쟁하는 경우에 갈등이 발생하기도 한다. 그리고 위계질서나 권력의 불균형에 의해 갈등이 발생하기도 한다. 또는 개인이나 집단이 맡은 역할이나 책임이 서로 상충할 때 갈등이 발생하기도 한다.

(3) 사회적 요인

문화적 차이나 집단 간 이해관계가 대립될 때 경쟁이 고조되며 이익의 충돌로 인해 발생하기도 한다. 또한 과거의 갈등과 대립이 해결되지 않은 상태로 남아 있을 때 발생하기도 한다.

갈등의 속성으로, 먼저 갈등 당사자들은 서로 의미 있는 것들을 주고받는 상호의존적 관계에서 발생한다. 예를 들어 가족이나 친구, 동료 관계 등이 있다.

그리고 서로의 차이가 피해를 만든다. 그 차이가 성격일수도 있고 이해관계나 목표, 신념일수도 있다. 마지막으로 피해에 대한 책임을 상대에게 돌리고 상대가 이를 거부하거나 이의를 제기하면서 갈등이 완성된다.

갈등상황에 빠지게 되면 감정이 고조되어 시야가 좁아지고 현실감각이 떨어진다. 그러다보니 자신이 주장하는 내용은 사실이고 상대방의 주장은 오류가 있다고 생각하게 된다. 심지어 자신의 생각이 절대적 진실이라고 믿는 상황도 벌어진다. 그 순간만큼은 누구에게 물어도 자신의 생각을 지지해 줄 것으로 믿는다.

그림 1.3 갈등 발생 요인들

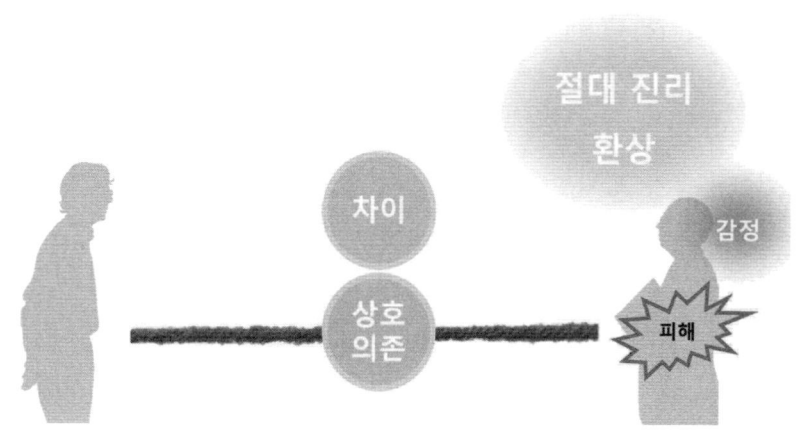

 그리고 대부분의 갈등은 상대방에게 피해를 줄 의도가 없다. 그럼에도 불구하고 피해가 발생한 거다. 이처럼 갈등은 내편이라고 믿었던 사람의 기대와 다른 행동에 피해를 입고 상대 탓을 하면서 탄생한다. 특히 주고받는 것의 의미가 클수록, 더 의존하고 기대할수록 그리고 대체하기 힘들수록 갈등은 깊고 고통은 커진다. 대표적인 게 가족이다.

5) 갈등의 해결

개인의 내적 갈등부터 다양한 규모에서 갈등이 발생하므로 갈등해결 방법도 다양하다. 갈등을 해결하기 위해서는 먼저 문제의 원인을 분석하고, 그에 맞는 적절한 전략을 선택할 필요가 있다. 주요 갈등해결 방법은 다음과 같다.

(1) 의사소통 개선 및 대화를 통한 개인적 해결

개인 간 갈등해결에 적합한 방법으로, 감정을 떨어뜨린 뒤 서로의 입장을 먼저 명확히 이해하고, 오해를 해소하기 위한 양방향 대화를 통해 갈등을 해결 할 수 있다. 이때는 적극적 경청과 공감 능력이 필요하다. 이 때 갈등이 갈등고조 9단계 중 4단계인 편짜기 단계 이상으로 고조되지 않는 것이 중요하다. 그 이상으로 고조될 경우 갈등 당사자는 늘고 스스로 갈등을 해결할 가능성은 낮아진다. 그 단계 이후로는 제3자의 개입이 있어야 해결 가능하다.

(2) 대안적 분쟁해결(ADR: Alternative Dispute Resolution) 통한 해결

인류는 고대로부터 문제를 신이나 부족장 등의 중재를 통해 해결해 왔다. 그러던 중 1976년 미국변호사협회 주관으로 개최된 파운드회의에서 연방대법원장 Warren Burger가 법적 소송의 폐단을 지적하고 사법개혁을 위한 일환으로 ADR의 중요성을 강조하면서 근대적 ADR이 본격적으로 시작되었다.
• 협상(Negotiation)

- 제3자의 개입 없이 갈등 당사자나 이해관계자들이 직접 문제해결 방법을 찾아가는 방식으로 자율적으로 문제를 해결한다는 것이 특징이다. 양측이 만족할만한 결과를 만들어내는 것을 목표로 한다.
• 조정(Mediation)
 - 이해관계가 없는 제3자가 중립적인 관점에서 갈등 당사자 간 문제 해결을 돕는 방식으로, 조정가가 직접 해결방법을 제시하기 보다는 갈등 당사자 스스로 합의에 이를 수 있도록 도와주는 과정이다.
• 중재(Arbitration)
 - 갈등 당사자들이 갈등 해결하는 과정을 돕는다는 면에서는 조정과 유사하지만, 중재자가 합의안을 제시하고 어느 정도 강제적인 방법으로 합의를 이루도록 한다는 점에서 조정과 다르다. 이 때 중재자는 해결해야할 문제에 대한 전문적인 경험이나 식견이 있어야 한다.

(3) 법적 판단을 통한 해결

갈등 당사자 간에 자율적으로 문제 해결하기 어려울 경우, 법원을 비롯한 공신력 있는 정부기관을 통해서 문제 해결을 시도하는 방법이다. 하지만 자발적 해결 방식이나 ADR과 달리 권위적이거나 강제적인 방법에 의존하게 됨으로써 갈등 당사자의 역할은 줄어들게 된다.

6) 갈등의 유형

갈등은 발생하는 주체와 상황에 따라 여러 가지로 구분될 수 있다.

(1) 개인 갈등(Intrapersonal Conflict)

개인의 내면에서 발생하는 갈등으로 서로 양립하기 힘든 욕구가 동시에 들어설 때 발생한다. 예로서 가치관의 충돌, 선택의 딜레마 등이 있다.

(2) 개인 간 갈등(Interpersonal Conflict)

가장 일반적인 갈등으로 두 사람 간의 의견, 가치관, 목표 충돌이 발생한다. 예로서 동료 간 업무 의견 대립을 들 수 있다.

(3) 집단 내 갈등(Intragroup Conflict)

하나의 집단 내에서 구성원들 간의 대립으로 발생한다. 예를 들어 팀원들 간, 역할 분담 문제 등이 있다.

(4) 집단 간 갈등(Intergroup Conflict)

두 집단 간의 목표나 이해관계 충돌하면서 갈등이 발생한다. 예로서 회사 부서 간 자원 배분 문제 등이 있다.

(5) 조직 갈등(Organizational Conflict)

조직 내 개인과 조직, 또는 조직 간의 대립으로 인해 갈등이 발생한다. 예로서 노동자와 경영진 간의 의견이나 이해관계 차이에 의해 발생하는 갈등이 있다.

(6) 사회 갈등(Social Conflict)

사회적 차원에서 계층이나 집단, 문화 간 대립에 의해 발생한다. 예로서 인종 차별, 정치적 이념 갈등 등이 있다.
결론적으로, 갈등은 삶과 사회에서 피할 수 없는 현상이지만, 올바르게 이해하고 대처하면 생산적인 결과로 이어질 수 있다. 특히 우리 사회는 다양한 갈등이 중첩되어 있으며, 국민들도 갈등이 심각하다고 인식하고 있다.

2. 사회 갈등의 이해

1) 사회갈등 종류

(1) 이념 갈등

진보와 보수 간 갈등이 대표적이며 현재 대한민국은 이념 갈등은 세계적으로도 가장 높은 수준이다. 현재 이념갈등은 정치권을 넘어 시민들의 삶까지 침투해 극심한 양극화가 발생하고 있다.

(2) 빈부 갈등

경제적 격차로 인한 갈등으로 대다수의 국민이 빈부 갈등이 심각하다고 느끼고 있다. 빈부 격차와 양극화가 심해지면서 점차 계층갈등 양상을 띠기도 한다.

(3) 노사 갈등

기업가와 근로자 간 갈등으로, 근로자에 대한 처우 개선, 기업 수익에 대한 분개 문제, 근로자의 경영참여 문제 등으로 발생한다. 코로나 19 이후 업무 방식의 변화가 일어나며 노사갈등은 더욱 부각되고 있다.

(4) 세대 갈등

기성세대와 젊은 세대 간 갈등으로 지금 우리 사회의 세대갈등은 갈수록 심각해지는 양상을 보이고 있다. 특히 20대는 남녀 갈등을, 30대는 부동산 정책 갈등을, 40대 이상은 진보와 보수의 갈등을 가장 심각하게 느끼고 있다.

(5) 남녀 갈등

젠더 갈등으로 특히 20대 젊은 층에서 이러한 갈등이 두드러진다. 특히 여성들 사이에서 페미니즘이 부각되면서 남녀 갈등은 서로에 대한 혐오를 드러내는 형태로 나타나고 있다.

(6) 지역 갈등

수도권과 지방 간 갈등 또는 지방 간 갈등으로 수도권과 지방 간 갈등이 매우 심각하다고 인식하고 있으며, 이는 전통적인 영·호남 갈등보다 높게 나타나고 있다.

2) 사회 갈등의 원인

사회갈등의 주요 원인으로는 '편 가르기 식 정치 문화'를 가장 많이 꼽았으며, 그다음으로 '빈부격차 심화', '각자 이익 추구', '언론의 선정적 보도' 등이 있다. 이러한 다양한 갈등은 사회 통합을 저해하고 있으며, 국민들은 정부가 이러한 갈등을 해소하는 데 중심적인 역할을 해야 한다고 기대하고 있다. 그러나 정부에 대한 신뢰도가 낮아 이러한 역할 수행에 대해 회의적인 시각이 존재한다. 이러한 갈등 상황을 해결하기 위해서는 사회 각 분야의 협력과 이해 증진, 그리고 공정한 제도 마련이 필요하다.

3) 사회적 갈등에 대한 정부의 노력

정부는 공공정책 추진 과정에서 발생하는 갈등을 예방하고 해결하기 위해 다양한 정책과 제도를 마련해왔다. 주요한 정책과 제도는 다음과 같다.

(1) 공공기관의 갈등 예방과 해결에 관한 규정(2007년 제정)

정부는 2007년에 이 규정을 마련하여 공공정책으로 인한 갈등을 예방하고 해결하기 위한 체계를 구축했다. 이 규정은 중앙행정기관의 책무로서 사회 전반의 갈등 예방 및 해결 능력 강화를 위한 종합적인 시책 수립, 관련 법령의 지속적인 정비, 다양한 갈등해결 수단의 발굴 및 활용, 그리고 소속 직원 대상의 교육 훈련 실시 등을 명시하고 있다.

(2) 공공갈등 예방과 해결을 위한 법률(안)

정부 정책과 사업 집행 과정에서 발생하는 공공갈등을 예방하고 해결하기 위해 '공공갈등 예방과 해결을 위한 법률(안)'이 마련되었다. 이 법률안은 공공갈등 예방과 해결을 위한 행정적 개입을 제도화하려는 목적을 가지고 있다.

(3) 갈등관리 매뉴얼 작성 및 활용

정부는 공공기관이 갈등 상황에 효과적으로 대응할 수 있도록 '공공기관의 갈등관리 매뉴얼'을 작성하여 활용하고 있다. 이 매뉴얼은 갈등 예방 및 해결을 위한 절차와 방법을 상세히 안내하고 있다.

(4) 갈등 전문인력 양성 및 교육

정부는 공공갈등 예방과 해결을 위해 전문 인력을 양성하고, 소속 직원들의 갈등 관리 능력을 향상시키기 위한 교육과 훈련을 실시하고 있다.

(5) 지방자치단체의 갈등 관리 체계 구축

일부 지방자치단체는 자체적인 갈등 관리 체계를 구축하여 운영하고 있다. 예를 들어, 인천광역시 부평구는 '부평형 공공갈등 관리체계'를 마련하여 공공갈등을 체계적으로 관리하고 있고, 이후로 지자체별로 지역 특색에 맞는 갈등해결제도를 갖추고자 노력하고 있다.

예로서 경기도 과천시의 경우 시장이 위원장 역할을 수행하는 시민행복단을 구축하여 각계각층의 전문가를 위원으로 초빙해 갈등해결을 꾀하고 있다. 그 결과 지역 내에서 벌어진 주요 갈등들을 생산적으로 해결해나가고 있다.

이러한 각종 정책과 제도를 통해 정부 및 지자체는 공공정책 추진 시 발생하는 갈등을 예방하고, 발생한 갈등을 효과적으로 해결하기 위해 지속적으로 노력하고 있다. 그럼에도 불구하고 사회 각 분야에 걸쳐 발생하는 갈등을 좀 더 전문적으로 해결하기 위한 제반 제도 마련에는 여전히 부족한 면이 많다. 이는 독일이나 미국 같은 갈등 선진국들이 갈등조정가나 중재자 제도를 통해 법적인 절차를 밟기 전에 해결하는 것과는 다른 양상이다.

현재 전국 법원에서는 갈등조정전문가들을 통해 소송사건 조정을 실시하고 있다. 이러한 민사나 형사 사건 조정제도는 아직까지는 초기 단계로 보다 적극적인 지원을 통해 좀 더 활성화할 필요가 있다.

3. 갈등 심리

갈등 심리는 갈등이 발생하는 과정에서 사람들이 느끼는 감정, 사고, 행동 패턴을 이해하는 데 중요한 요소이다. 이를 잘 이해하면 갈등의 원인을 분석하고, 효과적인 해결 방안을 마련할 수 있다.

1) 갈등 심리의 정의

갈등 심리란 갈등 상황에서 사람들이 경험하는 내적 갈등, 스트레스, 상호작용에 대한 심리적 반응을 의미한다. 이는 개인의 신념, 감정, 동기와 관련되며, 갈등이 심화되거나 해결되는 데 중요한 역할을 한다.

2) 갈등 심리의 주요 요소

(1) 인지적 측면

- 지각의 차이: 같은 사건을 서로 다르게 해석하거나, 자신만의 고정관념이나 선입견으로 인해 오해가 증폭되면서 갈등이 발생할 수 있다.
- 왜곡된 사고: 상대방의 행동을 과장되게 해석하거나 부정적으로 보는 경향이 갈등을 증폭시킬 수 있다.

(2) 정서적 측면

- 분노와 불안: 갈등 상황에서 자주 나타나는 정서로, 감정이 격화될수록 갈등해결이 어려워질 수 있다.

- 양가감정: 한편으로는 관계를 유지하고 싶지만, 다른 한편으로는 상대방에 대해 불만이나 부정적인 감정을 느끼는 심리 상태로 특히 가족이나 친구처럼 가까운 사이에서 발생하는 감정이다. 이러한 모순적인 감정이 관계를 불편하게 만들 수 있다.

(3) 행동적 측면

- 회피: 갈등 상황을 직면하지 않고 피하려는 행동. 문제 해결을 지연시킬 수 있다. 오랜 세월에 걸쳐 만들어진 특징으로 본능적이어 쉽게 거부할 수 없음.
- 공격: 회피와 마찬가지로 본능적인 방법으로 쉽게 거부할 수 없다. 상대방을 비난하거나 적대감을 표출하여 갈등을 격화시킨다. 나보다 상대가 강하거나 중요할 경우 상대에게 복종하는 경향으로도 나타난다.
- 협력: 상호 이해를 바탕으로 문제를 해결하려는 행동이다. 갈등해결의 긍정적 요소다. 이 방법으로는 서로 한발씩 물러나 중간지점에서 해결하는 타협과, 둘이 협력하여 보다 나은 해결책을 찾아 나서는 협의가 있다. 이 방법이 갈등해결 방법으로는 바람직하나 상대 반응에 의해 발생한 감정을 해결해야만 가능한 후 시도로 훈련 없이는 쉽지 않은 방법이다.

3) 갈등 심리가 갈등에 미치는 영향

갈등은 문제(problem)와 달리 해결해야 할 문제 외에도 대립으로 인한 감정적 대립 등이 복잡하게 얽혀있어 심리적 요인이 갈등 고조 및 해결에 중요한 작용을 한다.

- 심화: 감정적 반응이 강할수록 갈등이 격화될 가능성이 높다. 특히 우리 사회의 경우 상대방 행동에 대한 반응의 민감도가 높고 감정적으로 고조되는 경향이 있어 심각한 갈등으로 비화되는 경우가 많다.
- 왜곡: 서로의 의도를 오해하거나, 문제의 본질을 간과하게 된다. 갈등에 빠지게 되면 승패의 환상에 빠지게 되어 상대를 문제 해결의 파트너가 아닌 이겨야 할 적으로 생각하는 현상이 발생한다. 그렇게 되면 상대의 언행에 대해 더욱 더 오해하는 악순환이 발생하기도 한다.
- 해결 저해: 부정적인 감정과 인식이 고착화되면 협상이 어려워진다.

4) 갈등 심리 해결 방안

(1) 자기 인식

- 자신의 감정과 생각을 인식하고, 이를 객관적으로 바라보려는 노력이 필요하다.
- 감정을 지나치게 억제하거나 과도하게 표현하지 않고 균형을 유지해야 한다.

(2) 상대방의 입장 이해

- 공감 능력: 상대방의 입장과 감정을 이해하려는 태도가 갈등해결의 첫걸음이다.
- 경청: 상대방의 말을 끊지 않고 경청하며, 비난이 아닌 해결을 위한 대화를 유도한다.

(3) 감정 관리

- 감정을 조절할 수 있는 기술(예: 심호흡, 명상)을 활용하여 갈등 상황에서도 이성을 유지한다.
- 감정적으로 격한 상태에서 결정을 내리지 않도록 하는 것이 중요하다.

(4) 갈등 중재 기술

- 문제의 본질을 분석하고, 서로의 욕구를 충족시킬 수 있는 해결책을 모색한다.
- 협력적 대화: 문제 해결을 위한 공통 목표를 설정하고, 상호 신뢰를 바탕으로 협상한다.

5) 갈등 심리의 긍정적 역할

- 갈등은 적절히 관리될 경우 관계를 더욱 깊게 하고, 새로운 아이디어와 문제 해결을 위한 창의성을 촉진할 수 있다.
- 특히 자신의 감정에 대해 객관적으로 탐색해봄으로써 내적 성장과

자기 인식의 기회로 작용할 수도 있다.

갈등 심리는 갈등 상황에서 중요한 역할을 하며, 이를 이해하고 관리하는 것이 갈등해결의 핵심이다. 자신과 상대방의 심리를 이해하고, 정서적·인지적 요소를 균형 있게 다룰 때 갈등을 긍정적인 방향으로 전환할 수 있다.

4. 갈등 상황에서 감정과 욕구의 영향

갈등은 주로 서로 다른 욕구와 감정에서 비롯된다. 이 두 요소는 갈등을 발생시키고 심화시키는 원인이 되지만, 동시에 갈등해결의 중요한 열쇠가 된다. 감정과 욕구를 이해하고 관리하면 갈등 상황에서 건설적인 해결을 도모할 수 있다.

1) 감정의 영향

(1) 갈등을 일으키는 감정

- 분노: 상대방의 행동이 자신의 가치를 침해한다고 느낄 때 발생한다.
- 불안: 미래에 대한 불확실성이 높아질 때 발생한다.
- 좌절: 자신의 욕구가 지속적으로 충족되지 않을 때 느끼는 감정이다.

- 질투와 시기: 타인의 성취나 자원이 자신과 비교될 때 발생한다.

(2) 감정의 작용 방식

- 감정은 상황을 인식하게 되면서 즉각적이고 강렬한 반응을 유발하며, 합리적인 의사결정을 방해할 수 있다. 따라서 반응을 하기 전 통제하는 것은 대개 불가능에 가깝다.
- 억눌린 감정은 시간이 지나며 더욱 큰 갈등으로 표출되거나 고질적인 문제로 고착되기 쉽다. 따라서 감정을 부정하거나 억압하기 보다는 인정하고 수용하는 것이 바람직하다.

(3) 부정적인 감정의 영향

- 왜곡된 시각: 감정이 격해지면 상대방의 행동을 왜곡되게 해석한다. 예를 들어 상대방이 무심코 한 말이 적대적인 의도로 받아들여질 수 있다.
- 방어적 태도: 감정이 격화되면서 자신을 보호하기 위해 방어적이거나 공격적인 태도를 취할 수도 있다.
- 의사소통 단절: 감정이 갈등의 중심에 있을 때, 효과적인 대화가 어려워진다.

(4) 긍정적인 감정의 활용

- 공감: 서로의 감정을 이해하고 인정함으로써 신뢰를 형성할 수 있

다.
- 연대감: 갈등 상황에서도 긍정적인 관계를 유지하려는 노력이 중요. 그러기 위해서는 서로가 관계를 통해 연결되어 있다는 의식이 중요하다.

2) 욕구의 영향

(1) 욕구의 본질

- 욕구는 갈등의 근본적인 원인으로 갈등은 종종 충족되지 않은 욕구에서 비롯된다. 욕구는 다음과 같이 구분된다.
- 생존 욕구: 가장 근원적인 욕구로 안전이나 경제적 안정성을 요구하다.
- 소속 욕구: 사랑받거나 관계를 유지하고자 하는 욕구다.
- 존중 욕구: 인정받고, 자신의 가치를 느끼고자 하는 욕구다.
- 성장 욕구: 자아실현과 발전을 추구하는 욕구다.

(2) 욕구와 갈등의 연결고리

- 욕구가 충족되지 않으면 좌절감이나 분노와 같은 부정적인 감정이 유발된다.
- 상대방의 욕구를 이해하지 못할 때, 더 큰 갈등으로 고조되기도 한다.

(3) 숨겨진 욕구

• 갈등 중 드러나는 행동 뒤에는 종종 숨겨진 욕구가 있다.
• 예를 들어 과도한 통제를 하려는 행동 뒤에는 안정감과 통제력에 대한 욕구가 있을 수 있다. 또는 과도한 비판을 할 경우 그 뒤에 인정받고 싶은 욕구가 있을 수 있다.

(4) 욕구 충족의 협력

• 갈등해결은 서로의 욕구를 인식하고 이를 충족할 방법을 찾는 데 초점이 맞춰져야 한다.

3) 갈등해결에서 감정과 욕구의 관리

(1) 감정 관리 방법

• 자기 인식: 자신의 감정을 자각하고 이름 붙이는 게 도움이 된다.
• 감정 표현의 조절: 과격한 방식이 아닌 차분한 방식으로 감정을 표현하는 훈련이 필요하다.
• 시간과 공간 확보: 감정이 격할 때는 대화를 잠시 중단하고 차분해질 시간을 가진다.

(2) 욕구 파악과 표현 방법

- 스스로 욕구를 파악: 자신의 욕구를 인식하고 명확히 표현하는 게 필요하다.
- 상대방 욕구 이해: 상대의 행동 이면에 있는 욕구를 파악하고 공감한다.
- 상호 욕구 충족 방안 모색: 서로의 욕구를 충족할 수 있는 방안을 함께 고민한다.

갈등해결에서 감정과 욕구는 상호작용하며 중요한 역할을 한다. 자신의 감정을 인식하고 표현하며, 욕구를 명확히 이해하는 것은 갈등을 건설적으로 해결하는 데 필수적이다. 특히, 상대방의 감정과 욕구를 존중하며 대화를 나눌 때 갈등은 단순한 충돌에서 관계를 강화하는 기회로 전환될 수 있다.

5. 갈등 커뮤니케이션

갈등해결의 핵심은 효과적인 커뮤니케이션이다. 커뮤니케이션은 갈등 상황에서 오해를 줄이고 상호 이해를 증진하며, 문제 해결을 위한 협력을 도모하는 수단이다. 이를 제대로 활용하려면 올바른 방법과 기술을 이해하고 적용해야 한다.

1) 커뮤니케이션의 중요성

- 오해 해소: 갈등은 종종 잘못된 정보나 의사소통의 부재에서 발생

한다. 명확한 커뮤니케이션은 오해를 줄이고 갈등의 근본 원인을 밝혀준다.
  • 관계 회복: 커뮤니케이션을 통해 서로의 감정과 생각을 공유함으로써 신뢰를 회복하고 관계를 개선할 수 있다.
  • 협력 촉진: 문제 해결을 위한 협력과 합의를 이끌어내는 데 필수적이다.

2) 갈등 상황에서 커뮤니케이션의 장애 요인

  • 감정적 반응: 화, 분노, 불안 등 부정적인 감정은 커뮤니케이션을 방해한다.
  • 비난과 방어: 상대방을 공격하거나 자신의 행동을 변명하면 갈등이 격화될 수 있으며 갈등이 고조되면 상대방의 설명마저 반박으로 오해될 수 있어 주의해야한다.
  • 잘못된 가정: 상대방의 의도나 행동을 단정 지음으로써 오해를 키우기도 한다.
  • 경청 부족: 상대의 말을 제대로 듣지 않으면 상대방이 존중받지 못한다고 느낄 수 있다.

3) 갈등해결 커뮤니케이션을 방해하는 악순환

작은 긴장에서 발생한 갈등은 악순환을 거치며 고조된다. 갈등의 악순환은 특정 상황을 보게 되면서 시작된다. 이어서 감정이 올라온다. 그리고 올라온 감정에 의해 반응하게 되어 있다. 반응은 크게 상대와의 상호작용을 피하는 도피(Avoid)와 상대에게 반감을 표하거나 적대적으로 대하는 공격(Fight)으로 나뉜다.

그림 1.4 갈등의 악순환

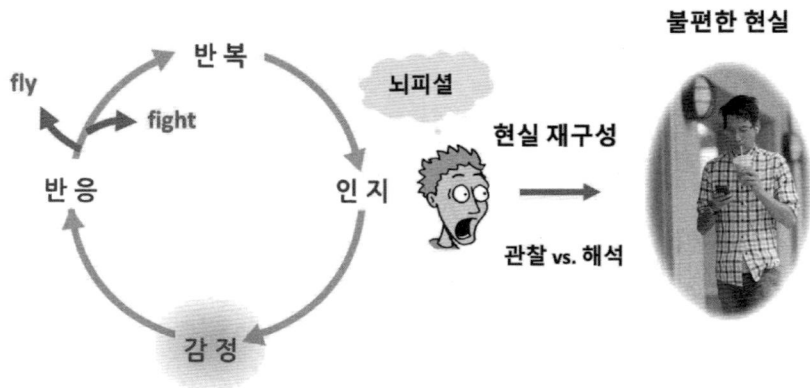

평소와 다른 반응을 본 상대 역시 감정이 발생하고 감정에 따라 반응하는 사이클을 돌게 된다. 그리고 양 당사자의 악순환이 맞물리면서 갈등은 고조된다. 악순환에 빠진 갈등 당사자들은 서로에 대해 오해하게 되고 상처가 증가한다.

4) 갈등해결을 위한 커뮤니케이션 전략

(1) 적극적 경청

경청하기는 대화의 기본이지만 훈련되지 않을 경우, 경청에 어려움을 겪을 수 있다. 특히 상대방의 말을 들을 때 상대의 감정이나 처지 의도를 제대로 파악하지 않은 상태에서 자신의 생각을 만들고 전달하려 할 때 경청의 오류가 생긴다. 적극적 경청을 하기 위해서는 다음에 주의할 필요가 있다.
- 집중하기: 상대방의 말을 끝까지 듣고 중간에 끼어들지 않는다.
- 비언어적 신호 사용: 고개 끄덕임, 눈 맞춤 등으로 관심을 표현한다.
- 반영하기: 상대방이 말한 내용을 요약하거나 재확인해 이해를 명확히 한다.

(2) 비폭력 대화 (NVC, Nonviolent Communication)

- 관찰: 감정과 행동을 평가 없이 관찰한다.
    - 예: "네가 지난번 회의에서 내 말을 자주 끊었어."
- 감정 표현: 자신의 감정을 솔직하게 공유한다.
    - 예: "그때 조금 불편했어."
- 욕구 파악: 갈등의 근본 원인인 욕구를 인식한다.
    - 예: "나는 내 의견도 존중받고 싶어."
- 요청하기: 구체적이고 실현 가능한 행동을 요청한다.
    - 예: "다음엔 내가 말할 때 조금만 기다려 줄 수 있을까?"

(3) 피드백

- 문제 해결을 위해 피드백은 강력하면서 효과적인 방법이다.

- 피드백은 상대에게 불만을 제기하는 게 아니고, 양자 간 관계나 조직의 성과에 문제가 생길 상황에서 내가 파악한 문제를 상대도 인식할 수 있도록 조치하는 행위다.
- 피드백은 효과가 강력한 만큼 잘못 사용할 경우 부작용이 생기기 쉽다.
- 먼저 피드백에 대한 확신이 중요하다. 확신이 서지 않을 때는 안하는 게 낫다.
- 상호 간에 피드백을 주고받을 관계인지 확인하는 것도 중요하다.
- 피드백 내용은 구체적이고 명확해야 한다. 내가 주관적으로 경험한 내용을 전하는 게 중요하다. 상대를 배려해 돌려 말하거나 애매하게 전하는 것 바람직하지 않다.
- 피드백 하기 전 긍정적인 부분부터 언급하는 것도 중요하다.

(4) '나' 전달법

- 상대방을 비난하거나 지적하기보다는 자신의 감정을 중심으로 표현한다.
  - "너는 항상 그런 식이야!" → "나는 그런 말을 들으면 속이 상해."

(5) 중립적인 언어 사용
- 객관적 표현: 감정을 자극하지 않는 언어로 문제를 설명한다.
  - "왜 그렇게 했어?" → "그 상황에서 무슨 생각을 했는지 궁금해."

- "너는 맨날 뒷북이야!" → "이번 프로젝트 제안 시간을 넘겼어"
- 칭찬과 피드백 병행: 비판을 할 때도 긍정적인 요소를 함께 언급한다.
  - "항상 그렇게 늦게 제출할 거야?" → "이번 과제에서 당신의 아이디어는 매우 창의적이었어요. 그래서 많은 도움이 되었어요. 그런데 당신이 맡은 파트가 기한을 넘기는 바람에 결과보고를 하는데 어려움을 겪었네요. 혹시 어려운 상황인가요? 제 도움이 필요하다면 언제라도 말해요"

(6) 명확한 메시지 전달

- 구체적이고 명료하게 말하기: 추상적인 표현이나 암시 대신 명확한 의사 전달이 필요하다.
  - "일을 더 잘해줘야겠어." → "다음 보고서는 금요일까지 작성해줬으면 좋겠어."

갈등 상황에서는 조든 상황을 승패의 관점에서 보기 때문에 심감정적으로 격화되기 쉽기 때문에, 신중하고 전략적인 커뮤니케이션이 필요하다. 경청, 공감, 비폭력 대화 등의 기술을 활용하여 서로의 입장을 이해하고 문제를 해결하는 것이 중요하다. 올바른 커뮤니케이션은 단순히 갈등을 해결하는 것을 넘어 관계를 더욱 견고하게 만드는 역할을 한다.

6. 사회 갈등해결을 위한 과제

우리 사회는 과거와 현재에 걸쳐 다양한 갈등 문제를 겪고 있으며, 이러한 갈등을 해결하기 위한 과제들이 남아 있다. 갈등해결은 단지 특정 문제를 해결하는 것뿐만 아니라, 사회 전반의 통합과 발전을 위한 중요한 요소이다. 다음은 우리사회의 갈등을 해결하기 위한 미래 과제들이다.

1) 사회적 소통과 이해 증진

- 갈등의 핵심은 소통 부족에 기인하는 경우가 많다. 특히 세대 간, 지역 간, 그리고 직업군 간의 소통 부족이 문제를 악화시킬 수 있다.
- 소통 채널 확대: 정부와 민간이 협력하여 다양한 소통의 장을 마련할 필요가 있다. 예를 들어, 온라인 플랫폼이나 시민 대화 모임을 통해 의견을 나누고 상호 이해를 증진시킬 필요가 있다.
- 공감의 문화 확산: 상대방의 입장에서 생각하고, 갈등의 근본적인 원인을 이해하는 공감 능력을 배양하는 교육과 훈련이 필요하다.

2) 갈등 예방 및 해결을 위한 교육 시스템 강화

- 갈등해결 교육: 학교 교육, 직장 내 교육, 그리고 공공기관 교육에서 갈등해결과 관련된 내용이 포함되어야 한다. 사람들은 갈등을 피하거나 회피하는 대신, 갈등을 건설적으로 해결하는 방법을 배우는 것이

중요하다.
 • 감정 관리 및 의사소통 기술: 감정 관리, 효과적인 의사소통, 그리고 협상 기술을 학생과 직장인에게 가르침으로써 갈등을 예방하고 해결할 수 있는 역량을 키워야 한다.

3) 사회적 안전망 강화

 • 빈곤, 실업, 불평등 문제 해결: 경제적 격차나 사회적 불평등은 갈등을 일으키는 주요 원인으로 정부와 지자체는 사회적 안전망을 강화하여 빈곤층과 취약계층의 권리와 복지를 보장해야 한다.
 • 정의로운 분배 시스템: 소득 불평등을 해소하고, 공정한 기회를 보장하는 정책이 필요하다. 이를 통해 사회의 다양한 계층 간 갈등을 완화하고, 보다 공정한 사회를 구축할 수 있다.

4) 정치적 갈등 해소

 • 정치적 양극화 해소: 정치적으로 극단적인 입장을 취하는 사람들 사이의 갈등은 사회의 통합을 방해할 수 있음. 정치적 극단주의를 완화하고, 중도적 접근을 통해 다양한 의견을 수렴하는 방식으로 정치적 갈등을 해소해야 한다.
 • 정당 간 협력: 정치인들은 협력적이고 실용적인 자세로 갈등을 해결하려는 노력이 필요하다. 정당 간 대화와 타협을 통해 정책적인 갈등을 해결하는 것이 중요하다.

5) 다문화 사회의 통합

• 다문화 정책 강화: 대한민국은 점차 다문화 사회로 변화하고 있다. 외국인 노동자와 다문화 가정의 문제가 갈등의 요인으로 작용할 수 있다. 다문화 이해와 사회적 통합을 위한 정책이 강화되어야 한다.
• 다문화 교육과 인식 개선: 외국인과 다문화 가정의 자녀들이 차별받지 않도록 교육적인 노력이 필요하며, 사회 전반에서 다문화에 대한 이해를 높이는 것이 중요하다.

6) 젠더 갈등해결

• 성평등 문화 확립: 남성과 여성, 그리고 다양한 성적 지향을 가진 사람들 간의 갈등을 해결하려면 성평등 교육과 정책을 강화해야 한다. 여성의 권리 보장과 남성의 역할 변화에 대한 사회적 논의가 필요하다.
• 성별 고정관념 해소: 성 역할에 대한 고정관념을 없애고, 더 이상 성별에 의한 차별이 발생하지 않도록 사회적 분위기를 조성해야 한다.

7) 환경 갈등해결

• 환경보호와 경제 발전의 균형: 환경 보호와 경제 발전 간 갈등은 지속적으로 존재하는 문제다. 이 갈등을 해결하기 위해서는 지속 가능한 개발을 위한 정책이 필요하다.
• 기후 변화 대응: 기후 변화와 관련된 갈등을 해결하려면 각국 및

각 지역 간 협력과 함께, 재정적·기술적 지원을 통해 환경 문제를 해결할 수 있어야 한다.

8) 법적·제도적 갈등해결

• 법치주의 강화: 법적 갈등을 해결하려면 법의 공정성과 투명성이 보장되어야 한다. 사법제도에 대한 신뢰를 회복하고, 갈등해결을 위한 적절한 법적 수단이 마련되어야 한다.
• 갈등 중재제도 활성화: 법정에서의 소송 외에도 중재, 조정, 화해 등을 통해 갈등을 해결할 수 있는 제도를 활성화해야 한다. 이 방법은 시간이 단축되고, 사회적 비용을 줄이는 데 도움이 될 수 있다.

9) 사회적 갈등의 예방과 해결을 위한 리더십

• 리더십의 역할: 갈등해결에 있어 리더십의 중요성이 크다. 사회 지도층은 갈등을 조정하고 해결하는 역할을 해야 한다. 또한, 그들의 모범적 태도와 윤리적인 행동이 갈등해결에 큰 영향을 미친다.
• 포용적 리더십: 각 계층의 의견을 반영하고, 서로 다른 이해관계를 조화롭게 조정할 수 있는 포용적 리더십이 필요하다.

우리사회의 갈등해결을 위한 미래 과제는 소통과 교육, 정치적 협력, 사회적 통합과 같은 다양한 측면을 포괄한다. 각 분야에서의 갈등해결 노력이 서로 연결되어, 궁극적으로는 국민들이 공존할 수 있는 사회로 나아갈 수 있을 것이다. 정부와 시민 사회는 함께 협력하여 갈등을 해결하고, 사회적 통합을 이루어가는 방향으로 나아가야 한다. 무엇보다 갈등해결 및 협상을 통해 문제를 해결하는 의식과 문화가 정착되는 게 중요하다. 이를 위해서는 정부의 시책과 사회시민단체가 갈등해결의 관점과 함께 갈등예방 및 커뮤니케이션 교육에 집중하는 것도 중요하다.

[특별연구: 빙산 이론(Iceberg Theory)과 감정 해결]

빙산 이론은 감정과 행동의 복잡성을 이해하는 데 유용한 심리학적 모델로, 인간의 행동과 감정은 겉으로 드러나는 부분과 숨겨진 부분이 있다는 개념을 기반으로 한다. 이 이론은 보통 행동의 표면적인 표현과 그 아래 숨겨진 원인을 구분하는 데 사용된다.

빙산이론은 지그문트 프로이트(Sigmund Freud)가 인간의 마음을 빙산에 비유하면서 등장했다. 프로이트는 우리가 의식적으로 인지하는 부분은 빙산의 일각에 불과하며 대부분의 정신활동과 행동은 물속에 잠겨 있는 무의식 속에서 이루어진다고 주장했다.

이후 버지니아 사티어(Virginia Satir)를 비롯한 학자들이 상담 및 가족치료 등에 적용하게 되면서 대중들에게도 알려지기 시작했다.

1. 빙산 이론의 기본 개념

• 이슈(빙산의 표면 부분): 사람의 행동이나 말처럼 겉으로 드러나는 부분을 의미한다. 이는 눈에 띄기 때문에 쉽게 파악할 수 있다. 집회나 시위에서 흔히 관찰할 수 있으며 그 내용은 상대가 알아보기 쉽게 간단히 요약하여 팻말이나 머리띠에 표현하기도 한다.

예로서 화난 표정이나 공격적인 언어, 소리 지르기 등이 있고, 자신의 주장을 타인들이 알아보기 쉽게 정리한 문구가 있다. 예로서 "못살겠다 갈아보자" "철도가 우리 삶을 파괴한다." 등이 있다.

- 이해관계 : 잃고 싶지 않거나 가치를 두고 있는 부분이다. 일반적으로 관심사라고 표현되며 삶의 전 분야에 걸쳐 존재한다. 때로는 겉으로 드러나지 않을 때도 있으며 그 이유는 체면 때문일 경우가 많다. 예를 들어 환경보전과 삶의 질 향상을 주장하지만, 이면에는 집값 하락에 대한 우려나 반감이 포함되어 있을 수 있다.
- 욕구: 우리를 움직이는 근원적인 힘이다. 자라면서 경험한 결핍에 의해 만들어지는 경우가 많다. 예로서 인정의 욕구, 안전의 욕구, 자기실현의 욕구 등이 있다.
- 신념: 우리 삶이나 행동의 당위성이 되는 힘이다. 가치와 관련된 경우가 많으며 자라면서 자연스럽게 생겨나 굳어진다. 이슈나 이해관계와 달리 개인적 가치와 관련된 경우가 많으며 타협의 여지가 적다. 그런 이유로 정치나 종교 갈등의 해결이 어렵다. 예를 들어 자유와 평등의 가치 중 하나가 강조되면 나머지는 영향을 받게 된다.

빙산 이론은 사람들이 어떤 감정을 표현할 때 그 뒤에 숨어 있는 깊은 감정이나 욕구를 이해하고 해결하는 데 중요한 역할을 한다. 빙산의 아랫부분을 보지 못하고 이슈만 해결할 경우 갈등이 재발할 가능성이 높다. 따라서 갈등해결 대화시 질문을 통해 갈등당사자의 욕구와 신념을 파악해야 한다.

2. 감정 해결에서 빙산 이론의 적용

1) 감정의 겉면과 깊은 감정의 구분

- 감정이 겉으로 표현될 때, 그 행동이나 언어만으로는 그 사람이 느끼는 진짜 감정이나 필요를 완전히 파악하기 어려울 수 있다. 예를 들어 누군가가 화를 내면, 그 화의 근본적인 원인이 불안감이나 불만족일 수도 있다.

2) 깊은 감정을 이해하고 해결하기

- 감정의 깊이를 파악: 화가 나서 불만을 표현하는 것 이외에 그 감정 뒤에 숨겨진 불안, 상처, 자존감 문제 등을 파악해야 한다.

- 심리적 동기와 욕구: 갈등 상황에서 상대방의 깊은 감정을 이해하려면 그 사람이 무엇을 원하는지, 왜 이런 반응을 보이는지 파악해야 한다. 이때 적절한 질문을 통해 상대방 내면에 있는 욕구를 탐색할 수 있다.

  예를 들어 화가 나 있는 상대에게 "이런 상황에서 화가 나는 이유가 있을 것 같은데 어떤 이유인지 알 수 있을까?"라는 질문을 통해 그가 필요로 하는 것이 이해와 지지, 그리고 인정받는 것일 수도 있음을 파악할 수 있다.

3) 감정 해결을 위한 질문과 대화

- 표면적 감정 파악: 상대방이 보이는 감정을 먼저 인식한다.
- 숨겨진 감정 탐구: 그 화가 난 뒤에 무엇이 숨겨져 있는지 탐색한다.
- 공감과 해결책 제시: 상대방의 숨겨진 감정을 공감하고, 그 감정이 해소될 수 있도록 지원한다. 예를 들어 "나는 네가 그런 감정을 느낀다는 걸 이해해. 내가 더 잘 도와줄 수 있는 방법을 찾아볼게"라고 전할 수 있다.

3. 갈등 상황에서 빙산 이론의 효과적인 활용

1) 자신의 감정 인식

- 자신의 감정을 표면적 반응에서 한 걸음 더 나아가 분석해보는 것이 중요하다. 예를 들어 자신이 화를 내는 이유는 단순히 상대방이 내 말을 무시했기 때문만이 아니다. 내가 불안하거나, 인정받고 싶다는 욕구가 있었기 때문일 수 있다.

2) 갈등해결을 위한 깊은 이해

- 상대방의 표면적 감정을 넘어서 그들의 내면적인 필요와 욕구를 파악함으로써 더 깊이 있는 해결책을 제시할 수 있다. 예를 들어 상대방이 나를 공격한다고 느꼈을 때, 그 이면에는 사실 인정받고 싶은 욕구가 숨겨져 있다는 것을 이해하면 갈등해결에 도움이 될 수 있다.

3) 긍정적 대화 촉진

- 빙산 이론을 적용하여 상대방의 숨겨진 감정과 욕구를 존중하고 이해하려는 태도를 보이면, 긍정적이고 열린 대화가 가능해진다. 예를 들어 "나는 네가 느끼는 불편함을 이해하려고 노력할게. 네가 원하는 것이 무엇인지 이야기해줄래?"라고 질문할 경우 상대방도 긍정적인 마인드로 대화에 응할 수 있다.

4) 빙산 이론의 갈등해결에서의 한계

- 자신과 타인의 감정을 충분히 이해해야 한다는 점에서 시간이 필요하고, 양방향 대화와 자기 자신에 대한 깊은 성찰이 필수적이다
- 자기 인식의 부족: 방어기제가 강한 경우 자신의 감정을 억누르거나 숨기고 싶어 하는 경향이 있어, 숨겨진 감정을 파악하기 어려울 수 있다.
- 소통의 어려움: 상대방이 자신의 내면적 욕구나 감정을 표현하는 것이 어려운 경우, 갈등을 해결하는 데 시간이 더 걸릴 수도 있다.

 빙산 이론은 갈등해결에서 감정과 욕구를 이해하는 데 중요한 도구이다. 감정은 단순히 겉으로 드러나는 것이 아니라 그 밑에 숨겨진 여러 가지 복잡한 원인들이 있다. 따라서 갈등 상황에서는 표면적인 감정에만 집중하지 않고, 그 아래에 숨겨진 감정과 욕구를 깊이 파악하는 것이 갈등을 효과적으로 해결하는 중요한 첫걸음이 될 수 있다.

참고문헌

김영애(2015), **사티어 모델 : 이론과 실제**, 가족치료연구소.
다니엘 다나(2005), **갈등을 경영하라**, 라이트북닷컴.
문용갑(2011), **갈등조정의 심리학**, 학지사.

제2부

현장실무 협상과 갈등해결 사례

제1장 비즈니스 협상 사례

제2장 갈등해결 사례
 1. 당사자 갈등해결 사례
 2. 제3자 갈등해결 사례

제1장 비즈니스 협상 사례

NCL23-04. 컴퓨터 프로그래머 연봉 협상 사례
NCL23-08. 식당업체 선정 내·외부협상 사례
NCL23-13. 헤드헌팅 협상 사례
NCL23-15. 비즈니스 협상 사례 '누가 먼저 조건을 말할까'
NCL23-16. BATNA를 활용한 프로젝트 발주 협상 사례
NCL23-17. 은행 대출금리 협상 사례
NCL23-18. 인도인, 중국인, 한국인의 협상 사례와 문화
NCL23-20. 좋은 사람 나쁜 사람 전술을 활용한 사무실 임차 계약
NCL24-04. 퇴직자의 귀촌과 토지매매 협상 사례
NCL24-09. 상호주관적 이해를 통한 법원 민사조정의 성공사례
NCL24-15. 브랜드 사용료 협상에서 객관적 기준의 중요성
NCL24-16. 중소기업의 불법 소프트웨어 배상 협상 사례
NCL24-17. 화재발생 리모델링 공사 갈등해결 사례
NCL24-18. 연봉 협상의 조건부 합의 전략 활용 사례
NCL24-19. 광고 협상에서 영향력 있는 제3자 활용 전략 사례
NCL24-23. 공공기관의 임금교섭 사례와 제언

NCL23-04
컴퓨터 프로그래머 연봉협상 사례

2023.02.26.

원창희
한국협상경영원 대표이사, 원장

출처: 원창희, "NCL23-04. 컴퓨터 프로그래머 연봉협상 사례," 한국협상경영원의 블로그, 2023.02.26.

NCL23-04. 컴퓨터 프로그래머 연봉협상 사례

판교의 C 컴퓨터 회사는 종업원도 100명 규모이고 실력 있는 프로그래머만 60여명이 포진해 있는 중견기업으로 현재 컴퓨터 프로그래머를 채용하는 중이다. J는 국내의 유수대학에서 전산프로그램을 전공하였고 MIT공대에서 석사학위를 한 후 실리콘밸리에서 1년간 인턴사원으로 근무하였다. 인턴기간이 다 끝날 무렵 한국에 있는 약혼녀의 희망으로 J는 한국에서 직장을 잡기로 하고 C회사에 잡인터뷰 한 결과 연봉협상만 남기고 최종 합격자 명단에 올랐다. 연봉협상에서 연봉수준도 중요하지만 최근 한국의 주택가격이 급격히 상승하는 추세여서 주거문제도 큰 걱정거리이다.

J는 해외 석사학위에 실리콘밸리의 경력상 이점을 내세워 최소한 연봉 6,000만원이면 수용할 의사가 있다. 결혼 후 월 200-250만원은 족히 주거비에 들어가야 할 형편이라 연봉 6,000만원을 받아도 실 가처분소득은 3,000만원밖에 되지 않아 생활의 여유가 없는 형편이다. 그 이하 수준이면 친구네 회사인 용산의 중견 IT기업을 신청해볼 생각이다. C보다 복지수준은 낮지만 연봉 6,000만원은 보장될 것으로 예상되지만 확실하지는 않다.

한편 C회사의 인사팀장 K는 채용과정에 합격한 J를 꼭 잡고 싶지만 다른 사원들과의 형평성도 고려해야 한다. 3년 정도 경력직 사원은 5,500만원 연봉부터 시작하고 무경력 신입사원은 4,000만원부터 연봉을 시작한다. J를 경력직 입직으로 합격을 시켰지만 대학원 2년은 학력이 되고 실리콘밸리에서는 인턴사원으로 1년을 근무한 상황이라 다른 3년의 경력직 입사자에 비하면 경력이 좀 약하다. K는 자사주

1,000만원과 연말 특별보너스를 강조하면서 연봉 5,000만원과 각종 사원 복지제도를 자세하게 기입하여 제안서를 J에게 메일을 보냈다.

K의 메일을 확인한 J는 경력사원 입사로 높은 연봉을 기대했는데 약간은 실망이 되었다. J는 논문의 우수성과 실리콘밸리 인턴사원근무 등 강점들을 나열하고 높은 주거비로 인해 6,000만원이 되지 않으면 조건이 맞는 다른 회사를 찾아봐야 한다고 완곡히 표현하였다.

K는 수정제안으로서 5,500만원을 제시하고 대신 자사주를 500만원 더 제공할 수 있도록 상부에 요청하겠노라고 하였다. J가 그 이상 요구할 경우 K는 면접에서 차순위로 대기자 명단에 올라 있는 유능한 대기자를 대안으로 정하고 있었다.

J는 여전히 주거문제를 거론하면서 5,500만원은 부족하다며 난색을 표하였다. 이에 K는 진행상황을 인사담당 상무에게 보고하였다. 보고를 받은 인사담당 상무는 VIP고객 주택제공 카드를 생각해냈고, 대표이사에게 건의한 결과 사택을 1년간 사용할 수 있도록 허락을 받았다.

K는 연봉 5,000만원에 사택을 1년간 사용하는 안을 제시하고 연봉을 5,500만원 고수하려면 월 임대료 50만원을 지불해야 한다고 하였다. J는 차후 연봉수준을 고려하여 5,500만원에 임대료 50만원 옵션을 선택하였다. 그래서 J와 인사팀장 K 간에 최종 합의된 연봉계약은 다음과 같다.

√ 연봉은 5,500만원으로 한다.

√ 채용시 1,000만원 상당의 자사주를 지급한다.

√ 회사 보유 사택(P아파트 81제곱미터)을 1년간 임대하고 월 50만원 임대료를 급여에서 공제한다. 임대기간은 1년으로 하되 특별한 연장사유가 발생하면 이를 심의해서 1년 더 연장할 수 있다.

이번 연봉협상을 통해 배울 수 있는 교훈은 다음과 같다.

1) 강한 BATNA가 강한 협상력을 가진다. J는 협상이 결렬될 때 자신이 취할 수 있는 용산 IT기업 대안이 불확실하지만 K는 면접에서 탈락한 유능한 대기자를 대안으로 정하고 있어서 강한 협상력을 가지고 있다.

2) 상대방의 이해관계 파악과 그에 대한 배려가 강한 설득력을 가진다. K는 연봉협상에서 J의 주거문제를 고려하여 협상안을 제안하여 J의 이해관계를 충족시킴으로써 합의안에 도달하였다.

3) 협상역량은 기업의 전략자원이다. 유망한 프로그래머인 J를 확보하기 위해 인사팀의 상무와 팀장은 연봉자체에 매이지 않고 상대의 이해관계를 고려한 유연한 협상역량을 발휘함으로써 인사팀의 협상역량이 기업의 전략자원임을 입증하였다.

NCL23-08
식당업체 선정 내·외부협상 사례

2023.04.24.

황안순
㈜코스맥스 전무이사

출처: 황안순, "NCL23-08. 식당업체 선정 내·외부협상 사례,"
한국협상경영원의 블로그, 2023.04.23.

NCL23-08. 식당업체 선정 내·외부협상 사례

A회사가 입주한 건물은 10층 오피스빌딩 2개동에 약 20여개의 업체들이 입주하여 활기차게 근무하고 있다. A회사는 이 건물의 사용면적 중 70%를 점유하고 있으며, 인원도 총 근무인원수의 72%를 차지하고 있다. 건물의 전반적인 관리는 건물관리단에서 맡아서 진행하고 있는데, A회사가 관리단의 단장으로 선임되어 활동하고 있다. 관리단의 이사와 감사는 입주회사의 대표들이 맡고 있는데 현재 각각 6명과 2명으로 구성되어 있다. 건물 내 주요한 업무는 관리단 회의에 보고되며, 주요 의결 및 집행사항도 관리단에서 맡고 있다. 관리단 이사들은 모든 업무의 의결과 집행에 1인 1표제를 행사하고 있다. 가능하면 만장일치를 유지하지만 불가피한 경우, 다수결로 결의하기도 한다. 건물 내에서 구내식당을 6년 동안 운영해온 B업체가 2023년 *월말일자로 계약이 종료된다.

구내식당을 운영하는 B업체의 계약종료일이 다가옴에 따라 관리단은 재계약 또는 신규업체로의 변경을 위해 2023년 *월 관리단회의에서 식당업체 재선정(안)을 올렸다. 이 자리에서는 기존업체 계약연장과 신규업체 선정의 두 가지 안을 검토하기로 하고 다음 회의에서 논의하기로 결정하였다.

A회사는 현재 운영하고 있는 B업체와 재계약을 추진하기로 입장을 정하고, 2차회의에 참여하였다. 2023년 *월에 열린 2차 회의에서 A회사를 제외하고 모든 업체들이 신규업체 선정으로 의견이 모아짐에 따라 업체별 비교견적을 받고, 다음 회의에서 결정하기로 하였다. A회사 경영진은 비교 견적 후, 최소 견적을 바탕으로 기존 B업체와 협상하기로 방향을 정했다. 관리단에서 총 4군데 업체에 견적을 요청하였으나, 이중 2곳에서는 단가가 맞지 않아 견적서를 제출하지 않았으며, 최종적으로 기존 B업체와 신규업체 1곳이 견적서를 제출하였다. 두 업체의 장·단점을 살펴보면 기존 B업체는 동종업계 1위의 대기업으로 식

자재의 품질, 직원들의 서비스 마인드, 대내외 지명도 등이 최상이었으나, 식자재와 인건비 등의 상승률을 감안하여 인상폭을 기존 단가에 25%이상 인상하는 것으로 견적가를 보내왔다. 반면 신규업체는 중견기업으로 관공서 및 민간기업체 다수에 구내식당만 전문으로 하고 있으며, 단가도 현재 금액에서 10%정도 인상하면 품질을 맞출 수 있는 것으로 견적을 제출하였지만, 업체의 신뢰도나 품질에는 의구심이 있는 것으로 파악되었다.

 이러한 내용을 근거로 하여 기존업체와 단가관련 두 차례 미팅을 진행하였으나 단가 조정이 되지 않았다. 2023년 *월에 열린 3차회의에서 관리단 임원들은 견적을 제출한 두 개 업체의 발표내용을 경청하고 의견을 개진하는 시간을 가졌다. 이 자리에서 입주업체 직원들의 의견(식단 변경 필요, 업체 변경, 메뉴의 다양화, 품질 개선 등)과 업체의 발표내용을 면밀히 검토한 후 관리단은 최종적으로 신규업체로 구내식당 운영을 변경하기로 결의하였다. 그러나 구내식당 이용인원의 대부분이 A회사인 것을 감안하여 1주일 후에 임시회의를 거쳐 최종 결정하기로 하였다. A회사 경영진은 업체의 지명도와 안전을 고려하여 다소 높은 단가를 지급하더라도 기존 B업체로 계약하기를 원하여 B업체와 두 번에 걸쳐 추가 미팅을 가졌으나, 단가 협상이 원활하지 않고 기존 B업체는 계속 식당운영 여부에도 적극성을 띠지 않았다. A회사 경영진도 업체를 변경하기로 최종 확정하였고, 1주일 후에 진행된 임시회의에서 업체를 신규업체로 변경하기로 결정하였다.

 이번 협상은 몇 가지 교훈을 주는 협상이었다.

 1) 원하는 업체 선정을 하지 못한 것은 협상의 사전 준비부족 때문이다. A회사 경영진은 품질과 안전을 위하여 기존 B업체가 계속 운영하기를 원했다. 단가는 10%내에서 인상이 최상이나, 20%까지 가능성을 가지고 협상에 임했으나, 입주 업체 대다수가 단가인상에 부정적이어서 결과적으로 신규업체로 변경되었다. B업체의 최대양보선과 입주업체의 요구사항을 파악해서 사전 준비하지 못한 점이 패착이었다.

2) 의사결정과 평가기준에 지배적 업체의 의견반영이 실패하였다. 식당사용인원이 절대다수인 A회사의 의견이 상대적으로 적게 반영되는 1인1표제 의사결정 구조의 불리한 문제를 제기하지 못했고 단순 단가를 반영하는 평가기준을 A회사가 원하는 음식품질 문제를 평가기준에 반영하는 노력도 하지 못하여 결과적으로 사용인원은 다수이나 의사결정에는 소수라는 모순을 극복하지 못하였다.

3) 지배업체로서 내부의견 수렴과 사전 조율에 실패하였다. 관리단 임원진과 사전에 조율이 있었지만, 그들의 니즈(단가, 다양성 등)를 정확하게 파악하지 못하였고, 단순히 A회사의 의도대로 따라올 줄 알고 진행한 것이 잘못이었다. 1인1표제의 취지를 잘 이해하고 입주 업체들을 설득하고 노력하는 과정이 필요했다. 대다수 임원들은 A회사가 많은 부분에서 독점권을 행사하는데 불만을 가지고 있었고, 이번 건을 통해 그들의 권한을 행사하고자 하는 의지가 강했다. 특히 단가 인상에 있어 식비에 대한 비용부담을 안고 있었고, 구성원들 사이에 한번쯤 바꾸어 보았으면 하는 의견이 팽배했음을 알았다. 결론적으로 이를 무시하고 진행하는 오류를 범했다.

4) 관리단 내부의 이해관계 조절이 성공의 핵심이다. 다른 관리단 임원들은 낮은 단가를 원하는 이해관계가 강하였지만 A회사 임원은 품질과 안전에 더 큰 관심을 가지고 있어서 서로 이해관계가 상반된 구조인 상태에서 A회사가 이해관계를 조절하였다면 원하는 결과를 도출할 수 있었을 것이다.

이번 협상결과에 대해 아직도 A회사 경영진과 일부 직원들 사이에는 아쉬움이 많이 남아있다. 지속적인 설득작업이 필요하고 업체 변경에 대한 후속조치가 필요할 것으로 판단된다. 이 협상으로 인해 관리단은 회사로부터 신뢰감도 많이 잃었다. 협상은 정말 잘해야 본전이고 잘못하면 패가망신의 지름길이라는 교훈을 다시 한번 새겨본다. 知彼知己 百戰不殆(지피지기 백전불태)라고 했다. 이번 협상에서 상대를 먼저 알고 협상에 임하는 것이 중요함을 깨닫게 되었다.

NCL23-13
헤드헌팅 협상 사례

2023.07.13.

김채연
한국커리어리더십 대표

출처: 김채연, "NCL23-13. 헤드헌팅 협상 사례," 한국협상경영원의 블로그, 2023.07.13.

NCL23-13. 헤드헌팅 협상 사례

헤드헌터 K는 기업으로부터 인재 스카웃을 의뢰 받아 적임자를 추천해주고 채용 성사 시 계약에 따른 수수료를 받는 일을 하고 있다. A그룹 지주사(이하 A사)에서는 인사실장 임원급 채용 포지션의 시급성을 호소하며 추후 합격자 입사 전 거래 계약 체결에 대해 양해를 구해왔고, K는 여러 상황을 고려하여 사측의 요청 사항을 수락하였다. 이후 K는 모든 헤드헌팅 협업 네트워크를 동원하여 후보자를 찾는 일을 우선시하여 주력하였다. A사에서 제시한 수수료 지급 조건을 내부 협업자들에게 언급하면서 업무 협조를 받는 일이 원활하게 진행되어 이내 합격자가 발생하였다.

그런데 A사로부터 약속했던 수수료 계약이 불가하다는 통보를 받았다. 사유는 합격자의 근로계약상 소속이 A사의 계열사인 B사가 되기에 헤드헌팅 계약서도 B사와 체결하게 되는데, K가 이미 B사의 채용 의뢰를 받아 프로젝트를 진행 중인 상황에서 B사와는 A사와 협의한 수수료율의 절반수준을 의논한 적이 있다는 것이다. A사는 B사에게 더 높은 수수료율로 계약을 하도록 유도하여 기존에 의논한 내용을 번복하도록 일방적으로 압박할 수 없다고 하며 '계약 수수료율은 B사측 담당자와 K가 별도로 대화하여 알아서 정하라'고 협의에서 빠지려 하였다.

K는 B사와의 수수료 관련 대화에는 다른 요건들의 맥락이 있음을 A사에 전달하였으나 그룹사 담당자는 비협조적인 태도를 유지했다. 최종면접 합격자가 나온 상태에서, K는 합격자의 소속 법인과 알아서 계약 수수료에 대한 재협의를 하도록 통보받은 채, A사 담당자와 초기 협의한 수수료율의 절반 수준의 수수료율로 B사와 계약을 체결해야 하는 상황이 되었다. 우여곡절 끝에 대화가 잘 되어 A사와 K가 초기 구두상 협의했던 수수료율로 계약이 체결되었으며, 이후 인사실장 합격자도 무사히 입사하였다.

계약 직전 K는 A사에서 합격자에게 전달을 요청한 채용확정 안내를 보류하겠다고 A사에게 전달하니 A사는 초기에 약속했던 수수료율로 계약을 체결하자고 다시 제안하였다. K는 이러한 자신의 액션으로 인해 A사와 B사 거래 모두 끊길 수 있다는 사실을 알고 있었으나, 이것이 최선이라고 판단하였다. 결과적으로 합격자 입사 후 B사와 거래는 잠정 보류되었으나, A사의 채용 의뢰는 이후에도 계속 이어져서, K는 여러 차례 A사의 각 계열사 주요 직책자들을 입사시키는 성과를 거둘 수 있었다. 훗날, K가 A사와의 거래관계를 마무리하는 시점에서 B사가 희망하는 수수료율로 재계약을 진행하여 B사의 프로젝트도 재개하였다.

금번 협상 사례를 분석해보면, 교착 상태에서 K는 협상이 결렬될 경우 A사가 취할 수 있는 대안을 아래 2가지로 판단하였다.

대안 1: 타 서치펌을 통해 다시 본 포지션 적임자를 찾는다.
대안 2: 내부 인력으로 충원한다.

A사에 전에 없던 노조가 결성되고 있는 상황에서 내부 인력은 이런 상황을 겪어본 적이 없기에 타 기업에서 유사 상황에 대한 경험이 많은 외부 인력을 스카웃하기로 결정되었기 때문에 A사의 바트나, 즉 합의가 이뤄지지 않을 경우의 최선의 대안은 대안 1, 타 서치펌을 통해 인력을 다시 찾는 것이다.

한편 본 협상이 결렬될 경우, K가 취할 수 있는 대안은 다음의 대안 한 가지였다: 희망하는 수수료율 계약이 가능한 타 기업을 찾아 다시 영업한다.

이번 인사실장 자리에는 특별히 노조 대응 및 협상 경험이 풍부한 인력이어야 하는 동시에 시끄럽고 불안정한 현재 조직 분위기를 긍정적인 방향으로 변화를 이끌어 갈 수 있는 조직장악력과 리더십까지 갖춘 임원이 필요하다는 점에서 A사의 헤드헌팅 계약은 여러 니즈를 동시에 충족시켜야 하는 난이도가 높은 프로젝트이다. 아무리 서류상, 면접상 보여지는 경력이 좋더라도 평판조회 시 수준급의 리더십이 검증되지 않는 후보자들은 모두 탈락시켜왔다. 그래서 이번 합격자를 놓치면 기업이 요구하는 까다로운 조건을 모두 충족하는 또 다른 적임자를 찾을 때까지 시간이 꽤 오래 걸릴 것으로 예상되었다. 그렇지 않다면 이번 합격자보다 역량 면에서 만족스럽지 못한 인력을 마지못해 채용해야 하는 상황이 벌어질 수 있어 보였다.

양측 모두 협상 결렬로 인한 이익은 거의 없으나, A사가 감당해야 할 손실이 K가 감당해야 할 손실보다 크다고 판단되었다. 이에 K는 자신에게 협상 파워가 있음을 알았기에 A사와 초기 구두상 협의된 수수료율이 아니라면 계약할 수 없다고 단호한 입장을 취할 수 있었다.

K에게 있어서는 채용 건을 성사시켜서 매출을 올리는 일도 중요했지만 '사내의 협업자들과의 약속을 지켜가면서 일을 성사시키는 것'이 더욱 중요했다. K는 당장의 이익보다 협업자들과의 장기적인 신뢰 관계를 지키는 일이 더욱 중요하다고 판단하여 아쉽지만 이번 합격자 입사 후 2개 기업의 거래관계가 단절되어 추가 의뢰를 기대할 수 없는 리스크를 감내하면서까지 본 계약을 초기 구두상 협의한 수수료율대로 단호하게 협상한 것이다. 그 결과로 내부 협업자들에게는 본 건과 관련한 수수료 분배에 대한 약속을 지킬 수 있었다. A사 담당자는 이러한 K의 이해관심사를 사전에 파악하지 못하였고 수수료 관련 절충 방안을 제시하지도 않았다. A사는 K의 표면적인 요구사항만 고려한 대안을 제시함으로써 K의 양보를 얻어낼 기회조차 찾지 못했다.

위 협상 사례가 시사하는 바는, 협상 테이블에서 합의를 이끌어내고자 할 때 상황에 대한 분석도 중요하지만 협상파트너의 이해관심사를 파악하는 것도 중요하다는 점이다. 만약 A사 담당자가 K의 이해관심사에 협업자들의 신뢰를 얻는 것도 포함되어 있다는 점을 파악했더라면 수수료율 절충 제안을 하는 동시에 K가 협업자들에게 신뢰를 잃지 않을 수 있도록 도와주는 대안을 제시할 수도 있었을 것이다. 만약 그랬다면 A사는 더 낮은 수수료율로 계약을 체결할 수 있었을 것이다. 따라서 상대방의 표면적인 요구나 제안의 밑바탕에 있는 동기와 욕구를 파악하는 일이 매우 중요하다고 할 수 있다.

NCL23-15
비즈니스 협상 사례 '누가 먼저 조건을 말할까?'

2023.08.03.

송효지
MBC 차장

출처: 송효지, "NCL23-15. 비즈니스 협상 사례 '누가 먼저 조건을 말할까?'" 한국협상경영원의 블로그, 2023.08.03.

NCL23-15. 비즈니스 협상 사례 '누가 먼저 조건을 말할까?'

비즈니스 협상에서 본 게임은 치열한 눈치싸움으로 시작된다. '누가 먼저 거래 조건을 말하느냐'에 따라 협상 우위가 판가름 날 수 있기 때문이다. 세계적인 OTT('Over The Top의 약자로 인터넷을 통해 볼 수 있는 콘텐츠 서비스) 플랫폼 중 하나인 N사와 처음으로 콘텐츠 공급 계약 협상을 진행할 때였다. 첫 거래를 트는 업체와 협상을 할 때 가장 난감하다. 이전 거래가 한 번이라도 있었더라면 레퍼런스에 준해서 협상을 시작하면 된다. 하지만 처음 거래를 시작하는 업체와 협상을 할 때는 어디서부터 어떻게 접근해야 하는지 쉽사리 감을 잡기 어렵다.

이럴 때는 누가 먼저 조건을 말하는 것이 좋을까? 답을 먼저 말하자면 '상황에 따라 다르다.' 한 마디로 협상 우위를 지닌 쪽에서 조건을 먼저 말하는 것이 유리할 수 있다. 협상 우위를 확보하는 방법에는 여러 가지가 있지만 가장 강력한 협상 우위는 바로 BATNA(Best Alternative To a Negotiated Agreement)에서 나온다. BATNA가 강할수록 협상력은 강해진다. BATNA란 협상안이 결렬될 경우 취할 수 있는 최선의 대안을 의미한다. 상대측의 BATNA는 정확히 알 수 없지만 시장 상황 등을 고려하여 짐작하여 힘의 우위를 견주어보게 된다. 힘의 우위가 명백한 경우도 있고 그렇지 않은 경우도 있으므로 정보 수집 능력 또한 협상가의 역량 중 하나이다.

먼저, 상대방이 협상 우위를 지니고 있거나 우리가 상대방에 대해 잘 모르는 경우다. 이때는 상대방이 먼저 조건을 제시하도록 유도하는 것이 좋다. N사는 세계 최대 OTT 플랫폼 중 하나다. 또한 한국의 여러

방송사나 제작사들과 이미 계약을 체결한 상태였기 때문에 이를 통해 한국 시장에 대한 거래 기준이 어느 정도 수립되었을 것이다. 이 경우 우리가 아무리 뛰어난 협상 기술을 발휘한다 하더라도 콘텐츠가 독보적이지 않은 이상 타사와 비슷한 수준에서 콘텐츠 금액이 책정되기 마련이다.

그렇다면 왜 이때는 상대방이 조건을 제시하도록 하는 것이 좋을까? 그렇지 않고서 우리 쪽에서 먼저 조건을 제시했다가는 자칫 돌아올 수 없는 강을 건너게 될 수도 있다. 상대가 예상하는 금액을 상회하는 조건을 성급히 제시함으로써 상대가 덥석 물어버리는 경우 말이다. 그럴 경우 우리는 보다 나은 조건으로 합의에 이를 기회들을 잃게 된다.

이와는 반대로 우리 쪽이 협상 우위를 지니고 있거나 상대방에 대해 잘 알고 있을 경우는 어떨까? 이 경우에는 우리 쪽에서 먼저 조건을 제시하는 편이 유리할 수 있다. 바로 '앵커링 효과(Anchoring Effect)' 때문이다. 앵커링 효과란, 배가 닻이 내려진 주변에만 머물며 벗어날 수 없듯이 상대방의 무의식에 선을 그어줌으로써 생각이 그 안에만 머물 수 있도록 하는 것으로 정박 효과라고도 말한다. 상대방에게 먼저 금액을 제시하면 상대는 그 금액 주변에서만 생각이 머물게 된다. 우리 쪽에서 1,000만원을 요청했는데 갑자기 상대가 100만원이나 1억원을 제시할 수는 없는 것이다. 상대방은 우리가 제시한 금액을 협상의 '전제'로 여기게 되어 ZOPA(Zone Of Possible Agreement, 합의가능영역)를 벗어나 협상 결렬 상태로 치닫는 것을 원치 않을 것이기 때문이다. 실제로 비즈니스 협상에서는 첫 제시 금액에서 +/- 20% 범위 내에서 최종 타결이 되는 경향이 있다고 한다(물론 경향성

일 뿐 불변의 법칙은 아니다)

앞선 상황은 N사가 협상 우위를 지니고 있고, 우리 측은 N사 내부 거래 기준에 대한 정보도 부족한 상황이다. 따라서 N사에게 조건을 먼저 제시해달라고 요청하였다. 그들의 영향력을 존중하고 신뢰하는 차원에서 거래 기준에 대해 궁금해 하면서 말이다. 요청대로 N사는 한국 시장에서 새롭게 마련한 자신들의 거래 기준을 토대로 조건을 제시해왔다. 이는 상호 신뢰를 위해, 나아가 한국 시장에서의 신뢰성 확보를 위해서라도 기준에서 무리하게 벗어난 수준은 아니었을 것으로 판단했다. 다만 협상의 여지를 고려하여 기준보다는 다소 낮은 금액으로 책정하였을 것이다.

이러한 점들을 고려해볼 때 N사가 한국에서 시행 중인 거래 조건을 짐작할 수 있었다. 필자는 N사가 제시한 조건보다 높은 금액을 카운터 오퍼(Counter Offer)한 뒤, 서로 조율하는 과정을 거쳐 최종적으로 N사의 제시 조건보다는 다소 상회한 수준에서 계약을 체결할 수 있었다.

정리하자면, 첫 조건 제시는 협상 우위를 가진 쪽에서 먼저 하는 것이 유리할 수 있다. 상대방 측이 협상 우위를 가지고 있거나 명확한 거래 기준을 보유하고 있을 때, 그리고 우리가 상대방에 대해 잘 모른다면 일단 상대방에게 키를 넘겨주는 것이 좋겠다. 반대로 우리가 협상 우위를 가지고 있거나 명확한 거래 기준을 보유하고 있을 때, 그리고 상대방에 대해 잘 알고 있다면 우리 쪽에서 먼저 조건을 제시하는 편이 유리할 것이다.

NCL23-16
BATNA를 활용한 프로젝트 발주 협상 사례

2023.08.23.

박정일
전북대학교 경영학박사·경영지도사

출처: 박정일, "NCL23-16. BATNA를 활용한 프로젝트 발주 협상 사례," 한국협상경영원의 블로그, 2023.08.23.

NCL23-16. BATNA를 활용한 프로젝트 발주 협상 사례

비즈니스협상의 세계에서 전략적 접근방식은 종종 성공과 실패를 가르는 중요한 예술이다. 가장 멋진 협상 전략 도구 중 하나인 BATNA(Best Alternative To a Negotiated Agreement, 결렬시 최선대안)를 활용한 사례를 소개한다.

A회사는 1억원의 예산으로 "B시스템 구축 프로젝트"(이하 B프로젝트)를 수행하려고 한다. 동 업권 내 A회사보다 규모가 큰 타 회사들의 경우는 대략 1.5억원 선에서 프로젝트를 구축했다. 사실 이 B프로젝트를 수행할 수 있는 업체는 국내에 단 두 회사에 불과하다. 이 중 선발업체는 경험이 많아 동 업권의 대부분의 B프로젝트를 수주하였다. 그래서 선발업체는 프로젝트의 질이 높지만, 자존심이 매우 강해서 낮은 금액으로는 프로젝트를 수행하지 않는 것으로 정평이 나 있었다. 반면, 후발업체는 선발업체의 컨설턴트들을 일부 영입하였기 때문에 실력은 별로 차이가 없지만, 프로젝트 수행실적이 전무한 것이 단점이었다.

이제 원하는 A회사가 원하는 금액 수준으로 B프로젝트를 수행할 수 있도록 하는 협상전략은 무엇일까? 선발업체와 후발업체에게 사전에 프로젝트를 시작하려고 한다는 정보를 두세 달 전부터 슬쩍 흘렸다. 그리고 제안요청서를 보내기 전에 각 업체의 속사정을 잘 아는 타 회사로부터 두 업체의 입장과 상황을 조사한 결과 선발업체는 높은 단가로 수주하려고 하고 후발업체는 적극적으로 임하여 기사회생하고자 한다는 것이다.

업체들로부터 제안을 받은 결과 선발업체의 제안가는 1.8억원, 후발업체는 1.4억원이었다. BATNA는 후발업체가 제시한 금액인 1.4억원으로 잡았다. 선발업체가 후발업체가 제시한 제안금액을 어느 정도 눈치 챌 수 있도록 하면서 프로젝트의 질을 낮추지 않는 수준에서 다시 제안을 할 의사가 있는지 물어보았다. 이후 예상대로 선발업체는 당연히 동일 컨설팅 인력으로 인건비 단가를 낮추어서 1.4억원에 제안하였다.

후발업체에게 우리의 예산이 1.0억원임을 공개하였다. 사실상 1.0억원을 넘으면 프로젝트를 진행할 수 없다고 배수진을 쳤다. 사실상 BATNA는 프로젝트를 포기하는 것이었다. 그리고 프로젝트의 질을 낮추지 않으면서 예산인 1.0억원으로 다시 제안을 할 의사가 있는지 요청하였다. 이후 후발업체는 최대한 낮춘 1.1억원으로 다시 제안하였다. BATNA를 다시 1.1억원으로 잡고, 프로젝트 경험이 많은 선발업체에게 프로젝트의 본질과 가치적인 측면에서 논의를 하면서 프로젝트에서 핵심사항이 아닌 부분을 최대한 줄이거나 다른 방법으로 대체하면서 가능한 금액을 재요청하였다. 그랬더니 1.3억원으로 제안하였다.

선발업체가 최종제안한 프로젝트 범위를 토대로 후발업체에게 제안 요청을 하였고, 최종 제안한 금액이 1억 5백만원이었다. 더 이상 프로젝트 비용을 줄이면 프로젝트의 질이 하락하거나 실패할 가능성이 높았다. 그래서 내부적으로 최종금액 1.05억원으로 보고하고 예산을 증액시켜줄 것을 요청하였다. 결국 최종 1.05억원으로 후발업체와 계약을 체결하는데 성공하였다. 당초 예산보다는 소폭 상향되었지만, 프로젝트의 질을 떨어뜨리지 않고, 인력의 단가를 최대한 할인하여 얻은 결과였다.

BATNA는 협상에 있어서 큰 힘을 갖게 한다. 후발업체를 기준으로 선정한 BATNA는 선발업체와의 협상에 사용하였고, 선발업체와 협상하여 수립한 새로운 BATNA를 후발업체에 적용함으로써 결과적으로 목표한 금액에 근접한 수준에서 B프로젝트를 발주할 수 있었다.

타 회사에서 수행한 프로젝트를 참고하였지만, 각 제안의 본질적 가치에 집중했다. 단순한 금전적 측면에서 벗어나 프로젝트의 솔루션이 A회사의 전략적 목표와 어떻게 조직의 운영 효율성을 향상시킬 수 있는지 논의하면서 프로젝트의 범위를 최대한 탄력적으로 조정했다. 프로젝트의 범위를 일부 조정하여 새로운 대안을 마련함으로써 업체들도 회사의 프로젝트가 가져야 하는 가치에 대한 이해도를 높일 수 있었다.

두 업체에게 프로젝트가 성사되도록 도와달라고 요청하였다. 선발업체에게는 이번 프로젝트에서 탈락하더라도 다른 프로젝트에서 이점을 줄 수 있다고 설득하였고, 최대한 효율적인 금액으로 제안하도록 요청하였다. 후발업체에게는 선발업체가 제안금액을 낮출 수 있도록 최대한 낮은 가격으로 제안해 달라고 요청하였다. 만약 선발업체가 처음부터 우리 회사의 예산을 눈치 챘다면 프로젝트를 포기하게 될 수 있고, 그렇게 되면 후발업체는 가격을 낮출 이유가 훨씬 줄어들게 되기 때문에 매우 조심스럽게 접근해야 했다. 두 업체 간 경쟁구도에서 BATNA 전략으로 상대 제안가격을 공개함으로써 가격인하를 유도하였다. 또한 선발업체에겐 예산정보를 숨기고 후발업체에겐 마지막에 예산을 공개하여 수용가능한 가격제안을 유도하였다.

A회사의 형편과 제안가격을 전략적으로 공개한 것은 협력을 촉진하고 생산적인 아이디어 회의를 이끌어내는데 기여를 했다. 두 업체에게 솔직하게 요청하여 신뢰와 협력의 환경을 조성함으로써, 모든 당사자들이 자신들의 전문성과 창의성을 활용하여 A회사의 예산 수준에서 실행할 수 있는 아이디어를 제시하였다. A회사와 선발업체 및 후발업체 간 어느 정도 협업적인 분위기로 진행되었고, 선발업체와 후발업체 모두 보다 저렴한 가격에 업그레이드된 솔루션에 대한 아이디어를 얻었다. 결국 B프로젝트는 후발업체로 결정되었으나, 그 다음에 진행한 더 큰 프로젝트는 선발업체에게 유리하게 되자 후발업체가 컨소시엄으로 참여하게 되었다.

협상에서 잘 다듬어진 BATNA는 밤바다를 가는 항해사에게 하늘의 별이나 등대와 같은 역할을 한다. 이것은 안전망을 가지는 것과 같고, 협상가가 협상을 강력한 위치에서 진행할 수 있도록 해준다. 나아가 협상가가 가격 너머의 가치를 이해하는 능력, 투명성에 대한 헌신, 적응력을 갖춘 것과 능력을 가지고 있다면 협상을 주도할 수 있다. 이러한 협상은 회사의 비전과 가치와 조화를 이루는 파트너십을 형성하게 한다. 따라서 협상능력을 키우는 노력은 협상가 자신 뿐 아니라 조직에게 큰 기여를 할 것이다.

NCL23-17
은행 대출금리 협상 사례

2023.09.12.

이은희
㈜구츠 이사, 경영학박사

출처: 이은희, "NCL23-17. 은행 대출금리 협상 사례," 한국협상경영원의 블로그, 2023.09.12.

NCL23-17. 은행 대출금리 협상 사례

　기업을 경영하다보면 은행으로부터 대출을 실행해야 하는 경우가 발생한다. 그리고 시간이 흘러 대출 갱신 기간이 도래하면 금리를 재산정해야 하는 문제에 부딪친다. 이 때 2개 은행과 금리 인하 협상을 진행하며 BATNA(결렬시 최선의 대안)를 활용해 목표수준 이하로 적용 금리를 결정한 사례를 소개한다.

　기준금리를 제외한 가산금리는 은행 내부적으로 기업을 재평가하여 심사 기준에 부합하는 경우 변경이 가능하기 때문에 양측 은행에서 제공하는 적용 금리를 기반으로 최대한 낮은 금리로 실행할 수 있도록 요청하였다. G기업은 현재 기업 신용평가 상위 등급으로 은행 간의 대출 실행 경쟁을 하는 우량 기업으로 우위에 있으며 또 기존 A은행의 대출을 상환하고 타 은행으로 전환을 시도하고 있는데 A은행이 이를 막으려 하고 있다는 정확한 정보력을 가지고 협상에 임하였다.

　[1라운드 협상]
　B은행은 G기업과의 대출 실행 시 추가 요청할 수 있는 모든 입출금 거래가 주로 이루어지는 모 계좌 변경과 자동이체 변경, 그리고 다른 이점이 있음을 알고 있었기에 기존 A은행보다 0.1%라도 더 낮은 가산금리 적용이라는 차별성을 가지고 접근하였다. B은행은 A은행의 80억 대출이 중도 상환 수수료가 발생하지 않는 시점에 갱신조건을 검토한 후 0.2% 더 낮은 1.9% 적용금리로 실행 가능하다고 제안하였다.
　기존 대출금을 사용 중인 A은행의 경우 대출 갱신일 도래 1개월 전 대출이 유지되고 있는 현재 적용 가산금리가 2.2%이므로 B은행의 제안 금리 1.9%는 기존 A은행의 가산금리보다 0.3%가 낮은 금리였다. A은행이 기존 금리보다 0.1% 인하하여 2.1%의 가산금리를 제안하였지만 그것은 결국 B은행의 가산금리 1.9%보다는 0.2%가 높은 금리였다.

[2라운드 협상]
다시 A은행에게는 B은행의 기준금리 1.9%보다 0.2%가 높다는 이유로 추가 인하 적용을 요청하였고 1차 제안보다 0.3% 더 낮은 1.8%의 가산금리 제안을 받았다. 그리고 B은행에게는 A은행에서 가산금리 1.5% 제안이 들어왔다는 가상의 정보를 흘렸더니 B은행으로부터 1.4%의 가산금리를 다시 제안 받았다.

[3라운드 협상]
현재 사용하는 A은행의 대출 금액 단위가 높으므로 기업 입장에서는 0.1%를 낮게 적용한다 하여도 매월 납부하는 이자의 금액은 백만 단위로 변동하여 단 0.1%라도 낮은 금리를 적용받을 수 있도록 2개의 은행 지점장과 직접 협상에 들어갔다.

G기업은 경쟁적인 A, B은행이라는 강한 BATNA를 가지고 있고 최근 입사한 신규 근로자 퇴직연금 가입이 있었기에 각각의 은행과의 협상에서 이미 제안 받았던 금리 이하로 적용해 줄 것을 재요청하는 협상에 들어갔다.

G기업은 기존 A은행과는 퇴직 연금과 주거래통장, 법인카드 사용 등을 이미 이용하고 있기에 추가로 약속하면서 다시 인하를 요청하였다. A은행은 본부 심사 결과 추가 보상의 조건이 없는 한 추가 인하는

곤란하지만 그동안 거래 한 기업이기에 0.2% 추가 인하하여 최종 1.3%를 제안하고 그 이하로 승인받을 수 없다는 것을 통보하였다.

[최종 합의]
B은행에게는 기존 A은행과 15년 이상 이용하던 퇴직연금 이동 관리와 신규 근로자에 대한 추가 가입, 주거래통장 개설, 법인카드 발급 등을 약속함으로써 G기업이 희망하는 가산금리 1%로 실행할 것을 요청하였는바 B은행은 이를 수용하였다.

최종적으로 G기업이 B은행과 합의한 사항은 다음과 같다.
-대출 가산금리 1%
-퇴직연금 신규 가입(퇴직연금 운영 수수료 1.3%), 주거래통장 개설, 법인카드 발급

이렇게 하여 G기업과 B은행이 상호 윈윈함으로써 매우 만족하는 협상 결과를 얻었다.

위 협상의 교훈으로 첫째, G기업과 B은행이 서로 윈윈하는 협상이었다는 점이다. G기업은 가장 중요한 대출금리에서 큰 이득을 얻었으며 B은행은 우량기업과의 신규거래를 얻었다는 점에서 서로 윈윈하였다. 둘째, 대출금리 협상에서 G기업이 상대에 대한 정확한 정보력과 BATNA의 힘으로 상대방보다 더 강한 협상력을 발휘함으로써 유리한 결과를 얻었다.

NCL23-18
인도인, 중국인, 한국인의 협상사례와 문화

2023.09.21.

조윤근
롯데웰푸드(주) 안전경영팀 수석

출처: 조윤근, "NCL23-18. 인도인, 중국인, 한국인의 협상사례와 문화," 한국협상경영원의 블로그, 2023.09.12.

NCL23-18. 인도인, 중국인, 한국인의 협상사례와 문화

필자는 인도인, 중국인과 접촉할 기회가 상대적으로 많았다. 인도법인 현지 직원들의 한국 기술연수프로그램을 운영하면서 여러 명의 인도인을 만난 경험이 있었고, 중국에 주재원으로 파견되어 5년 동안 근무하면서 다양한 중국인과 인연을 맺은 적이 있다. 요즈음 우리는 스마트폰을 사용하여 아주 쉽게 사진과 동영상을 촬영한다. 불과 10여 년 전만 하더라도 상상할 수 없었던 일이다. 기술 연수를 마친 4명의 인도법인 현지 직원들이 용산전자상가에서 디지털카메라를 구매하는 과정을 도와주면서 지켜보았던 사례 하나를 소개하고자 한다.

인도 직원 M은 괜찮은 점포를 추천해 달라고 했다. 필자는 넉넉지 않을 것으로 생각되는 이들의 주머니 사정을 고려하여 A, B, C 점포에서 마치 내 물건을 구매하는 것처럼 최선을 다해 가격을 흥정하였다. 약 30분 동안 치열하게 흥정한 결과 가장 낮은 가격을 약속한 A 점포를 자랑스럽게 추천해 주었다. 그러나 여기서부터 필자의 놀라움은 시작되었다.

A 점포에서 필자에게 제시한 가격은 40만 원이었다. M은 'best price(최저가격)'와 'friend price(친구에게 주는 가격)'를 1시간 가까이 무한 반복하면서 가격 인하를 요구했다. 중간에서 통역을 진행했던 필자는 이런 상황이 너무나 부끄럽고 싫었다. 이미 30분 가까이 상담하여 가격 흥정을 마친 상황이었기 때문에 A 점포 판매자에게 고의로 이런 상황을 만든 것 같아서 미안한 마음도 들었다. M은 눈만 끔뻑이며 A 점포 앞에서 1시간 정도를 서 있었고 결국 A 점포에서는 2만 원을 낮춘 38만 원을 'friend price'로 제시하였다. 더 이상 낮은 가격

은 불가능하리라 생각했던 필자는 눈이 번쩍 떠졌다. 인도 사람들 정말 독하다고 생각하고 있었는데 이게 끝이 아니었다.

　다른 연수생 S가 자기도 한 개 사겠다면서 모두 두 개를 구매할 테니 가격을 더 낮춰 달라고 요구하는 것이었다. 그래 놓고는 M, S 두 사람이 쌍둥이처럼 눈을 끔뻑이며 또다시 1시간 정도를 기다리는 것이었다. A 점포에서는 고개를 절레절레 저으면서 마진을 포기한다는 표정으로 5천 원을 낮춘 37만 5천 원을 제시하였다. 그런데 이게 웬일인가! 또 다른 연수생 R이 자기도 한 개 살 테니 모두 세 개를 구매하는 조건으로 'friend price'를 요구하였다. 필자는 얼굴이 화끈거려서 공식적인 회사 초청 손님만 아니었다면 자리를 뜨고 싶었다. 약 3시간에 걸친 협상 결과 인도 직원 네 명 모두 36만 3천 원의 가격으로 올림푸스 디지털카메라를 손에 넣을 수 있었다. 필자가 흥정하여 넘겨준 가격인 40만 원에서 3만 7천 원을 더 깎은 것이다. 미안한 마음이 들었던 필자와는 달리 이들은 아주 만족스럽게 디지털카메라를 들고 인도로 돌아갔다.

　필자는 중국에서 근무할 때 구매자와 판매자의 역할을 모두 경험하였다. 운이 좋아서인지 대부분 계획된 수준으로 계약이 진행되었으며 예상하지 못했던 상황으로 당황한 적은 거의 없었다. 구체적인 사례를 소개하지는 않았지만, 가격협상이 쉬웠다는 이야기는 절대로 아니다. 거래처와 만나서도 일 이야기만 하지는 않았고, 반드시 괜찮은 식당에서 술과 요리를 함께 하고 나서 친구의 관계가 된 적이 많다.

　인도인, 중국인들은 모두 협상에 강하다고 알려져 있다. 필자의 경험을 통해 그 이유를 생각해 보면 인도와 중국은 인종, 언어, 종교, 유구한 역사 등 복잡한 사회 구조와 배경을 가지고 있다. 이처럼 복잡한 문화 속에서 서로를 신뢰한다는 것은 쉬운 일이 아니므로 판매자는 다양한 수단을 통해 이익을 극대화하고, 구매자 역시 가용한 수단을 총 동원해 물건 값을 최대한 깎는 것이 당연한 것으로 인정된다.

하지만 협상을 진행함에 있어서 두 나라 간에 차이도 존재한다. 인도인의 협상이 역동적이고 비구조적이라면 중국인의 경우 절차와 격식을 중시하는 편이다. 디지털카메라 구매 협상에서 보면 인도인은 자신의 이익을 위해서 상대의 편익과 도와주는 필자의 체면 그리고 심지어 자신들의 시간이 소모되는 것을 생각하지 않은 점을 들 수 있다. 이에 반해 중국인은 대놓고 거절하는 것을 매우 무례하게 여긴다. 중국 문화를 이야기할 때 꽌시와 미엔즈를 빼놓을 수 없는데 꽌시(关系)는 안 되는 것이 없을 정도로 끈끈한 관계를 말하고 미엔즈(面子)는 나와 상대방의 체면을 지켜주는 것이다. 우리나라 사람들도 체면을 중시하는 측면이 없지 않은데 중국인은 자신보다는 상대방에 대하여 더 많은 배려를 하는 것 같다.

국제적 협상에서 상대방 문화를 이해하는 것은 매우 중요하다. 인도인은 네 개의 디지털카메라를 구매하려고 하면서도 의도적으로 한 개만 최대 할인해서 가격을 정하였고 세 번의 추가적인 할인 협상을 진행하면서 자신과 상대의 체면은 생각하지 않았다. A 점포 판매상은 중간에 결렬시키지 못하고 말려들어 간 모습을 볼 수 있다. A 점포 판매상은 한국인 조력자인 필자의 체면을 생각해 준 측면도 있다. 그래서 인도인과는 좀 더 실리 위주의 협상 자세가 필요할 것으로 보인다. 그러나 중국인은 한국인보다 더 체면과 관계를 중시하므로 중국인과의 협상에서는 관계를 중요하게 관리하는 태도가 필요해 보인다.

NCL23-20
좋은 사람 나쁜 사람 전술을 활용한 사무실 임차계약

2023.10.24.

류경선
롯데 e 커머스 팀장

출처: 류경선, "NCL23-20. 좋은 사람 나쁜 사람 전술을 활용한 사무실 임차계약." 한국협상경영원의 블로그, 2023.10.24.

NCL23-20. 좋은 사람 나쁜 사람 전술을 활용한 사무실 임차계약

e커머스 유통업을 주로 하는 D사는 종로에서 사업을 영위하다 임대업을 하는 J사를 통해 을지로로 본사를 이전하였다. 이때 J사와 사무실 임차 계약을 하며 유용하게 활용한 협상기법을 소개하고자 한다.

D사는 그룹 내 계열사옥을 포함해 사무실 이전에 대한 고민을 하고 현 임차물의 재계약시에는 임차비용 인하가 가장 중요한 협상의 우선순위이다. 매출 외형은 크게 성장하는 반면에 이익 성장폭이 크지 않아 고정비를 줄이려는 다각적인 노력이 재기되는 시점이다.

당시 사업장 일대로는 임대물건이 많아 신규 임차계약을 맺을 때 1개월 이상 무료임차(Rent Free) 조건을 내거는 경우가 많았다. 매년 무료임차 2개월을 목표로 하고 이를 위해 우선 대형 부동산 업체를 통해 주변 건물의 공실과 신규임차 할 때 무료임차 등 임차계약 조건을 확인하였다. J사의 해당 빌딩은 오래되었지만 한 개 층이 1천평 이상으로 넓고 12개층으로 구성되어 작은 규모는 아니다. 또한 주변보다 저렴한 임차료 때문에 공실이 5% 이하로 임대 실적이 양호하다. 그리고 J사는 임차사 중에서도 인지도가 있는 D사가 비중이 큰 3개층을 사용하고 있으니 지속적인 계약관계를 유지하고 싶어 하였다. J사는 해당 빌딩 외에 강원도 지역에 수목원을 구성하는 중이어서 최소 2년 동안은 안정적인 임차 수익이 필요하고 5년 장기계약을 희망하고 있다.

D사 경영지원팀장은 J사 임대팀장과 우호적인 관계는 유지하면서 무리가 되더라도 D사에 유리한 요구 사항을 관철하고 싶어 하였다. 하지만 그동안 양사가 협조적인 관계였기 때문에 일방적으로 D사에만

유리한 조건을 제안하기가 부담스러웠다. 이러한 경우 좋은 사람 나쁜 사람(Good Guy Bad Guy) 전술을 활용할 수 있다. 이 전술은 협상가 중 일부가 합리적이고 유연하며 타협하려는 '좋은 사람' 역할을 하는 반면, 다른 협상가는 공격적이고 융통성이 없으며 양보하기 싫어하는 '나쁜 사람' 역할을 하는 것이다. 상대방이 '나쁜 사람'을 상대하지 않기 위해 '좋은 사람'에게 양보할 의사를 더 많이 갖도록 하는 것이다.

D사는 안건을 협의할 때 앞으로 우호적인 관계를 지속해야 하는 경영지원팀장을 좋은 사람으로 임원협의체를 나쁜 사람으로 정하였다. D사 경영지원팀장은 J사 임대 팀장을 만나 10여 년간 임차하며 회사가 외형적으로 성장한 부분과 지하철역과 인접해 교통의 편리성 등 건물에 임차 이후 장점을 부각시키면서 회사 운영상 이익이 예년과 달리 줄어 고정비의 절감이 절실하고 "그룹차원에서 계열사옥의 공실을 최소화하기 위해 외부 건물에 임차하고 있는 현황 조사를 하고 있다."는 현실적인 사정을 전하였다. 이어서 임원협의체에서 "각 부문별로 고정비를 줄일 수 있는 방안을 정해 보고하라."는 압박이 심한 내용도 전달하였다.

D사는 시장조사를 기반으로 목표보다 높은 매년 임차무료 3개월을 정박(anchoring)으로 제안하였고, J사는 무료임차는 신규계약 초기 년도만 1회에 한해 반영하지만 장기계약을 한다면 일정 범위의 무료임차를 고려하겠다는 입장이었다.

결과적으로 협상을 통해 양사는 5년간 장기계약을 하되 계약 2년 후부터는 D사가 중도해지권을 사용할 수 있도록 했고 무료임차 2개월을 매년 적용하기로 하였다. 이로써 D사는 년간 약 16% 임차료 절감 효과를 볼 수 있고 J사는 우선순위였던 최소 2년은 장기계약을 통해 안정적인 임차 수익을 담보할 수 있고 기간 내 특이사항이 없다면 5년

간 계약을 유지할 수 있다.

본 협상간 주로 사용한 협상 전술은 좋은 사람 나쁜 사람이다. 이는 '갑'하고 협상할 때 '을'이 활용하면 효과가 있다. 예를 들어 대기업 '갑'에 부품을 납품하는 '을'의 경우 "납품가를 20% 인하해 달라"는 '갑'의 갑작스러운 요구에 대해 '을' 담당자는 좋은 사람 역할로 요청한 단가로 인하해 주고 싶지만 나쁜 사람 역할인 투명경영협의체를 등장시켜 "회사 내 반대가 심하며 협의체에서 승인하지 못하면 내부 결재를 득할 수 없다."고 전달하는 방식이다. 회사 내 여건상 어느 정도 인하가 가능할 경우 "만약 10% 인하로 요구사항을 변경하면 다시 한 번 협의체를 설득해 보겠다."라고 하고 입장 변화가 있다면 재시도해 보는 것이다.

일회성 거래가 아니라면 담당자는 계속 상대방과 관계를 유지해야 하는데 요구에 즉각적인 반대 입장보다 임의의 나쁜 사람을 만들고 상대방과 같은 편의 입장에서 해결방안을 모색하는 구도를 만들면 설령 이번 거래가 잘 이루어지지 않더라도 다음 거래에서 우호적인 관계를 유지할 수 있다는 장점이 있다.

이 때 나쁜 사람은 영업부문장 또는 대표이사처럼 개인이 아니라 마케팅위원회, 생산 TFT 협의체 등 단체로 구성하는 것이 유리하다. 개인으로 할 때 상대방이 인맥을 통해 그 당사자에게 직접 연락해서 해결해 보려 할 수 있기 때문이다. 때론 나쁜 사람은 전면에 나설 필요가 없는 경우도 많아 필요시 가상의 존재를 정하기도 한다.

협상 시 상대방과 좋은 관계는 유지하되 상대방이 불편해 하는 자신의 욕구를 강력하게 요구할 때 좋은 사람 나쁜 사람 전술을 활용해 보면 좋은 성과를 얻을 수 있다.

NCL24-04
퇴직자의 귀촌과 토지매매협상 사례

2024.02.23.

정주영
한국갈등연구원 대표
대구지법 경주지원 조정위원

출처: 정주영, "NCL24-04. 퇴직자의 귀촌과 토지매매협상 사례," 한국협상경영원의 블로그, 2024.02.23.

NCL24-04. 퇴직자의 귀촌과 토지매매협상 사례

"회사가 전쟁터라고? 밀어낼 때까지 그만두지 마라. 밖은 지옥이다." 무역상사를 퇴직하고 피자가게 사장이 되었다가 망한 선배가 후배 오상식 차장(배우 이성민)을 만나 소주잔 들이키며 건넨 말이다. 직장인들에게 화제가 된 레전드 드라마「미생(未生)」에 등장하는 명언 중 하나이다.

'밖은 지옥'일 거라는 불안감 때문인지 자본과 기술 없는 다수의 직장인들은 회사의 상대적 안전성에 의존하여 가정의 안녕을 기하려 하루하루를 버텨낸다. 그러나 고달프고 눈물겨운 인내에도 불구하고 정년퇴직까지 근무하는 직장인은 극히 일부이다. 그러니 퇴직 후를 대비해 충실히 준비하고 홀로 살아갈 역량을 갖추는 노력은 굳이 강조할 필요 없는 우리 직장인의 자세이고, 많은 이들이 그렇게 열심히 사는 게 현실이다.

그런데 A씨, 만 55세에 공기업을 스스로 그만두었다. 아내의 간병과 가정을 돌보기 위해 불가피한 명예퇴직을 하게 됐지만 그는 비교적 덤덤하게 퇴직 절차를 밟았다. 자신의 판단에 전망 있어 보이는 전문 직종으로의 전환과 귀촌을 위해 그는 50세부터 나름대로 퇴직준비를 해오던 차였다. 당초 계획보다 다소 퇴직시기가 앞당겨졌을 뿐이라 생각했다.

그럼에도 막상 사직서를 쓰자니 회사가 제공하는 '높은 연봉, 복지혜택, 만 60세 정년'은 그의 결심을 주저하게 했다. 하지만 사내 조직에서 현란한 정치력을 뽐내는 자들에 비해 사회성이 부족한 그는 '독자적인 삶이 편하다.'고 마음먹은 지 오래. 그렇게 그는 온실 같은 회사를 벗어나 제 발로 세상에 나왔다.

 A에게는 귀촌 목적으로 몇 년 전에 구입하여 주말농장으로 경작하던 작은 밭이 하나 있었다. A가 정착하려는 그 마을은 도심지역에 속하나 신라시대 문화유적이 가깝고 문화재 보전을 위한 건축 규제로 인해 아직도 전통적인 마을경관을 유지하고 있는 자연취락지구이다.

 어느 날 A는 자기 밭의 인접 토지가 지역정보지 매물로 올라온 걸 우연히 보고 바로 소유자 B를 찾아 중개사 없는 직접계약을 제안했다. 맹지인 자신의 밭에 접한 토지인데 진입도로가 붙어있어 그 땅과 함께 묶여지면 부동산 가치상승의 이익이 크기에 조급해졌다. 계약은 일사천리로 진행되었다. 그러나 A는 계약 후 잔금 마련을 위해 은행에서 대출심사를 받는 과정에서 '건축물대장'의 존재를 알게 되었다. 토지 현황 상 '건물이라곤 전혀 없는 밭'이었는데 말이다.

 실체는 없고 건축물대장에만 존재하는 건물주 C는 토지등기부 이력에 없는 인물이자 이미 사망한 지 오래다. 부동산 현황과 대장이 일치해야 대출 가능하다는 은행 입장과 사망한 C의 연고자가 직접 대장 정리를 신청해야 행정처리 및 신축허가가 가능하다는 지자체 담당자의 입장을 모두 확인하고서 A는 아연실색했다. A는 토지의 하자를 숨긴 채 건축이 가능한 땅이라며 매각한 B에 대해 분노가 치밀었으나, 한편으로는 계약 전 검토를 제대로 하지 않은 자신이 부끄러웠다.

 A는 숨을 고른 후 B를 만나 사실관계를 확인했다. 알고 보니 B는 해당토지에 건축을 추진하다가 점유권을 주장하는 C1(사망자 C의 며느리)와 갈등관계에 있었다. C1을 만났다. 친척인 지주의 양해로 C1의 시부 C가 직접 짓고 가족이 수십 년 살아온 집이었으나 토지 경매로 소유권이 넘어가면서 낙찰자와의 갈등과정에서 철거되고 대장 정

리가 이루어지지 않은 이력을 알게 됐다. 그 후 토지는 여러 차례 매매되었다. C1 부부는 소유자가 바뀔 때마다 '과거의 강제 철거로 인한 피해와 이주 비용 등'에 대해 적절한 배상을 요구하며 크게 다투었고, C1의 배우자는 소유자와 계속 갈등하다가 병을 얻어 사망했다.

C1이 주장하는 과거 경매낙찰자의 부당 행위는 객관적인 사실 확인이 어려웠다. 소유자도 여러 번 바뀌었다. 법적 검토 결과, 점유의 실체인 주택이 사라지고 C1이 마을 내 다른 곳으로 이주했으니 실질 지배를 전제하는 점유권은 성립될 수 없었다. 토지 소유자가 C1의 주장을 인정하거나 배상할 의무도 없다. 다만, 직권으로 대장 정리를 할 수 있는 지자체가 분쟁에 휘말리기 싫어하여 C1의 협조 없이는 부동산 서류의 교정이 불가능한 상태였다. 담보대출 또는 건축인허가 시 제약을 받는 묘하게 골치 아픈 부동산 물건이라서, 소유자들은 약간의 차익만 얻고 문제의 토지를 요령껏 팔곤 했다. B도 그랬다.

이런 부동산거래의 경우 매도자의 기망행위를 지적하며 계약을 취소하거나, 매도자가 문제해결을 완수할 때까지 잔금 지급을 미루는 게 매수자의 일반적인 대응방식이다. A는 다른 해결방안을 모색했다. 그는 수년간의 퇴직 준비 과정에서 갈등관리와 협상에 관한 전문지식을 학습해 온 터라 이 문제적 상황이 오히려 흥미로웠다. A는 감정을 가라앉히고 자신이 배운 대로 갈등구조를 분석했다.

검토 결과 관계자 간 큰 충돌을 야기하는 경쟁적 대응방식보다 협력적 갈등관리전략으로 B, C1과 소통하는 게 문제해결에 효과적임을 알았다. 그리고 잔금기일이 B의 다른 부동산거래에 연계돼 있어서 관례적으로 대응하면 분쟁이 연쇄적으로 확산될 우려도 있었다. A는 B, C1과 개별적으로 만나 대화를 나눴다. 같은 마을에 살게 될 C1의 되풀

이되는 호소는 끝까지 경청하였다. B를 만날 때는 비난과 공격을 자제하였고 B-C1 간 갈등 해소를 통해 문제를 해결할 만한 방안을 B와 함께 논의했다. A는 무엇보다 B가 직접 나서 문제를 해결해 줄 것을 요청했다. 그리고 B가 C1을 만나 문제해결을 위해 협상할 때 곁에서 조언해 주었다. 협상이 교착상태에 빠질 때에는 A가 양측을 따로 만나 조정하기도 했다.

협상은 타결되었다. C1은 자신의 억울함을 공감 받으면서 맺혀 있던 내적 응어리가 풀리게 되자 자신의 요구가 무리함을 이해하고 건축물대장 정리를 자발적으로 신청하였다. B는 토지를 성공적으로 매각하여 실익을 얻었다. A는 법적 대응 대신 협상과 조정 등의 협력적 갈등관리를 통해 시간과 비용을 절약하였다. 귀촌 부지도 제 때 확보하며 고질적 분쟁을 해결한 자로 마을에서 환영받았다.

최근 원주민과의 갈등으로 귀농귀촌 실패가 늘고 있다고 한다. A는 이해관계자와 Win-Win하는 분쟁해결을 통해 성공적 귀촌을 위한 입지를 다졌다. A는 협상과 갈등관리에 관한 전문지식을 익혀온 보람을 느꼈다. A가 별도 학습을 통해 협상과 갈등관리 역량을 키우지 않았다면 은퇴 직후 회사 밖 세상은 지옥처럼 다가왔을지 모를 일이었다.

NCL24-09
상호주관적 이해를 통한 법원 민사조정의 성공사례

2024.05.15.

임정숙
한성대학교 국방과학대학원 외래교수

출처: 임정숙, "NCL24-09. 상호주관적 이해를 통한 법원 민사조정의 성공사례," 한국협상경영원의 블로그, 2024.05.15.

NCL24-09. 상호주관적 이해를 통한 법원 민사조정의 성공사례

갈등해결을 위해서는 갈등 당사자 간에 맥락적 상황을 고려한 소통이 선행되어야 한다. 하지만 법원 민사조정 사안 대부분은 소통 기회가 부족하거나 오해와 불신, 감정이 고조되어 소통이 불가한 상태로 진행된다. 본 사례는 소통이 구조적으로 어려운 법원의 민사조정 환경 속에서 갈등 당사자 간 상호주관적 이해를 높여 불신을 해소하고 성공적으로 협상과 조정을 마친 사례이다.

상호주관성은 두 개의 주관성이 만나서 이루어지는 상호작용으로 두 마음의 공유영역을 의미한다. 상호주관성의 매개로서 '소통'이 강조되며, 성공적인 소통의 결과로 상호 이해를 통한 정서적 안정과 신뢰감이 형성된다. 본 사례를 통해 상호주관적 이해를 기반으로 신뢰가 회복되고 합의에 이르는 과정을 설명하고자 한다.

관련 사례는 다음과 같다. 피고는 한때 사업이 번창하였으나 코로나 이후 사업에 실패하여 종업원 임금체불과 거래처 채무 등으로 다수 소송에 제소되어 있었고, 원고는 20년간 피고 회사에 근무한 종업원으로서 체불 임금 천오백만 원을 받고자 소를 제기한 상태였다. 원고는 피고보다 나이가 많았고, 술잔을 기울이며 서로의 고민을 논의할 만큼 과거 관계가 좋았다. 심지어 원고는 회사가 어려운 상황에서도 폐업되는 것을 막고자 노력했고, 회사가 폐업된 것에 큰 아쉬움과 안타까움을 가지고 있었다. 원고는 그동안 피고와의 관계를 생각해 체불 임금에 대해 언급도 하지 않고 알아서 챙겨줄 것이라 여기며 연락을 기다렸으나 시간이 지나도 연락이 없었다. 원고는 계속 연락했지만 전화 연결이 되지 않자 걱정했던 마음은 '밀린 임금을 안 주려고 연락을 피하나?' 하는 의심으로 바뀌면서 서운하고 괘씸한 마음이 들어 임금 체불을 떠나 신뢰를 저버린 원고의 행동에 격한 감정을 갖게 되었다.

조정실에서 만난 피고의 모습은 금방이라도 쓰러질 듯 수척한 상태로 매우 피곤한 모습이었다. 피고는 매우 냉랭하고 싸늘한 눈빛으로 자리에 앉아 아무 말도 하지 않고 있었으며, 원고의 태도에서도 부정적 감정이 드러났다. 조정가는 원고와 피고의 분리 조정을 통해 각자 과거의 상황에 대해 진솔하게 설명하도록 유도하였다. 그 결과 피고는 연락이 불가했던 원고의 심리적 상황과 현재 원고가 처해있는 상황을 이해하게 되었다. 한편 원고는 현재 20개월 된 아이와 식당 아르바이트를 시작한 아내, 막노동으로 생계를 꾸려가고 있는 피고의 일상에 관해 이야기를 들으며, 안타까움과 동시에 마음을 공유하는 상태가 되었다.

또 조정가가 피고의 상황을 고려하여 금액 조정이 가능한지 원고에게 타진하였다. 원고는 부인과 의논하여 이백만 원을 감액한 천삼백만원을 조정안으로 제시하였고, 피고는 여러 차례 고마움을 표현하였다. 잠시나마 짧은 소통을 통해 싸늘했던 피고는 표정이 밝아지면서 원고에게 서운했던 감정과 오해했던 부분을 이야기하기 시작했다. 또한 피고는 그간 채무 관계로 시달렸던 일들, 핸드폰 고장으로 외부와 연락이 단절되었던 일들을 진솔하게 얘기하면서 원고가 수용해 준다면 체불 임금은 매달 30만 원씩 분할하여 갚겠다며 고개를 들지 못했다.

그러자 원고는 피고의 힘들었던 사정을 듣고 마음이 편치 않았는지 전체 금액 중 500만원 만 받겠다고 재조정을 요청했고, 내용을 들은 피고는 흐느껴 울기 시작했다. 원고는 그 돈 없어도 살 수 있다며 금액을 대폭 삭감해주었다. 원고는 몇 십 년간 함께 일하며 성실했던 피고의 모습을 지켜봤기에 신뢰하였지만, 한동안 연락이 되지 않는 피고에게 배신감과 괘씸함이 컸다고 솔직하게 말했다. 원고는 피고의 직업을 알아봐 주겠다는 약속을 하며 조정은 성립되었다. 피고는 너무 힘들어 자살을 여러 번 시도했지만, 아이 때문에 할 수 없었다며, 당일에도 몇 차례의 소송이 예정되어 있지만, 자신을 믿어주는 분이 계셔서 세상을 살아갈 자신감이 생긴다고 고백하였다. 이렇게 해서 체불임금 사건의 조정이 마무리되었다.

서술한 내용은 법원 조정을 진행하며 잊혀지지 않는 조정 사례 중 하나이다. 원고가 오백만원 만 받겠다고 조정안을 제시했을 때, 조정위원도 원고에게 감사하다는 말이 나와 버렸고, 울컥하며 올라오는 뜨거운 감동이 있었다. 위기는 위해요소와 취약성으로 구성된다. 피고의 위기는 부도와 채무라는 위해요소를 마주하면서 인간관계의 손상이라는 취약성을 배태하고 있다. 그러나 피고는 오랜 기간 근면 성실의 모습으로 신뢰관계를 형성하였기에 현재의 위기를 극복할 수 있었다. 진정성 있는 피고의 태도와 소통은 상호주관적 이해를 통해 감정 완화와 신뢰 회복에 영향을 주었고, 좋은 관계를 회복하며 협상과 조정의 성공에 기여하였다.

갈등의 실제적 문제는 '갈등' 자체가 아니라 '갈등을 어떻게 마주하고, 어떻게 행동하는가'에 달려있다. 각자의 기준대로 마주하고 있는 갈등해결에 서로의 경험을 존중하는 상호주관적 이해와 소통의 중요성을 다시 한 번 강조하며 마무리 한다.

NCL24-15
브랜드 사용료 협상에서 객관적 기준의 중요성

2024.08.20.

송효지
MBC 차장

출처: 송효지, "NCL24-15. 브랜드 사용료 협상에서 객관적 기준의 중요성," 한국협상경영원의 블로그, 2024.08.20.

NCL24-15. 브랜드 사용료 협상에서 객관적 기준의 중요성

A사는 여러 개의 자회사들을 보유하고 있는 지주회사다. 자회사들은 A사의 브랜드 명을 내세워 부가사업을 해왔다. 얼마 후 A사는 세무당국으로부터 법인세를 추징당하였다. A사가 자회사들로부터 브랜드 사용에 대한 대가를 지급받지 않았다는 이유에서다. A사 담당자는 브랜드 사용료 징수 기준에 대하여 자회사들과 협상을 시작해야 한다. A사 담당자는 어떻게 협상을 하면 좋을까?

'브랜드 사용료'라는 주제를 둘러싼 협상 환경을 분석해보자.

먼저, 브랜드를 소유한 회사가 브랜드 사용료를 수취하지 않으면 공정거래법, 세법, 상속증여세법 및 형법에 저촉될 수 있다. 또한 브랜드 사용료를 면제하는 것뿐만 아니라 과도 수취, 과소 수취 모두 문제가 될 수 있다.

둘째, 브랜드 사용료를 얼마나 징수할 것인가의 문제는 사적 자치의 영역이므로 당사자 간 합의가 원칙이다. 브랜드 사용료는 업종, 상품, 브랜드 인지도 등 여러 요인에 따라 결정되기 때문에 획일적인 기준이 어려운 상황이다.

셋째, 브랜드 사용료 정책에도 혼선을 빚고 있다. 브랜드 사용료는 특허청, 금융감독원, 국세청, 공정거래위원회의 정책에 의해 영향을 받지만 각 기관의 정책에 일관성이 없고 별도의 가이드라인이 없는 듯하다.

이제 브랜드 사용료를 결정하는 데 있어서 고려해야 할 점들을 정리해볼 수 있다.

첫째, 무형자산을 평가하는 방법에는 여러 가지가 있다. 수익접근법, 원가접근법, 시장접근법 등이 있으며 이러한 평가 방식을 통해 산정하기 위해서는 감정평가사 등의 전문가가 필요할 것으로 보인다.

둘째, 매체와 학계에서는 기업이 브랜드 사용료 율을 정할 때 외부 기관에 의한 다각적인 검토를 추천한다. 현재 별도 가이드라인 및 기준이 없는 상황이고 사적자치의 영역임에도 불구하고 4개 법령의 적용을 받고 있기 때문일 것으로 보인다.

마지막으로, 본사와 자회사 간의 역학관계를 고려하지 않을 수 없다. 본사가 적정치 못한 사용료 기준을 주장한다면 본사와 자회사 간의 관계가 악화될 수밖에 없을 것이다.

협상 환경과 고려 요소를 종합적으로 분석한 결과 이번 협상에서 무엇보다 중요한 전략은 '최대한 객관적 기준을 마련하는 것'이다. 또한 A사는 브랜드 사용료 기준을 처음으로 정립하려고 하는 시점이다. 객관적 기준을 사용하여 첫 기준을 마련한 뒤 향후 경영 상황에 따라 유연하게 적용하면 좋을 것이다. 여기서 기준에 해당하는 항목은 적용 사업 부문, 사용료 율, 적용 기간 등이 있다.

그렇다면 어떻게 '최대한 객관적 기준'을 마련할 수 있을까? 먼저, 외부 전문가의 도움을 받는 것이다. 브랜드 사용료(무형자산 평가)에 관한 외부 전문가는 감정평가법인 등이 있다. 감정평가법인을 통해 자문 및 컨설팅을 받아 기준을 마련하도록 한다. 다음으로, 동일 산업군의 타 회사들을 선례 및 레퍼런스로 삼는 것이다. A사가 속한 산업군의 타 회사들은 각각 자회사들에 대해 어떻게 사용료 율을 설정하고 있는지 확인하면 좋을 것이다.

A사는 외부 감정평가법인의 브랜드 사용료 평가 결과를 수용하여 자회사들과 협상을 진행하였다. 협상 중 제3자(전문가 집단)가 내린

객관적 판단의 중요성과 이러한 객관적 기준 활용에 대한 본사의 높은 수용도를 자회사들에게 설득하였다. 이에 자회사들도 객관적 기준 마련에 대한 필요성을 이해하고 점차 수용하는 방향으로 협상이 진행되었다. 브랜드 사용료 협상에서 객관적 기준을 사용하는 것이 강력한 효과를 발휘한다는 것을 알 수 있었다. 결과적으로 감정평가법인의 감정 평가 결과에 따른 브랜드 사용료 산정 기준 및 사용료 율을 바탕으로 본사와 자회사 간 최종 합의가 될 수 있었다.

이 협상의 교훈은 다음과 같다. 피셔-유리는 <Yes를 이끌어내는 협상법>에서 '원칙화된 협상'을 주장하였다. 5가지 원칙은 다음과 같다.
1. 입장을 근거로 거래하지 말라
2. 사람과 문제를 분리하라
3. 입장이 아닌 이해관계에 초점을 맞추라
4. 상호 이익이 되는 옵션을 개발하라
5. 객관적 기준을 사용할 것을 주장하라

이 중 다섯 번째 원칙인 객관적 기준을 사용하는 것이 특히 중요했던 협상이었다. 객관적으로 설정된 기준이 상호 수용성을 높여 협상을 훨씬 용이하게 만들었을 것으로 평가할 수 있다.

NCL24-16
중소기업의 불법 소프트웨어 배상 협상 사례

2024.08.27.

이은희
㈜구츠 이사

출처: 이은희, "NCL24-16. 중소기업의 불법 소프트웨어 배상 협상 사례," 한국협상경영원의 블로그, 2024.08.27.

NCL24-16. 중소기업의 불법 소프트웨어 배상 협상 사례

　어느 날 G 기업은 압수수색검증영장을 제시한 관할 경찰서에 의해 저작권법 위반으로 부서별 사용 중인 PC 전체를 압수 수색을 받게 되었다. 압수수색 결과 기술 연구소의 제품 설계 담당자가 사용하는 S프로그램이 기술 연구소의 2개 컴퓨터에서 불법으로 설치되어 사용되고 있음이 드러났다.

　기업에서는 이미 2015년 버전 라이선스 소프트웨어를 구매하여 사용 중이었는데 적발된 소프트웨어는 2018년 버전이었다. 사건 개요를 추정해 본 결과 연구소의 연구 인력 중 누군가가 설치하였고 연구 인력이 교체되면서 노트북이 자연스럽게 인수인계되어 사용되었던 것으로 추정할 뿐 재직자 중에 불법 설치 사실을 알고 있는 자는 아무도 없었다.

　S 소프트웨어 회사의 대행을 하는 A 법무법인과 1차 협상을 시도하였다. A 법무법인은 불법 소프트웨어 라이선스 1카피에 5,000만 원이므로 라이선스 2카피 구매이면 1억 원을 지불해야 한다고 주장하였다.

　A 법무법인은 합의 조건으로 먼저 라이선스 2카피 구매를 요구하였다(1억 원). 그럴 경우 불법 소프트웨어 1카피에 1,000만 원씩 2,000만 원을 감액하고, 기존에 제품을 구매한 것까지 감안해 총 2,500만을 감해줄 것을 제시했다. A 법무법인 제안을 받아들일 경우 G기업은 7,500만원을 지불하게 된다.

　G 기업에게 7,500만원은 큰 부담이므로 1카피 구매 포함 총 5,000만 원을 역 제안했지만 A 법무법인이 수용하지 않았다. 이에 G 기업은 다른 법무법인(B)을 물색하여 라이선스 1카피 구매 포함 5,000만 원을

시도하였으나 성공보수의 이견으로 협상이 다시 결렬되었다. 다시 G 기업은 C 법무법인에게 동일 합의 조건으로 수수료를 확인해보니 착수금 200만 원에 최종 합의 시 A 법무법인이 제시한 합의 금액 중 감액된 합의 금액의 12%를 성공 보수 금액으로 요구하였다.

G 기업 이사인 필자는 최종적으로 G 기업이 6,000만 원에서 7,000만 원 선을 지출할 것을 판단하여 그 동안 3개 법무법인과 논의된 내용을 바탕으로 기업 대표와 상의하여 7,000만 원 이하로 합의하도록 최저선을 설정하였다.

다시 불법 복제 사건의 대리인인 A 법무법인과의 재협상을 추진하였다. 필자는 최저선을 7,000만원으로 하고 BATNA로서 다른 법무법인과 합의 의뢰 절차가 진행 중임을 전달하였고, 그래도 A 법무법인과 빠른 합의를 원한다는 신호를 보냈다.

1차 협상에서 A 법무법인이 2카피에 7,500만 원을 제시하였고 G 기업이 1카피에 5,000만 원을 역 제의하여 결렬되었는데 이제 필자는 1카피에 6,000만 원을 다시 제안하였다. 그러나 A 법무법인은 1카피로는 합의 의사가 없다고 해서 A 법무법인과의 2차 협상도 결렬되었다.

필자는 S 소프트웨어 회사와 직접 협상을 결심하였다. S 회사와의 실무협상에서 G 기업이 사회적기업으로서 사회적 책임을 다해야 하는 기업임을 강조하였고 퇴사자 중 불법으로 설치한 자와 사용한 실무 담당자를 조사받게 하고 싶지 않다는 기업 대표의 의사를 분명히 전달하였다. 또한 합의금의 50%는 최종 합의 일 이전 선 결제가 가능함을 추가 협상안으로 제시하면서 합의를 간곡히 요청하였다.

적극적 협상이 주효하여 S 회사의 담당자 선에서 2카피 구매 포함 최종 6,000만 원으로 구두 합의를 하였다. S 회사 담당자가 회사 대표에게 G 기업에서 제시한 합의 요구 조건과 함께 해당 기업은 사회적 책임을 다하기 위한 최선의 노력을 하고 있는 사회적기업이라고 보고하였다. 그 결과 S 회사 대표는 기업의 추가 요구 없이 500만 원 감액까지 승인하고 최종 5,500만 원으로 합의를 제안하였다. 필자는 대표자의 7,000만 원 상한선보다 훨씬 낮은 금액이기도 하고 법무법인 의뢰 시 추가로 지급할 성공 보수를 지출하지 않아도 되니 제안을 즉시 수용하였다.

본 협상사례가 주는 몇 가지 교훈을 정리할 수 있다.

-불법 소프트웨어 사용 적발 후 피해보상금을 협상으로 합의할 수 있다.

-협상 과정에서 법무법인의 수수료 내지는 성공보수의 포함 여부에 대하여 협상 시작 단계부터 명확히 하여야 할 것이다.

-자신의 처한 상황을 호소하여 상대방의 감정을 자극하면 좋은 성과를 얻을 수 있다.

NCL24-17
화재발생 리모델링 공사 갈등해결 사례

2024.09.10.

이혜경
영암군청 팀장

출처: 이혜경, "NCL24-17. 화재발생 리모델링 공사 갈등해결 사례," 한국협상경영원의 블로그, 2024.9.10.

NCL24-17. 화재발생 리모델링 공사 갈등해결 사례

　K는 7살 아들과 함께 단둘이 사는 여성 가장이다. K는 직장 일을 하고 있어서 아들을 혼자 집에 두는 시간이 많아졌고 아이 식사며 돌봄 손길이 절실했다. 더욱이 내년이면 아들은 학교를 가서 혼자 있는 시간이 많을 것 같았다. K는 7월에 아들과 함께 어머니가 혼자 거주하는 고향으로 내려가기로 결정했다. 어머니 집은 낡은 시골집으로 세 가족이 함께 살려면 리모델링 공사가 필요했다.

　낡은 집 리모델링 공사는 해당 자치단체로부터 보조금 지원이 가능한데 사회적기업을 통해 공사하면 더 많은 지원금을 받을 수 있었다. K는 지역 업체 중 괜찮은 사회적기업 A 업체와 계약을 하였다. 아들이 내년이면 초등학교에 입학을 해서 12월말까지 지붕과 집 내부의 리모델링 공사를 마무리하는 조건이었다.

　그런데 공사 이튿날 지붕공사 도중 지붕에 불이 났다. 불은 순식간에 지붕을 타고 집안을 덮치기 시작했다. 집 절반이 탔다. 경찰은 건축공사 중지명령을 내렸고, 소방서는 발화 원인을 조사했다. 어머니와 아들은 마을사람들 도움으로 마을회관에 임시거처를 마련했다. 화재 원인조사는 15일 이상 걸리기 때문에 추운 겨울에 마을회관에 계속 거주할 수는 없었다. 1주일 뒤 화재가 어떤 원인이든 A 업체의 책임이니 K는 A업체에게 임시거처를 마련해 달라고 강력하게 말했다. K는 세 가족이 함께 지낼 수 있는 곳으로 초등학교 근처 숙소를 요구하였다. A업체는 사회적기업으로서 도의적인 책임도 있어서 학교 인근에 보증금 3백, 월세 1백만 원의 민박을 제공하기로 합의했다.

　한 달 후 소방서에서 화재원인은 A 업체 공사부주의로 화재가 발생했다고 알려왔다. K는 A 업체를 다시 만나 집 전체가 화재가 났으니 불 냄새가 나서 리모델링은 안 되고 집을 새로 신축해줄 것을 요구하였다. 그러나 A 업체는 화재 책임은 있지만 피해보상만 하고 리모델링으로 복구해드릴 수 있다고 했다. K는 신축이 아니면 소송을 가겠다며 약간의 협박을 하였다. A 업체에게 법적 소송은 1년 이상이 걸리고 승산도 있을지 불확실하며 사회적기업으로서의 모습도 아니었다. A 업체는 신축에 2억 원이나 소요되므로 큰 부담이 되어서 리모델링으로 하자고 다시 제안했다.

K는 어머니가 민박생활이 불편해서 집으로 가길 간절히 원했고, 아들도 한 달 뒤면 초등학교 입학인 점을 고려하였다. 만약 새집을 짓게 되면 언제까지 공사가 길어질지 장담할 수 없었다. K는 리모델링을 하되, 원래 공사하기로 한 지붕과 집 내부뿐만 아니라 어머니가 불편해했던 마당의 시멘트 작업을 추가하고 소실된 가구와 가전을 전면 새로 교체하는 비용 등 1억 원을 요구하는 역제의를 했다. A 업체는 행정보조사업임을 감안하고 최대한 요구사항을 충족하는 리모델링 공사를 하는 것으로 합의했다.

K는 민박생활이 불편하지만 최대한 공사를 단축시킬 리모델링으로 신학기 즈음에 완공을 기대하였다. 또한 K는 가재도구를 새로 장만하고 마당시멘트 공사도 혜택을 받을 수 있어서 잘 합의를 했다. A 업체는 신축공사나 1억 원의 현금을 지급하는 합의가 아니라 리모델링 공사로 마무리할 수 있어서 다행이었다. A 업체는 가재도구 지원과 마당 시멘트 공사로 추가 비용이 발생하지만 이번 공사를 통해 사회적기업으로서 더욱더 행정이나 지역민에게 성실한 기업이미지를 갖게 되었다.

본 사례는 집 리모델링 중 화재가 일어난 사건으로 자칫하면 법적소송으로 길게 이어져 양쪽 갈등이 더 길어지고 서로가 손해를 볼 수 있는 상황에서 상호 합의가 도출된 사례이다. 양 당사자가 서로 자신의 입장에서 한발씩 양보하고 타협하여 원만하게 갈등을 해결하였다. 화재 원인을 제공한 A 업체는 추가 비용과 공사를 제공함으로써 손실을 최소화하였고 K는 화재로 인해 받은 불편함을 가재도구 신규 교체와 마당시멘트 공사로 보상을 받게 되었다.

NCL24-18
연봉 협상의 조건부 합의전략 활용 사례

2024.09.23.

류경선
롯데e커머스 팀장

출처: 류경선, "NCL24-18. 연봉 협상의 조건부 합의전략 활용 사례," 한국협상경영원의 블로그, 2024.09.23.

NCL24-18. 연봉 협상의 조건부 합의전략 활용 사례

　직장인들이 협상에서 가장 중요하게 여기는 것이 무엇일까? 많은 이들이 연봉 협상을 가장 우선시할 것이다. 국내 최초의 온라인 쇼핑몰인 D사는 법인 설립 당시부터 개별 연봉제를 도입하였다. 이는 신업종으로서 개인의 차이를 인정하고, 성과에 따른 보상이 필요했기 때문이다. 이러한 제도 운영의 결과로 연봉 협상의 빈도가 높아졌으며, 특히 채용 시점에서 협상이 가장 자주 이루어지고 있다.

　A 과장(경력 9년차)은 헤드헌터를 통해 D사의 디자인 부문에 지원하였고, 레퍼런스 체크까지 완료된 후 최종 합격을 앞두고 연봉 협상을 진행하였다. 그러나 회사 규정과 A 과장이 희망하는 연봉 사이에는 1,500만 원의 차이가 존재하였다. D사는 면접관과 해당 부문 임원의 의견을 바탕으로, 합격자를 S, A, B 세 단계로 분류하여 협상을 진행한다. S급은 적극 채용 대상, A급은 동일 연차 평균 연봉 대비 10% 상향 채용, B급은 동일 연차 평균 연봉 수준으로 채용하는 기준이다.

　A 과장은 S급으로 평가되었으나, 회사는 지원자가 희망하는 연봉을 즉시 반영하기에는 부담을 느꼈다. 이에 D사는 비공개 조건부 협상을 통해 다양한 옵션을 제안하였다. 고정적으로는 2년간 자기개발비가 지원되며, 변동적으로는 프로젝트와 연간 평가에서 상위 평가를 받을 경우 최대 2,000만 원까지 받을 수 있는 조건이었다. A 과장은 상위 평가를 받을 경우 본인의 희망 연봉을 초과할 수 있다는 점에서 이 제안을 수용하였다.

　조건부 제안의 상세 내용:
　프로젝트 수행 실적 평가: 상위 평가 시 1,000만 원, 중간 평가 시

500만 원 지급

연간 실적 평가: 상위 평가 시 1,000만 원, 중간 평가 시 500만 원 지급

자기개발비 지원: 월 100만 원(2년간) 한도 내에서 교육비 및 도서비 지원

신입사원의 경우 대개 회사 내규에 따른 채용직급의 초 호봉으로 연봉이 산정되지만, 경력사원의 경우 경력, 직무, 기존 연봉 등을 고려하여 협상을 진행한다. 이 과정에서 발생하는 차이를 조정하기 위한 협상이 필요하다. 직원 입장에서는 협상 전에 현재 연봉과 희망 연봉을 기준으로 첫 제안 금액과 협상 최저선을 정리하는 것이 중요하다.

예를 들어, 현재 연봉이 6,000만 원이고 희망 연봉이 7,000만 원일 경우, 첫 제안은 현재 연봉의 20% 인상인 7,200만 원으로 설정하고, 최저선은 6,500만 원으로 설정할 수 있다. 최저선은 협상이 불발될 경우 입사를 포기할 수 있는 기준이 된다.

또한, 인상 요청에 대한 이유와 근거를 사전에 준비해 두는 것이 중요하다. 회사 측은 직원의 요청에 대한 이유와 적절한 근거를 확인하고자 할 것이다. 업계 수준, 과거 직무 성과, 미래 기여 가능성 등을 포함하여 제안하는 것이 바람직하다.

회사가 제시하는 조건이 합의가능영역(ZOPA) 내에 있다면, 연봉 외에도 스톡옵션, 재택근무, 교육비 지원 등의 추가 사항을 확인하고 협상을 마무리한다. 그러나 최저선 이하의 제안이 들어올 경우, 정중히 거절하고 최종 연봉 조건에 대한 답변 일정을 조율한다.

이 사례에서 얻을 수 있는 교훈은 조건부 합의전략의 활용이다. 즉, 협상 중 상호 간의 예측이 다르거나 전제조건이 필요한 경우 이를 장

애물로만 인식하지 말고, 특정 조건이 충족되어야 발효되는 조건부 협상을 활용하는 것이다. 예를 들어, 현재 환율이 1달러에 1,300원이라고 가정하자. 협상 중 한쪽에서는 환율이 1,400원까지 상승할 것으로 예상하고, 다른 쪽에서는 1,200원으로 하락할 것이라고 주장할 때, 양측은 각각 1,400원과 1,200원의 환율을 기준으로 조건을 설정할 수 있다. 이 조건 중 하나가 충족되면 그에 따라 협상 조건이 자동으로 적용되도록 미리 구체적인 합의를 해놓는 것이다. 이러한 접근 방식은 양측이 예측의 불확실성을 관리하면서 협상을 진행할 수 있도록 장치를 마련해준다.

NCL24-19

광고 협상에서 영향력 있는 제3자 활용 전략 사례

2024.10.10.

정혜경
ICF국제코칭연맹 사무국장

출처: 정혜경, "NCL24-19. 광고 협상에서 영향력 있는 제3자 활용 전략 사례," 한국협상경영원의 블로그, 2024.10.10.

NCL24-19. 광고 협상에서 영향력 있는 제3자 활용 전략 사례

광고기획과 마케팅 리더의 역량을 평가하는 핵심은 임팩트 있는 광고물을 만들고, 그럴듯한 홍보전략을 세워 자사 제품을 원하는 타겟에게 효과적으로 전달하여 매출에 기여하는 것이다. 이에 못지않게 중요한 역량은 마케팅 비용을 절약하는 '비용 협상'이다.

비용 절약 협상전략은 광고 기획자로서 광고비를 더 많이 받아 오고 외주업체에 최저 마지노선으로 비용을 지불하는 것이다. 총 비용과 함께 각 항목별 비용이 얼마인지도 정확히 파악해야 한다. 쉽게 말해 해당 건으로 승인받은 마케팅 예산에서 얼마를, 몇 퍼센트를 남길 것인지 최대와 최저의 아웃라인을 잡는 것이다. 이후엔 동일하게 각각의 경우에 대한 설득 논리를 세우면 된다.

협상을 유리하게 풀어가는 방법 중 하나는 바로 '영향력 있는 제3자'를 끌어들이는 것이다. 필자의 경우, 광고 기획자였을 때에는 제작팀을, 마케팅 리더였을 때에는 대표를 제3자로 협상에 끌어들였었다. 하지만 단순히 "제작팀이 안 된데요." "대표님이 안 된데요."와 같은 식으로 얘기하면 진전이 없다. 상대방도 "저도 안 되겠는데요." 하면 더 이상 할 말이 없다.

제3자를 활용하는 전략이 성공할 수 있는 첫 번째 기법은 상대방의 입장과 의견을 충분히 이해하고 공감한다는 것을 지속 전달하는 것이다. 즉, 우리는 지금 논쟁하는 것이 아닌, 좋은 방향으로 결론을 내기 위해 함께 고심하는 것이라는 느낌을 갖게 해야 한다. 이를 위해선 무조건 "안 돼요."라고 하기보다 우선 상대의 말을 경청하고 인정한 후 나름의 논리를 펴 나가는 것이 효과적이다.

제3자 활용의 두 번째 기법은 '명분을 제시하는' 것이다. 필자가 광고 기획자였을 때에는 제3자로 제작팀을 끌어들이는 경우의 명분은 '제작물의 결과'였다. 필자는 다음과 같은 말을 하며 제작비가 곧 제작물의 퀄리티라는 명분을 줌으로써 광고주를 설득하곤 했다.

"제작물이 잘 나오려면 제작팀과 외주 업체의 시너지가 중요하죠? 결국 제작팀이 외주 비용을 잘 챙겨줘야, 제작이 우리 광고주를 위해 하나라도 더 외주에게 요구할 수 있을 것이고, 외주업체도 이왕이면 일한 만큼 인정해 주는 곳의 일에 좀 더 신경 쓰지 않겠어요? 만일 그렇지 않다면, 우선 나부터 제작팀에게 뭔가 요구하기 힘들고, 이렇게 되면 제작물에 영향을 줄 수도 있을 것입니다. 제작비는 그런 의미와 영향력도 있다는 것을 이해해 주세요."

필자가 마케팅 리더였던 경우에는 역시 '대표님'을 적재적소에 활용했던 것이 도움이 되었다. 광고기획자였던 필자의 경력은 마케팅 비용 협상에는 도움이 되지 못했다. 오히려 "말씀하신 것은 충분히 이해하고, 저 역시 제가 할 수 있는 최선의 설득을 하였으나 대표님께서..."와 같이 마치 대표님의 말을 대신 전하는 것처럼 나의 논리를 펼쳐갔다. 만약 비용으로 협상하기 어려울 경우 업무적인 혜택을 받는 방법으로 협상을 마무리하곤 했다. 예를 들어 바이럴 영상(viral video, 입소문 동영상) 서비스와 같은 업무적 혜택을 제공받는 협상을 할 수 있다.

협상은 모두가 윈윈하는 방향으로 가는 것이 가장 바람직하다. 하지만, 그럼에도 '나의 입장에서 취할 수 있는 최선에 집중'하는 것은 협상에 임하는 사람이 가져야 할 기준이고 태도가 되어야 한다고 생각한다. 협상은 탐색, 전개, 판단, 논리 등의 조화가 잘 이뤄져야 하는 종합적인 과정이다. 이를 잘 진행하기 위해선 사전 준비가 중요하고, 사전 준비를 위해선 다각적인 정보 탐색과 정보 파악이 필요하다. 내가 시의 적절하게 활용할 수 있는 '나만의 자원'이 무엇인지도 면밀히 점검해 보는 것이 중요한데, 그런 측면에서 '영향력 있는 제3자'는 협상의 흐름과 관점을 바꿀 수 있는 유효한 카드가 아닐까 생각한다. 준비된 자에게 기회가 오듯, 잘 준비된 협상이라면 그 테이블에 누가 앉든 좋은 결과와 사례를 만들어 낼 수 있을 것이다.

NCL24-23
공공기관의 임금교섭 사례와 제언

2024.12.16.

최영재
한수원 노동조합 한울본부위원장

출처: 최명재, "NCL24-23. 공공기관의 임금교섭 사례와 제언,"
   한국협상경영원의 블로그, 2024.12.16.

NCL24-23. 공공기관의 임금교섭 사례와 제언

　우리나라 공공기관은 총 370 여개로 크게 공기업, 준정부기관 그리고 기타 공공기관으로 나눌 수 있으며 2023년도 기준으로 총 임·직원 수는 422,930명이다. 공공기관은 2007년 1월부터 1년에 사용할 인건비의 총액을 정해두고 그 범위 안에서 인건비를 집행한 후 그에 대한 책임을 스스로 지는 "총액인건비 제도"를 도입하고 운영하고 있다. 매년 12월 경 기획재정부는 『공기업·준정부기관 예산편성지침』을 통해 차기 연도 임금 인상률을 정하여 발표하고 있다. 총액인건비 제도는 정부가 매년 인건비의 몇 %를 인상하라는 가이드라인을 정해주면 공공기관은 그 범위 내에서 임금인상을 해야 하는 제도이다. 2024년 정부가 발표한 총 인건비 인상률은 2023년 대비 2.5%이다.

　A 공공기관은 노·사 간 당해 임금교섭을 10월 *일부터 시작하여 실무교섭 6차례와 본 교섭 4차례 그리고 집중교섭 당시 노·사간 합의에 도달하기 위해 치열한 협상 과정이 있었으며, 때로는 서로의 감정이 상하는 경우도 있었다. 11월 *일 6차 실무회의 시 최종 확인된 잔여재원 126억이 확정되었으며 노·사간 정률로 인상을 하게 된다면 대략 1.40%의 인상이 가능한 재원이었다.

　노동조합은 정부가 제시한 2.5%의 인상을 주장하였지만, 현실적으로 남아 있는 잔여 재원이 턱없이 부족한 상황임을 인지하고, 임금피크 대상자들의 역할급 수당의 100% 삭감을 요구하였다. 역할급 삭감의 명분은 임금피크 진입 시점에 신입직원을 채용하는데 총 인건비가 20% 초과 발생한다는 점이다. 임금피크 대상자들의 역할급 100% 삭감 시 22억의 임금 재원 확보가 가능하므로 노동조합은 이를 회사에 요구하였다.

하지만 회사는 노동조합의 이러한 요구를 거절하였다. 그 이유는 역할급 비중은 간부 대 조합원 비율이 약 9:1 수준으로 100% 삭감 시 간부의 인건비가 노동조합의 인건비로 전환되어 노동조합이 매우 유리하기 때문이다. 이러한 이유로 회사는 기존에 받던 수당의 100% 삭감을 수용할 수 없다는 입장이었다. 한편 회사는 2022년부터 직무에 따라 차등을 두는 직무급 제도를 도입했는데 올해 직무급 고도화를 요구하고 있으나 노동조합은 그 요구를 거부하였다.

노·사간 서로 팽팽한 주장으로 인해 합의점을 찾기에는 매우 어려운 상황이었다. 사실 노동조합도 잔여재원을 확인 후 2.5%를 맞추기에는 많이 부족함을 인식은 하였지만, 최근 몇 년 동안 정부의 임금인상 가이드라인에 맞추어 인상된 적이 단 한 번도 없어 조합원들은 이에 대해 많은 불만을 제기하고 있어서 노동조합은 더 이상 물러설 수 없었다.

노·사 간 협상을 진행하면서 서로의 주장만을 이야기하기에는 결론이 없는 상황이라 서로 간에 좀 더 현실적인 대안을 찾기 위해 노력과 협상 끝에 다음과 같이 노사가 합의하였다.

- 임금피크 대상자 역할급 50% 삭감과 초임 호봉 산정 시 경력인정에 대한 제한을 구체화하여 총 인건비 12.5억원을 추가로 확보한다.

- 직무급 고도화 도입을 조건으로 하여 2023년도 기준임금 대비 4직급이하 조합원은 1.7%인상, 3직급이상 간부는 1.33% 인상으로 결정한다.

이 합의안은 조합원 총회를 거쳐 최종 확정되었다.

정부가 발표한 총 인건비 인상률 2.5%를 인상하기 위해서는 225억 원이 필요하며, 정부의 총액인건비 제도 고도화가 존재하는 이상 현실적으로는 정부 인상률에 맞추기가 어려운 여건이다. 이러한 현상은 최근 5년 전부터 진행되었으며, 해가 갈수록 더욱 악화될 것으로 예상된다. 사실 이러한 현실은 A 공기업만의 문제가 아니며 대부분의 모든 공기업에서 경험하고 있는 문제이다.

이러한 문제를 해결하기 위해서는 정부가 더 이상은 모르쇠로 일관할 수 없으며, 총액인건비 제도를 폐지하고 노동계와 정부가 함께 협상 테이블에 앉아 매년 총인건비 인상률을 협상해야 한다. 실제로 국제노동기구(ILO)가 한국 정부에 "공공기관 운영 지침 수립에 노동조합의 참여를 보장하라"(ILO 협약 87호, 98호)고 권고를 했다. 정부는 하루 빨리 ILO의 권고에 따라 공공기관 임금 인상률 결정에 노동단체와 함께 협상 테이블에 앉기를 바란다.

2025년도 공기업·준정부기관 예산편성지침에 따르면 총인건비 인상률은 2024년 대비 3.0%로 되어 있다. 과연 A 공공기관의 임금 인상률은 또 얼마나 삭감되어 받을 수 있을지 의문이다. 노동계와 정부가 총인건비 인상률을 협상하여 공공기관 임금 인상이 합리적으로 결정되기를 기대한다.

제2장 갈등해결 사례

1. 당사자 갈등해결 사례

NCL22-01. 냉장고 제조·판매 부서갈등협상 사례
NCL22-03. 소통의 지혜 사례-해석은 듣는 이의 몫
NCL22-04. 자매간 겨울옷 구매갈등 감정대립 상담사례
NCL23-02. 사전 협상을 토대로 한 비선호시설 입지선정 성공 사례
NCL23-03. 코로나19 이후 비대면 소통 확산으로 인한 조직 갈등 사례
NCL23-14. 동료 간 감정 갈등해결 사례
NCL24-02. 아빠와 딸의 유튜브 영상편집 갈등해결 사례
NCL24-03. MZ세대 노동조합과 사용자 간 갈등 사례
NCL24-06. 크리스마스트리 갈등 이야기
NCL24-07. 갈등의 생성자이면서 해결사로서 경험 사례
NCL24-11. 경기도 「일하는 모든 사람 권리보장 조례」 제정 협상 사례
NCL24-12. 신재생에너지 정책 갈등과 과제
NCL24-14. 지자체 연구용역 갈등증폭 예방 사례
NCL24-20. 적대적 vs 협력적 노사관계의 사례분석
NCL24-21. 공익직불금 민원 갈등해결 이야기

NCL22-01
냉장고 제조·판매 부서갈등 협상 사례

2022.11.07.

원창희
한국협상경영원 대표이사, 원장

출처: 원창희, "NCL22-01. 냉장고 제조·판매 부서갈등 협상 사례," 한국협상경영원의 블로그, 2022.11.07.

제2장 1. 당사자 갈등해결 사례   173

NCL22-01. 냉장고 제조·판매 부서갈등협상 사례

　SO전자회사는 가전업계에서 20년간 착실하게 발전해온 견실한 중견기업이다. 2020년에 냉장고의 꽃이라 할 수 있는 가정용 대형 양문형냉장고에 도전하였다. SO 뉴론(Neuron)냉장고라는 브랜드를 붙여서 젊은 층을 겨냥하여 저렴한 가격으로 출시하였다. 연구개발팀의 설계와 기술개발, 생산조립팀의 핵심부품 제조와 주변부품 구매 및 조립, 판매마케팅팀의 마케팅전략과 판매관리로 업무 분장하여 안정된 전자회사로서의 면모를 갖추었다.

　조직 내 갈등의 발단은 뉴론냉장고가 출시된 후 2개월의 판매실적 보고를 하면서 생산조립팀 A팀장과 판매마케팅팀 B팀장간에 있었던 논쟁과 다툼에서 시작되었다. 출시 첫 달은 홍보와 고객유치 차원에서 매출이 저조할 수 있지만 2개월째에는 목표물량을 어느 정도 따라가야 하는데 실적은 전혀 그렇지 못했다. 회사의 판매 목표는 2개월째에 500대로 잡았지만 실제로는 200대에 불과하였다. 판매마케팅팀의 B팀장이 판매현장의 고객반응을 종합하여 보고하면서 고객들이 SO전자의 신형냉장고를 들러보다가도 결국 기존의 대기업 냉장고로 발걸음을 돌리는 경우가 많다는 것이다. B팀장은 자사 제품의 품질과 성능이 대기업의 제품보다 못하다고 생각하는 듯하다고 자평하였다.

　이를 듣고 있던 A팀장은 자사 핵심부품은 최고의 기술로 만들어졌고 성능도 인간의 신경구조를 접목한 획기적인 신제품인데 판매마케팅이 세태변화에 맞추어 혁신하지 못하고 과거식에 머물러 있어서 판매가 저조한 것으로 보인다고 판매마케팅팀을 비판하였다. 결국 K본부장이 나서서 양 팀장을 제지시켰고 사장은 다음 회의에서 대책방안들을 제출하도록 하고 회의를 종료시켰다. 생산조립팀과 판매마케팅팀 간의 갈등은 요즘 실적평가에 의한 연봉결정 때문에 자기 부서의 저조한 실적에 민감하기 때문이기도 하지만 양 팀장이 승진에 라이벌로서 상호 경쟁심이 발동했기 때문이기도 하였다.

여기서 갈등은 두 가지 차원에서 다루어졌다. 회사의 냉장고 매출저조 문제의 회사차원에서 해결과 생산조립팀과 판매마케팅팀의 소모적 경쟁과 반목의 부서와 개인차원에서 해결이었다. 회사차원의 냉장고 매출증진 대책은 K본부장을 중심으로 양 팀장이 대책을 마련하여 간부회의에 K본부장이 발표하기로 하였고 두 팀장 간 갈등의 개인문제는 개별적으로 화해와 합의를 만들어보도록 하였다.

K본부장은 각 팀이 자기 부서의 관점과 실적위주의 경쟁에 매몰되지 말고 회사차원에서 문제를 보도록 요청하였다. 생산조립팀은 부품과 성능의 우수성이 어디에 있는지 자세하게 설명하여 홍보전략에 활용하도록 준비하겠다고 하여 다음 뉴론냉장고매출TF회의에서 발표하도록 결정하였다. 마찬가지로 판매마케팅팀은 품질평가와 소비자 반응도 조사의 결과를 만들어 품질과 성능 보고서를 만들어 발표하겠다고 하여 수용되었다.

A팀장과 B팀장 간의 개인적 갈등문제는 회사나 조직이 해결해 줄 수 없는 부분이지만 분명 조직효율성에는 영향을 미치는 문제라 K본부장은 이번 기회에 두 사람이 화해할 수 있도록 해야겠다고 작정하였다. 그래서 두 팀장만 서로 만나 개인적으로 대화를 하도록 하고 그 결과를 자기에게 알려주도록 요청하였다. 대신 두 사람의 대화에 필요한 경비는 본부장의 업무추진비에서 다 부담하겠다고 하였다.

A팀장과 B팀장은 사실 둘 다 우수한 성적으로 입사한 동기생이다.

회사로서는 미래 경영을 맡을 인재로 키워야 할 팀장들이다. 서로 승진의 경쟁심이 지나치게 발동하여 비난하고 갈등하고 반목하는 경향이 있지만 동기로서 친분이 있기도 하다. 두 사람은 금요일 퇴근 길에 이웃 동네의 호프치킨집에서 만났다. 본부장의 주문사항도 있어서 먼저 B팀장이 지난번 간부회의 때에 화를 내고 생산조립팀을 비난해서 미안하다고 사과하였다. 그러자 A팀장도 자기도 판매마케팅팀을 심하게 매출저조 책임을 몰아가서 미안하다고 사과하였다. 각자 열심히 자기 팀을 잘 관리하고 팀원들도 열심히 일하는데 상대방 비난에 열 올리는 것은 바람직하지 못하다고 공감을 하였다. 앞으로 서로 애로사항이 있으면 동기로서 도와주기로 하고 함께 회사를 키워가자고 하이파이브를 했다.

조직내 갈등을 다룰 때에는 양면성이 있다. 직위 간, 부서 간, 직렬 간, 담당업무 간 갈등은 당연히 공식적으로, 조직적으로 해결하도록 해야 하지만 동시에 해당 위치에 있는 사람들 간의 개인적 갈등은 개인적으로 해결해야 한다. 조직차원에서 갈등을 해결할 때에는 기업의 공통적인 목표를 두고 이해관계가 동일함을 강조하고 공동의 문제를 해결하도록 구조를 만들어야 하고 개인차원에서 갈등은 인간적으로 해결할 수 있도록 회사는 배려해야 한다.

이 사례에서 협상의 주요 목표는 신형 뉴론냉장고의 매출저조라는 문제를 해결하는 쟁점의 측면과 두 팀장의 인간적 갈등을 해결하는 관계의 측면을 모두 포함하고 있음을 인지해야 한다.

NCL22-03
소통의 지혜 사례
-해석은 듣는 이의 몫-

2022.12.09.

장동혁
(주)하이컨플릭트 대표

출처: 장동혁, "NCL22-03. 소통의 지혜 사례: 해석은 듣는 이의 몫," 한국협상경영원의 블로그, 2022.12.09.

NCL22-03. 소통의 지혜 사례: 해석은 듣는 이의 몫

의뢰인 A는 동네 북클럽 리더다. A는 책을 선정하는 과정에서 한 북클럽 회원과 갈등을 겪고 난 다음, 그로 인해 북클럽 회원들을 상대하는 것이 불편하다고 호소했다. A는 회원들과의 소통을 개선하고 싶다며 필자에게 자문을 의뢰해왔다.

갈등의 단초가 된 사건이 있던 날 A는 회원들과 함께 다음 모임에 함께 읽을 책을 선정하고 있었다. 이 날 갈등 당사자인 회원 B는 책 선정 작업에 그다지 호의적이지 않았다. 그러더니 느닷없이 사두고 읽지 않은 책이 한 권 있다며 그 책을 추천하겠다고 했다. 중년 호르몬과 건강에 관한 책이었다. A는 B가 선정한 책이 다양한 연령대가 모이는 북클럽에 적합하지 않다고 생각했다.

집에 돌아와 추천 도서들로 모임 일정을 짜던 A는 B가 선정한 책이 맘에 걸렸다. 이에 A는 B에게 전화해 혹시 다른 책을 추천해줄 수 없는지 의향을 물었다. 그러자 B가 책이 맘에 안 드는지 되물었고, A는 그렇다기보다는 혹시라도 다른 좋은 책은 없나 해서 물은 것이고, 없다면 원래 제안한 책으로 해도 좋다고 완곡하게 답했다. 그러자 B가 맘에 안 들면 안 든다고 솔직하게 말하지 왜 말을 돌려 하느냐며 화를 냈다.

이후 모임에서 B는 리더가 자신을 무시했다며 A를 비난했다. 당황한 A는 B를 무시하지 않았고, 무시할 이유도 없다고 말했다. 단지 모두에게 유익한 책을 찾아보자는 의도였다고 설득했으나 B는 막무가내였다. 결국 B는 북클럽을 탈퇴했다. 그로 인해 A는 상심했고, 북클럽 분위기도 다운되었다.

A는 무엇이 문제인지 의아해 했다. 자신이 B에게 전화를 한 것은 회원들이 만족할 만한 책을 찾고자 한 행동으로 B가 탈퇴할 만큼 잘못된 행동은 아니라고 결론지었다.

A의 사례를 듣고 필자는 갈등 당사자 간 커뮤니케이션 오류에서 누구에게 일차적인 책임이 있는지 물었다. 그러자 A는 자신에게는 문제가 없다고 답했다. 리더로서 필요한 개입을 했고, 완곡하게 말했으며 원래 선정한 책을 해도 좋다고 배려까지 했다는 것이다. 다양한 관점에서 문제 원인을 찾을 수 있지만 필자는 커뮤니케이션 기본 원리에 주목했다.

A는 모두가 만족할 만한 책을 찾을 목적으로 B와의 커뮤니케이션을 시도했다. 하지만 그의 의도와 달리 B는 자신을 무시하는 행위로 받아들였다. 중간에 메시지가 왜곡되었던 것이다.

본능이나 힘으로 문제를 해결하는 동물들과 달리 인간은 이성을 기반으로 한 언어를 통해 문제를 해결한다. 나를 표현하고 상대를 이해하고 설득하기 위해 메시지를 주고받는 것이다. 이때 메시지 내용을 구성하는 것(encoding)은 화자(sender)지만 그 메시지를 해석(decoding)하는 건 청자(receiver)다. 당연해 보이지만 간과하기 쉽다. 그리고 이 과정은 단순해 보이지만 만만치가 않다. 아무리 메시지 내용을 잘 구성했다고 하더라도 상대는 엉뚱하게 해석할 수도 있다. 전하고자 하는 내용(정보)을 잘 구성하는 것도 중요하지만 메시지가 왜곡되지 않도록 하는 것도 중요하다. 이것이 커뮤니케이션의 기본 원리다.

먼저 메시지의 내용이다. 만일 A가 최근 북클럽에 젊은 신규 회원들이 유입되었고, 그런 차원에서 책을 재고해 볼 필요가 있다는 걸 언급했다면 어땠을까. 메시지 내용에 대한 취지나 배경에 대한 설명은 적극적이고 선제적일 때 효과가 있다. A는 추천한 책이 적합하지 않다는 걸 B에게 직접 표현하면 상처 받을지 모른다고 생각해 에둘러 표현했는데 오히려 부작용이 생긴 것이다.

그런데 메시지 내용 이상으로 중요한 요소가 있다. 바로 비언어적 또는 유사언어적인 요소다. 연구에 따르면 실제로 내용은 7%정도 밖에 영향을 주지 못한다. 그 외에 어조나 억양, 표정이 더 큰 영향을 준다. 더불어서 대화할 때의 주변 상황, 서로의 관계 상태 또한 메시지 해석에 영향을 준다. 원활하게 소통하려면 반드시 이런 부분에 신경을 써야 한다. 나는 100의 의도를 보냈으니 상대도 100으로 받아야 한다고 생각하는 것은 맞지 않다. 때로 상대는 -20으로 받아들일 수 있다. 콩으로 메주를 쑨다고 해도 믿지 않는 것이 그 경우다.

우리는 종종 상대가 내 의도를 몰라준다고 항변한다. 그럴수록 상대의 해석 값만 떨어질 뿐이다. 상대가 오해를 했다면, 메시지 내용보다는 둘 간의 관계, 대화의 태도, 주변 환경 등 상황적 맥락을 살펴볼 필요가 있다. 때에 따라서는 내 메시지를 듣고 상대가 어떤 영향을 받았는지 정중히 피드백을 청하는 것도 좋다. 물론 이때도 세심하게 상황적 맥락을 고려해야 한다.

A는 그 관점에서 당시 상황을 복기해 보았고, 평소 B와의 관계가 그리 좋지 않았음을 깨달았다. 그리고 앞으로 대화의 맥락적인 부분을 고려해 회원들과 커뮤니케이션 하겠다고 다짐했다.

내 의도가 좋으니 상대도 내 뜻대로 받아들여야 한다고 믿는 사람을 부르는 말이 있다. 바로 독재자, 또는 스토커다. 어디서나 그런 사람 한둘은 있기 마련이다.

NCL22-04
자매간 겨울옷 구매갈등 감정대립 상담사례

2022.12.29.

최숙
한국협상경영원 경영이사

출처: 최숙, "NCL22-04. 자매간 겨울옷 구매갈등 감정대립 상담사례," 한국협상경영원의 블로그, 2022.12.29.

NCL22-04. 자매간 겨울옷 구매갈등 감정대립 상담사례

A와 B는 자매지간인데 당시 동생 B는 서울에 살고 있었지만 언니 A는 지방에 혼자서 따로 살고 있었다. 남편과 사별 후 홀로 살아가던 A는 사소한 것도 스스로 결정하지 못하고 B와 의논하곤 했다. 문제는 B의 조언을 듣고도 패스하는 경우가 많았다. 그럴 때마다 B는 기분이 좋지 않았다. 그러던 어느 날 A가 유명백화점에서 겨울옷을 장만하면서 문제가 발생했다.

때마침 B는 A가 사는 지방으로 볼일이 있어 가게 되었는데, A가 B에게 겨울옷을 사는데 함께 봐 달라고 부탁을 해왔다. 이에 B는 이른 아침 서둘러 출발했다. 자신의 볼일만 보았다면 점심시간 이후에 출발해도 되지만 A의 부탁 때문에 아침 일찍 출발한 것이다.

B가 도착했을 때 A는 이미 여러 매장의 옷을 입어본 한 상태였고, 역시 구입할 옷을 결정하지 못하고 있었다. B가 도착하자 A는 매장마다 차례로 들러 옷을 고르며 봐 달라고 하였다. B는 OO매장 옷이 A의 피부색과 스타일 등을 감안할 때 이쁘고 몸매도 살고 고급스럽다고 했다. 반면 A는 맘에는 들지만 색상이 너무 밝아 때가 잘 탈 수 있어 자주 입지 못할 것이라 머뭇거렸다.

A는 다른 매장의 옷이 마음에 들었다. 하지만 B는 그 옷은 수시로는 입을 수는 있지만 너무 평범해 자신이 봐준 매장 옷을 권유하며 남편 없이 혼자 살면서 이쁘고 멋있게 입고 재미있게 살았으면 좋겠다고 조언하였다. 여러 매장을 다니면서 B와의 의견이 맞지 않자 A는 갑자기 옷을 사지 않겠다고 선언하였고, B는 그럴 거면 왜 아침부터 나를 오라고 했냐며 화를 냈다. 그러면서 오후에 출발해도 충분했을 텐데 A 때문에 잠도 설쳐가면서 괜스레 일찍 왔다고 약간의 짜증을 내기도 했다. 그래서인지 A는 결국 B가 권유한 옷을 구매했지만 2주가 지나

도록 입지 않고 옷장에 걸어두기만 했다.

  그러던 어느 날 B도 겨울옷이 필요해졌는데 그 사실을 A에게 말했다. 그런 다음 A가 옷을 구매한 매장에 전화해서 같은 옷을 그때의 이벤트 가격으로 살수 있냐고 문의했다. 그러자 매장에서는 흔쾌히 수용하며 옷을 서울까지 택배로 보내 주었다. 그런데 옷이 도착해 입어 보니 마음에 들지 않았다. B는 자신의 체형이 A와 다르다는 사실을 고려하지 않았고 A가 입었을 때의 이쁜 모습만 생각했던 것이다. B는 고민 끝에 구매한 백화점 매장에 전화해서 그 사실을 전했다. 그러자 매장 주인은 서울 백화점 본점에서 동일한 브랜드 매장을 운영하는 후배가 있으니 그곳에 얘기해 놓겠다며 가서 바꾸든지 해 보라고 배려해 주었다. B가 서둘러 그 백화점으로 가보니 자신이 평소 잘 알고 지내던 사람이 매장 매니저였다. 구매한 옷을 본 매니저는 서구적 체형을 가진 B에게는 맞지 않는다며 다른 옷을 구매하고 차액만큼 결제하면 바꿔 주겠다고 했다. 이에 B는 마음에 드는 옷을 골라 구매했다.

  얼마 후 A는 그 얘기를 듣고 본인도 그렇게 하려고 서울의 백화점에 전화하여 B의 자매라며 동일하게 해 줄 수 있냐고 물어보고 그 사실을 B에게 말해 주었다. B는 A에게 지방 백화점에 양해를 먼저 구해야 서로 입장이 난감하지 않을 것 아니냐고 했다. 그러자 A는 버럭 화를 내면서 서울 백화점이 그렇게 해 주기로 해서 하는 건데 왜 지방 백화점에 양해를 먼저 구해야 하냐며 그 백화점 입장이 난감한 것을 왜 신경 쓰며 항의를 하였다. B의 의견은 매장 보다는 A의 입장이 난처해질까 봐 했던 이야기였으나 그 의도가 A의 마음에 닿지 않았다. 결국 A는 자신이 하는 일에 대해 B가 늘 못마땅해 하는 것으로 결론내리고 전화를 끊어 버렸다.

  너무나 당황스러워진 B는 A의 옷을 봐주기 위해 새벽에 일어나 출발한 것 등을 후회하게 되었다. 그 이후 A와 B는 어색한 관계로서 며칠 동안 연락조차 하지 않았다.

필자는 A와 B를 자매처럼 잘 알고 있는 관계였다. 필자는 먼저 의뢰인들 감정 다루기가 필요하다고 판단하고, 지방에 사는 A와는 전화를 통해, 서울에 살고 있는 B는 만나서 해결하기로 했다.

필자는 두 가지의 감정 다루기 진단을 하였다. 첫째, A가 옷을 사지 않겠다고 선언한 것에 대해 B가 옷을 사지 않으려면 왜 서울에서 아침에 내려오게 했냐며 짜증을 내어 1차적으로 A의 마음을 상하게 했다는 것이다. 둘째, A가 지방 백화점에서 산 옷을 서울 백화점에서 B가 산 옷과 동일한 제품으로 교환하여 산다고 했을 때 '난감한 입장'을 자신이 난감한 입장이 아니라 백화점의 입장을 더 생각했다는 서운함이 상처가 되어 대화를 단절하며 전화를 끊었다는 점이다. 이렇게 필자는 B가 두 가지 마음의 상처를 A에게 주었다는 사실을 짚어 주게 되었다.

필자는 이러한 문제는 서로의 의사가 제대로 전달되지 않아 생긴 감정의 정체현상이라고 판단하고, 감정에 몰입되어 있을 때 상대방의 말을 듣기도 전에 자신의 말을 하게 되고 그런 악순환이 상대에게도 마찬가지로 적용된다는 점을 설명해 주었다. 즉, 소통이 불통이 되어 날선 감정 대립이 일어난다는 점을 설명하였다. 그리고 감정이 하나의 기제로서 의사결정에 영향을 줄 수 있음도 설명하였다.

또한 필자는 A에게는 평소 사소한 것조차도 B와 의논하면서도 B의 조언을 무시한 게 B에게 앙금으로 남았다는 점을 짚어주었다. 그 후 A는 스스로 서울 백화점에서 옷을 교체하였고 차액을 결제한 후 택배비까지 본인이 부담하여 구매하였다.

A와 B는 필자와 상담한 뒤 서로에게 미안함을 표현하였다. B는 평소에 A가 받은 상처를 자매로서 어루만져 주면서 예전처럼 관계 회복이 되었다. 그리고 A와 B는 앞으로 대화할 때에는 상대방의 얘기가 끝나기 전에는 절대로 말을 자르지 않고 모두 들어주기 등을 필자에게 약속하였다.

NCL23-02
사전 협상을 토대로 한 비선호시설 입지선정 성공 사례

2023.01.29.

정주영
한국수력원자력(주) 갈등관리관

출처: 정주영, "NCL23-02. 사전 협상을 토대로 한 비선호시설 입지선정 성공 사례," 한국협상경영원의 블로그, 2023.01.29.

NCL23-02. 사전 협상을 토대로 한 비선호시설 입지선정 성공 사례

필자가 소속된 한국수력원자력(주)이하 한수원은 원자력발전소, 수력·양수 발전소, 태양광·풍력을 비롯해 다양한 에너지원의 건설·운영을 통해 전기공급을 담당하고 있는 대표적 시장형 공기업이다. 비선호시설로 분류되는 전력시설을 관리하는 공기업뿐만 아니라 각종 사회간접자본을 유지, 관리하는 공공기관은 사업추진단계에서 많은 민원과 사회적 갈등에 노출되며 프로젝트 수행에 어려움을 겪고 있다. 본 사례는 비선호시설인 양수발전소 입지선정을 둘러싼 주민갈등을 지자체와의 사전 협상을 통해 효과적으로 예방한 사례이다.

기관입장에서 DADDecide-Announce-Defend 방식에 의한 전통적 시설입지 방식은 더 이상 유효하지 않고, 주민투표(예, 방폐장 결정 시 활용)나 공론화위원회(예, 신고리원전 5, 6호기)와 같은 새로운 접근방식이 요구되고 있다. 한수원의 신규 양수발전소의 입지선정 프로젝트는 이러한 문제의식을 바탕으로, 지역수용성을 사업화 초기에 확보함으로써 예방적 갈등관리를 구현하고자 사업절차와 단계별 세부수행과제들이 계획되었다. 2019년 2월 부지공모 이후 3개월 동안 유치지역 주민과 지자체장, 지방의원 및 지역 언론들을 대상으로 체계적인 홍보를 함으로써 원래 계획했던 3개 부지를 성공적으로 확정할 수 있었다.

신규양수발전소 부지선정 절차와 후보부지 위치도는 다음과 같다.

신규 양수발전소 부지가 성공적으로 선정될 수 있었던 건 비선호시설의 갈등요인으로 제시된 정치·행정적 요인, 경제적 요인, 환경적 요인, 인지적 요인, 기술적 요인들이 상당부분 해결되었기 때문이다. 이러한 갈등요인이 해소됨으로써 지역주민과 단체장, 지방의회가 유치공모에 참여하게 되었고, 향후 이런 노력이 사전에 계획적으로 추진될 필요가 있음이 증명되었다.

본 프로젝트를 기획하고 과업수행에 참여했던 필자가 프로젝트관리자들에게 강조하고 싶은 것은, 비선호시설 부지조성에 따른 갈등을 사전에 충분한 근거와 선행자료 조사 그리고 적극적인 소통을 통해 조기에 해소할 필요가 있다는 점이다. 특히 사전조사를 통해 기술적·환경적 입지조건을 충족하는 8개 예비후보지를 추려놓은 후 진행했던 예비후보부지 관할 8개 지자체장과의 사전협상은 이후 공모작업을 효율적으로 진행하는 데 매우 중요한 과정이었음을 다시금 깨닫게 된다.

한수원은 과거 발전소 입지 확정 이후 지역여론의 반발과 갈등으로 결정을 번복하거나 주민소환이 이루어진 전례가 있어, 지자체장의 확고한 추진의지를 이끌어 내고 주민수용성 확보를 위해 타당한 유치명분과 자료 제공을 위한 사전준비가 매우 중요하였다. 유치공모를 공식적으로 진행하기 전 참여의향을 파악하기 위해 진행한 단 한차례 지자체장과의 기관 간 협의는 협상의 관점에서 보면 "사전교섭 없는 본협상"이었다. 허용된 1시간 내에, 혜택도 없이 지역갈등만 야기하는 사업은 아닐까 하는 지자체장의 의심을 불식시키고, 지역발전의 동력원이 될 것이라는 확신을 심어주며 기관 간 협력방안의 실행기조까지 합의하는데 총력을 기울였으며, 결과적으로 한차례 협상에서 그 합의까지 이른 4개 지자체 중 3개 지자체가 발전소 부지 유치에 성공하였다.

비선호시설사업을 수행하는 공공기관과 대상 지자체는 협력전략을 통해 사업 초기단계부터 갈등예방과 사업수행을 공조해 나갈 때 이해당사자가 아닌 이해공동체로서 각자의 기대를 넘어선 성공적 성과를 이룰 수 있다. 이를 위한 참고사례로서 사업준비단계에서 갈등예방적인 사업전략을 전개하여 주민수용성을 확보하고 새로운 지역성장의 동력원으로 자리매김한 신규 양수발전소 입지선정 프로젝트 경험을 공유하였다.

NCL23-03
코로나19 이후 비대면 소통 확산으로 인한 조직갈등 사례

2023.02.06.

권희범
인사노무컨설팅그룹 서중 대표노무사

출처: 권희범, "NCL23-03. 코로나19 이후 비대면 소통 확산으로 인한 조직갈등 사례," 한국협상경영원의 블로그, 2023.02.06.

NCL23-03. 코로나19 이후 비대면 소통 확산으로 인한 조직갈등 사례

외국계 기업 D사는 1970년대부터 한국에서 오래 동안 사업을 영위해온 기업이다. 외국계 기업이지만 실질적으로는 국내기업 조직문화 특성을 보이고 있다. D사는 국내 대기업과 마찬가지로 대면 의사소통을 강조하고, 위계질서나 상급자에 대한 공손한 태도를 중요시하는 등 수직적인 조직문화를 가지고 있다.

D사의 한국지사 본점은 서울에 있지만 전국에 지점망을 가지고 있고, 사업 특성상 대면 중심 의사소통을 중요시 여겨 본점 직원들도 지점과 주로 대면 의사소통을 이용하였다. 그러던 중 코로나19 팬데믹으로 대면 의사소통이 줄고 비대면 의사소통 기회가 늘면서 조직 내부적으로 다양한 갈등이 발생하기 시작했다.

일/주/월 단위 대면 회의나 세미나 등 공식의사소통 채널이 중단되었으나 이를 대체할 의사소통 수단이 미비했던 코로나19 초기에는 업무협의나 결정이 지연되거나 중단되는 경우가 많았다. 메일이나 유선통화 등을 활용했지만 업무사항의 소통에는 한계가 있었다. 다시 말해 단축된 언어 및 문자에 대한 해석이 서로 다르다 보니 의사결정의 비효율이 발생하기 시작했다. 이른바 조직 내부의 인지부조화(Cognitive Dissonance)가 심화된 것이다.

이런 상황에서 D사는 노동법률적 애로사항 뿐만 아니라 의사소통 오류로 인한 사업부서 간 갈등, 사업부서와 지원부서 간 갈등, 경영진과 직원 간 갈등, 조직책임자와 직원 간 갈등에 대한 자문의 필요성을 느끼게 되었다. 이에 D사 HR부서는 비대면 업무로 인한 조직 갈등을 진단하고 갈등을 줄일 수 있는 방안을 마련해달라고 필자에게 의뢰하였다.

이에 필자는 먼저 경영진에게 먼저 현 상황이 코로나19로 인한 것만은 아닐 수 있다는 점을 강조했다. 물론 코로나19라고 하는 특수 상황으로 재택근무를 비롯해 비대면 근무방식이 확산 되면서 조직 갈등이 불거진 점도 있지만, 이미 4차 산업혁명 영향으로 MZ세대들의 인식구조나 의사소통 채널은 대면보다는 비대면 방식을 선호한다는 점을 인식시켰다.

조직문화의 변화는 대표이사를 비롯한 경영진의 의지와 역할이 특히 중요하다. 이에 필자는 경영진에게 조직 의사소통 방식의 변화가 필요하며 경영진이 이를 받아들일 때 갈등이 50% 줄어든다는 점을 이해시켰다. 이어서 HR부서는 각 부서의 조직책임자(부서장)를 대상으로 갈등을 줄이기 위한 말하기, 듣기, 쓰기의 코칭 강의를 진행하였다. 그 과정의 핵심은 '명확성'에 있었다. 메일로 소통하더라도 책임자가 업무 범위와 시간을 명확하게 설명해주고, 진행상황을 체크하며 직원이 과업을 완수할 수 있도록 도와줌으로써 언어나 문자 해석의 오류로 인한 갈등을 최소화 할 수 있다는 점을 강조하였다.

D사는 전사적으로 비대면 상황에서의 명확하고 효율적인 업무 진행 가이드를 작성해 배포하였고, 직원들이 손쉽게 활용할 수 있도록 지속적인 캠페인을 실시하였다. 경영진 역시 이러한 방향에 부합하도록 경영방침을 세워 강조함으로써 오랜 기간 이어오던 수직적 조직문화를 새로운 조직문화로 변화시키는 계기로 삼았다. 더불어 D사 안에서 쓰는 용어에 대한 설명과 해석을 담은 '회사 용어 사전'을 제작해 배포하여 용어에 대한 해석오류를 줄이려는 노력도 기울였다.

최근 코로나19가 종식되어가면서 비대면 업무에 익숙해진 직원들이 대면 의사소통에 대한 거부감이나 불편함을 호소하면서 또 다른 갈등요소가 떠오르고 있다. 특히 카톡을 비롯해 SNS나 플랫폼 의사소통에 익숙한 MZ세대가 유선으로 직접 소통하는 것에 대해 공포를 가지는 '콜 포비아(Call Phobia)' 현상이 생기면서 HR부서는 또 다른 고민에 빠지기 시작했다.

D사 사례가 주는 교훈은 조직 갈등 최소화를 위해서는 경영진을 비롯한 조직책임자와 모든 구성원들이 '명확한' 의사소통 방법과 기술을 지속적으로 개발하고 사용해 의사소통 오류로 인한 갈등을 줄이려는 전사적 조직문화를 구축해야 한다는 점이다. 이를 효과적으로 실천하기 위해서는 협상이나 갈등조정 등에 대한 전문적인 교육이나 코칭 또는 자문을 적극 활용할 필요가 있다.

NCL23-14
동료 간 감정 갈등해결 사례

2023.07.23.

이강수
참된경영교육컨설팅 수석컨설턴트

출처: 이강수, "NCL23-14. 동료 간 감정 갈등해결 사례,"
한국협상경영원의 블로그, 2023.07.23.

NCL23-14. 동료 간 감정 갈등해결 사례

연구원 K가 동료 연구원 J를 만난 것은 몇 년 전 프로젝트에서였다. 이번 연구프로젝트를 진행하면서, 산업 분야에 대한 전문적인 지식과 역량이 부족해서 이를 보완할 연구원이 필요해서 J를 영입하였다. J는 해당 산업에 대한 조예가 깊고 역량을 갖추고 있다고 판단되었기 때문이다. 게다가 첫인상이 깔끔하고 예의가 발라서 연구진 모두의 호감을 이끌기에 충분했다. 연구간사인 K는 J에게 프로젝트 수행 기간에 해야 할 일들을 정리해서 전해주었다.

언제나 밝고 희망찬 모습으로 등장하는 J의 모습은 회의 분위기를 즐겁게 만들었다. 또한 그의 위트와 재치는 회의 내내 분위기를 화기애애하게 만들었다. 하지만 점점 시간이 갈수록 J가 업무 약속이행을 지체하는 모습을 보이면서 갈등의 발단이 되었다. 납품 날짜는 한참 지났고, 11월 중순이 넘어갈 무렵에야 K는 J의 보고서를 받았다. 그런데 보고서를 받아본 K는 기대와 달리 내용이 너무 부실해서 실망이 컸다. 그래서 K는 자신이 과거 작성했던 보고서에 J가 작업한 일부를 결합시켜 제출할 수밖에 없었다. 이를 계기로 K는 업무협력자로서 J에 대해 신뢰를 하지 않게 되었다.

한동안 뜸하다가 K는 J와 이번에 또 같이 일하게 되었는데, 과거의 J는 K에게 좋지 않은 모습으로 채색되어 있었다. 'J는 업무 약속이 늦어, 그러니 그를 신뢰할 수 없어'라는 부정적 감정이 K의 마음속에 자리 잡고 있었던 것이다. 이 마음이 현재의 J를 있는 그대로 바라보지 못하게 만들었다.

그러던 중 어느 날 K는 단체 채팅방에서 보고서 작성과 관련한 대화를 하다가, J가 작성한 내용을 보고, 그에게 전화를 걸어 감정 섞인 말을 해 버렸다.

"도대체 무슨 일을 맡고 있습니까?, 프로젝트를 함께 하고 있으면 작업한 결과물이 있어야 하지 않겠습니까? 같이 작업을 해서 전체를 만들어가야 하지 않습니까? 무엇을 해야 하는지 알고 있기는 합니까?"

"저한테 무슨 화나신 일 있으세요?"

"당연히 좀 화가 나네요. 지금 보고서를 제출해야 하는데, 자료를 올려놓고, 공부하자고 하는 것은 좀 아니지 않나요? 보고서에 작성해야 할 내용을 올려달라고 했지, 이제 공부하자고 자료를 올려놓는 것은 무슨 경우인가요?"

"이번 보고서에 들어가는 내용의 아이디어는 제가 드렸습니다."

이렇게 K와 J는 각자 자신의 입장에서 상대를 이해하지 못하겠다는 투로 오랫동안 다투었다. K는 당연히 J가 스스로 연구한 결과물을 작성하여 기한 내에 연구팀에 제출하기를 원했고 J는 자료를 구하기 위해 여러 곳을 찾아다니며 업체미팅도 하고 이해 안 되는 부분은 가서 만나서 확인하느라 조금 늦었는데 자기가 한 일을 전혀 인정하지 않는 K의 비난에 기분이 몹시 상했다.

K는 전화기에 대고 큰소리를 내고 있는 자신을 느낀 순간, '아차, 내가 너무 흥분했구나.' 생각했다. 그런데 이미 J에 대한 부정적인 감정은 말에 섞여 나와 버렸다. K는 스스로가 항상 감정과 문제를 분리해서 접근해야 한다고 가르치면서도 실제 생활에서는 감정이 섞인 말을 하고 있는 자신을 보게 되었다.

다음 날 K는 곰곰이 생각해보았다. '이번에 산업체 전반의 움직임과 참여기업의 동향은 모두 J가 발로 뛰면서 수집한 정보였어. 그런데 나의 선입견 때문에 감정이 격해져서 나의 판단을 흐리게 한 거 같다.'라고 반성하며, K는 '만약 나의 감정을 조금 더 다스리고 접근했다면 어땠을까?'라는 아쉬움이 남았다. 그래서 K는 J에게 전화해서 "어제 제가 해서는 안 될 말을 했습니다. 미안합니다."라고 진심으로 사과하였다. 그러자 J도 "저에게 화를 내기에 섭섭했는데, 그래도 사과해 줘서 고맙습니다. 저도 더 열심히 하겠습니다." 라며 같이 사과했다. 이렇게 K와 J는 서로 화해한 후 상대방을 배려하면서 연구를 무사히 마칠 수 있었다.

K는 과거의 경험으로 J를 '신뢰할 수 없는 사람'이라는 선입견을 가지고 대했다. 이처럼 사람을 대할 때, 상대방에 대한 자신의 감정 혹은 선입견을 포함해서 대하는 경향이 있다. 갈등의 실제 핵심은 밑바닥에 깔려있는데, 그러한 감정이 섞여 갈등을 더 복잡하게 만든다. 결국 감정을 제대로 처리하지 못한 채 일을 진행하면 갈등이 심화되거나 없던 갈등도 생긴다. 현재의 상대를 온전히 바라보지 못해서 발생한 일이다.

이번 일을 통해 K는 실제 아는 것과 실천하는 것은 다르다는 것을 경험하였다. 조직 속에서 구성원 간의 갈등은 필연적이다. 세상에 나와 똑같은 사람은 아무도 없다. 그렇기 때문에 다른 사람과의 만남에서 상호 간의 불일치는 너무나도 당연하다. 그럴 때 우리는 어떻게 하면 서로 간의 갈등을 예방하거나 혹은 미연에 방지할 수 있을까? 어떻게 하면 상대를 온전히 바라볼 수 있을까? 어떻게 하면 감정을 누그러뜨리고 상대를 볼 수 있을까? 감정적 대응을 줄일 수 있는 방법은 의식적으로 감정과 문제를 분리해서 접근하는 것이다. 또한 협상에 임하는 마음가짐으로 '역지사지(易地思之)'를 이야기한다. 말로는 쉽게 표현하는 역지사지가 실제 갈등 상황에서 제대로 발현이 되지 않는다는 것이 협상초보자들이 겪는 애로이기도 하다. 이를 위해서 감정관리 역량을 키우는 게 필요하다.

NCL24-02
아빠와 딸의 유튜브 영상편집 갈등해결 사례

2024.01.25.

조윤근
롯데웰푸드(주) 안전경영팀 수석

출처: 조윤근, "NCL24-02. 아빠와 딸의 유튜브 영상편집 갈등해결 사례," 한국협상경영원의 블로그, 2024.01.25.

NCL24-02. 아빠와 딸의 유튜브 영상편집 갈등해결 사례

요즘 초등학생들은 로블록스(Roblox)라는 메타버스 게임을 즐긴다. 필자의 딸 영민(가명)이도 '잼민이는 못 깨는 타워(잼못타)'라는 로블록스 게임을 매우 좋아한다. 가상의 아바타를 조종해서 아슬아슬한 타워를 오르는 게임인데 어른의 시각으로 보면 저걸 왜 하고 있을까? 하는 생각밖에는 떠오르지 않는다. 게다가 필자가 퇴근하면 나의 소중한 태블릿은 어김없이 영민이의 게임기가 되어버린다.

어느 날 태블릿의 저장용량(128GB)이 97% 정도 가득 차 있었다. 혹시 바이러스에 감염된 것은 아닌가 하는 생각에 깜짝 놀라서 점검을 해 보았더니 로블록스 게임 녹화 영상이 태블릿에 엄청나게 많이 저장되어 있었다. 짜증이 나는 감정을 억누르면서 "어떻게 된 영문이니?" 라고 물어보았더니 영민이는 "내 유튜브 채널에 올릴 '잼못타'를 깨는 영상을 만들어야 되는데 화면녹화 기능을 사용해서 영상을 만들어 놓았어." 라고 대답했다. 결국 성공하기까지 수도 없이 실패했던 영상들을 지우지 않아서 태블릿의 저장용량이 가득 차게 된 것임을 알게 되었다.

초등 3년생 영민이는 2년전 필자의 도움으로 '수린파크'라는 유튜브 채널을 만들어서 2년째 운영하는 중이다. 영민이는 구독자 천만명의 유튜브 채널이라는 야심찬 목표를 세우고 유튜버 활동을 시작하였는데 놀랍게도 262개의 동영상이 게시되고 398명의 구독자를 보유한 채널로 성장하고 있다. 이렇게 되기까지 영민이의 노력과 애착은 대단하여 필자는 아빠로서 최대한 도움을 주려고 노력하였다.

영민이는 20분 분량의 '잼못타' 깨는 영상에 자막과 배경음악을 넣어서 '수린파크' 채널에 올려달라고 부탁하였다. 자신이 태블릿의 저장 공간을 마구잡이로 사용한 것 때문에 기분이 좋지 않은 아빠의 감정은 아랑곳하지 않는 것 같았다. 필자는 피곤하기도 하고 게임 영상이 채널의 목적에도 맞지 않는다고 생각하여 편집을 거절하였다. 그리고 "'수린파크' 채널의 구독자는 대부분 아빠 회사 동료와 친구들인데 이런 게임 영상이 올라오면 구독을 취소하지 않겠니?"라고 살짝 협박도 하였다. 딸은 섭섭한 표정을 지으며 "아빠는 내 마음도 몰라줘!"라고 말하고 자기 방으로 들어갔다.

다음 날 퇴근 후에 딸에게 "'잼못타' 깨는 영상을 유튜브에 올리고 싶은 이유가 뭐니?"하고 물어보았다. 영민이는 "'수린파크' 채널에 있는 동영상은 친구들에게 자랑할 만한 것이 하나도 없어. 친구들에게 자랑할 영상을 만들어서 올리고 싶단 말이야."라고 하였다. 그러나 필자는 "'수린파크' 유튜브 채널은 주인공의 다양한 탐구활동을 소개하는 것이 목적 아니니? 갑자기 게임 영상을 올리는 것이 내 마음에 들지 않아."라고 설명하였으나 딸의 표정은 계속 일그러져 있었다.

딸의 섭섭해 하는 표정이 마음에 걸려서 영상을 편집하여 주기로 마음먹었다. "이번에는 내가 도와주지만 다음부터 게임 영상은 편집해주지 않을 거야. 아빠의 태블릿에 지금처럼 영상을 마구 남겨놓으면 사용도 못하게 할 거다."라고 하였다. 영민이는 "아빠 태블릿에 영상을 많이 남겨놓아서 미안해."라고 사과하였다. 그리고는 "내 스마트폰 저장 공간이 너무 부족해서 제대로 사용할 수가 없어. 새 스마트폰을 사주면 내가 직접 영상편집을 배워서 해 볼게."라고 제안하였다. 필자에게 사과하는 딸의 모습이 귀엽기도 하고 이번 기회에 새 스마트폰을 사주어야겠다고 생각하던 터에 흔쾌히 제안을 수락하였다. 사실 영민이가 쓰는 스마트폰은 할아버지가 사용하던 것으로 용량도 32GB로 적고 물려받은 지 꽤 오래되었다.

필자도 딸에게 "네가 정말로 하고 싶었던 것을 도와주지 않아서 미안했어."라고 사과하고 반나절 동안 자막과 배경음악을 편집하여 유튜브 채널 업로드에 성공하였다. 약속했던 대로 128GB의 저장용량을 갖춘 S사 스마트폰을 갖게 된 영민이는 계속해서 놀라운 모습을 보여주고 있었다. 스스로 영상을 편집하는 실력을 갖추게 되었기에 그 날 이후 필자는 영상편집의 일로부터 자유로워졌다. 영민이는 스스로 기획하여 1천 회의 조회 수를 훌쩍 넘기는 영상을 계속 탄생시키고 있으며, 별도의 홍보 노력 없이 동영상 노출만으로도 구독자 수가 증가하는 멋진 상황을 보여주었다. 더욱이 몇 개월이 지나고 영민이는 산타할아버지로부터 태블릿을 선물 받는 행운까지 얻었다.

협상을 진행하면서 입장(Position)과 이해관계(Interest)를 올바르게 파악하는 것은 중요하다. 입장에만 치우치면 자기중심적인 주장을 하게 되는데 자기 입장을 방어하면서 공격적으로 진행되거나 서로 양보하면서 타협하는 형태로 진행되기 쉽다. 원원협상은 이해관계에 초점을 두고 상대방과 자신의 관심 사항을 찾고 양보보다는 공동의 이익을 추구하며 상호 이익을 위한 대안을 모색하게 된다. 올바른 이해관계의 이해를 기반으로 당사자들이 상호 만족할 수 있는 옵션을 창출하여 합의에 이르게 되는 것이 바람직한 협상이 아닐까 생각한다.

NCL24-03

MZ세대 노동조합과 사용자 간 갈등 사례

2024.02.10.

권희범
인사노무컨설팅그룹 서중 대표 공인노무사

출처: 권희범, "NCL24-03. MZ세대 노동조합과 사용자 간 갈등 사례," 한국협상경영원의 블로그, 2024.02.10.

NCL24-03. MZ세대 노동조합과 사용자 간 갈등 사례

본 사례는 Y 제약회사에서 MZ세대가 기성세대 조직책임자들과 겪는 조직갈등 사례이다. 과거부터 조직 내에서도 세대차이로 인한 갈등은 존재해왔으나 최근 제조업 사무직과 IT·게임업체를 중심으로 MZ노동조합을 설립하는 새로운 노동운동이 확산되는 시기에 MZ세대의 조직갈등은 관찰해볼 가치가 있다.

외국에 본사를 두고 있고 한국의 지사인 Y사는 대형제약회사에 비해 상대적으로 작은 규모이다. 그렇기 때문에 이 회사의 조직문화는 선후배 간의 끈끈한 관계를 형성하여 개인보다는 집단의 목표와 성과를 중요하게 생각했다. 그 과정에서 일부 개인의 손해가 있더라도 전체를 위해 감수하는 관행이 형성되어 왔다. 경영진을 비롯한 기존의 기성세대 조직책임자들은 그러한 관행을 당연하게 생각했다. 그러던 중 회사가 성장함에 따라 새로운 인원이 필요하여 경력사원과 신입사원을 채용하면서 조직 내부의 갈등이 시작되었다.

새롭게 충원된 경력사원들은 다른 제약회사에서 노동조합을 통해 불합리한 관행을 개선한 경험이 있는데 반해, 신입사원들은 적극적 자기표현과 공정성을 업무의 중요한 기준으로 생각하고 조직보다는 개인의 권리를 우선하는 경향을 보였다. 이러한 성향을 가진 MZ세대 직원들은 기존의 조직문화나 업무방식에 반감을 가질 수밖에 없었다. 특히 업무성과의 배분에 대해서 객관적인 업무평가가 아닌 주관적인 나눠 먹기식 배분을 적용하는 관행이 불합리하고 불공정하다고 느끼고 MZ세대 직원들은 회사에 불만을 제기하기 시작했다.

한편 기성세대 조직책임자들은 자신들 역시 신입사원 때 손해가 있어도 감수하고 참아왔었기에 신입사원들의 불만을 이해할 수 없었다. 인사부서 또한 수십 년 동안 쌓여온 조직문화를 새로운 MZ세대 직원들의 목소리만으로 바꿀 수는 없었다. 새로운 직원들의 불만 제기에도 불구하고 회사가 제대로 된 답변을 하지 않고 아무런 의지도 보이지 않았다. 이러한 상황에서 기성세대 조직책임자가 MZ세대 신입사원에게 업무의 적정범위를 넘어선 불합리한 심부름을 시켰다는 이유로 해당 사원이 직장 내 괴롭힘을 신고함으로써 집단적 갈등이 분쟁으로 비화되었다.

이렇게 MZ세대 직원들이 회사와 갈등과 분쟁을 겪으면서 결국 MZ세대 노동조합을 설립하였다. 회사가 이 문제를 필자에게 의뢰하여 회사 측 대리로 노사협상에 임했을 때는 이미 MZ노조와 회사와의 관계는 심각하게 악화되어 있었다. 대다수의 직원들이 초반에는 그래도 회사를 신뢰하여 MZ세대 노동조합에 적극 가담하지 않았다. 그러나 회사가 명확한 입장을 전달하지 않고 지속적으로 개선해야 할 점들을 숨기고 무마하려는 모습에 직원들은 실망하게 되었다. 결국 MZ세대 노동조합이 제기한 문제들이 사실로 확인되면서 직원들은 회사보다 MZ노조를 더 신뢰하면서 노조에 가입하게 되었다.

이후에도 MZ세대를 중심으로 직장 내 괴롭힘 신고와 노동청 진정 제기 등 분쟁이 지속적으로 진행되어 Y사는 매출이 급감하는 어려움을 겪었다. 그리고 단체교섭에서 노사는 1년이 넘는 시간 동안 제대로 된 대화를 이어가지 못했다. 노사가 생각하는 '공정성'에 대한 공감대를 형성하지 못하고 감정만 앞선 대화로 서로가 원하는 바를 구체화시키지 못했기 때문이다.

이 사례는 감정을 활용한 협상 기술의 필요성을 일깨운다. MZ세대 직원들이 처음에 회사에 고충을 제기했을 때는 회사가 어느 정도 자신들의 이야기를 들어줄 것이라 기대했었다. 그러나 회사가 이를 외면하면서 MZ세대의 감정은 급속도로 악화되고 회사를 증오하는 수준에 이르러 결국 지금의 상황을 만든 것으로 생각된다.

이 사례에서 얻는 교훈은 두 가지로 요약된다. 첫째, 협상에 임할 때 상대방의 감정이 악화되지 않도록 관리하는 방법을 찾아야 한다. 둘째, MZ세대에게 공정성은 무엇보다 중요한 가치이므로 공정성 유지에 노력해야 한다. 요컨대 감정과 공정성을 고려하여 회사는 직원들과 커뮤니케이션을 지속해야 하고, 비록 노동조합이 설립된다고 하더라도 이러한 원칙을 유지해야 갈등과 분쟁을 예방할 수 있을 것이다.

MZ세대의 노사갈등을 법적, 행정적 처리로만 해결하는 것은 조직 불안정을 해소하는데 한계가 있다. 기업의 발전이라는 공동목표를 위한 생산적 노사관계 구축을 위해 갈등관리 전문가를 적극 활용할 필요가 있다.

NCL24-06
크리스마스트리 갈등 이야기

2024.03.22.

장동혁
㈜하이컨플릭트 대표

출처: 장동혁, "NCL24-06. 크리스마스트리 갈등 이야기," 한국협상경영원의 블로그, 2024.03.22.

NCL24-06. 크리스마스트리 갈등 이야기

　살다 보면 생각이 뜻밖의 반대에 부딪쳐 당황할 때가 있다. 이 때 결과는 초기에 어떻게 반응하는가에 따라 크게 달라진다. 열린 마음으로 반대 의견을 받아들여 '윈-윈'의 결과를 얻기도 하지만 그렇지 못할 때도 많다. 심지어 상대 의견을 나에 대한 거부로 받아들여 다툼을 벌이기도 한다. 그러다 보면 시야가 좁아지고 완고해져 갈등에 빠지게 된다.

　석사과정 때의 일이다. 하숙집에서 저녁식사를 마친 뒤 나는 연구실로 향했다. 크리스마스를 앞둔 터라 거리는 한껏 들떠 있었다. 매장 음악과 인파를 헤치고 들어선 교정은 을씨년스럽기 그지없었다. 기계음이 낮게 깔린 복도를 지나 연구실 문을 열자 바깥세상과는 전혀 다른 세상이 펼쳐졌다. 양쪽에서 웅-웅 거리는 장비들이 마치 내무반 고참이 신병 보듯 내려다 봤고, 때가 타서 반질반질해진 접이식 침대는 썰렁한 공간을 더욱 삭막하게 만들었다.

　심란한 마음을 다잡고 현미경 앞에 앉았을 때 아이디어 하나가 떠올랐다. '창문을 크리스마스트리로 장식하면 어떨까?' 그러면 연구실 분위기도 훈훈해지고 우리 마음도 푸근해질 것 같았다.

　다음날 기대에 부풀어 그 생각을 밝혔다. 다들 좋은 생각이라며 반겼다. 단 한 사람만 빼고. 곁에서 듣고 있던 여자 후배가 냉소를 지으며 물었다. "뭐 하러 그런 데 돈을 써요?" 그 순간 뜻밖의 제동에 마음의 문이 닫혔다. 몇 푼 안 되는 돈으로 분위기 한번 좋게 만들자는데 굳이 반대하는 후배가 이해 가지 않았다. 하네 마네 언쟁이 있었고, 결국 원하는 사람만 참여하기로 했다.

대추씨만한 전구들이 달린 트리로 창문을 장식했고 소박하게 점등식도 가졌다. 그날 이후 실험실로 향할 때마다 깜박이는 불빛들이 허전한 마음을 달래 주었다. 당시만 해도 성탄절 카드를 죽 걸어 놓고 시즌을 기념하던 낭만의 시대였다.

당시 후배와 나는 서로 비합리적이라며 열을 올렸다. 몇 주 걸어놓을 것에 왜 돈을 쓰냐며 후배는 따지고 들었고, 나는 함께 좋은 분위기 만드는 걸 왜 돈으로 환산하느냐며 반박했다. 이에 대해 독일의 사회학자 '베버(Max Weber)'는 말한다.

"우리는 종종 합리적이란 말을 너무 좁은 의미로 사용한다."

합리적이란 말의 의미는 생각보다 다양하다. 후배는 들인 돈 대비 효용을 논리적으로 따져보는 '도구적 합리성'을 주장했고, 나는 사람 마음이나 분위기를 중시하는 '정감적 합리성'을 내세웠다. 동시에 성탄절 기념처럼 사회적 관습을 따르는 '전통적 합리성'도 한몫했다. 이처럼 다양한 합리성이 존재함에도 우리는 서로 합리성을 독점하려 들었다.

그렇다면 합리성을 독점하지 않고 서로 만족하는 결과를 얻으려면 어떻게 해야 할까. 무엇보다 대화나 관계를 주도하려는 욕심을 버려야 한다. 좀 더 객관적인 근거를 가지고 논리적으로 설득하면 상대를 설득할 수 있을 것이라는 바람도 버리는 게 좋다. 그럴 때 상대가 중요하게 여기는 것을 보는 눈이 생긴다. 그렇게 상대가 소중히 여기는 가치를 이해하고 인정한 다음 내 의견을 설명하는 거다. 그러다 보면 서로의 가치를 훼손하지 않고도 함께 만족하는 방법을 찾아내게 될 것이다.

우리 감정과 생각은 늘 변치 않는 '바위'라기 보다는 바람에 따라

모양이 달라지는 '구름'에 가깝다. 그리고 한 가지 합리성만 사용하는 경우는 드물다. 따라서 승-패 환상에 빠져 내 것만 고집하기보다는 상대방이 중요하게 생각하는 것을 받아들여 검토해보는 것이 필요하다. 그것이 합리성을 독점하려는 유혹에서 벗어나 윈-윈 하는 지름길이다.

NCL24-07
갈등의 생성자이면서 해결사로서 경험 사례

2024.04.16.

조정혜
소셜벤처 두근두근 대표

출처: 조정혜, "NCL24-07. 갈등의 생성자이면서 해결사로서 경험 사례," 한국협상경영원의 블로그, 2024.04.16.

NCL24-07. 갈등의 생성자이면서 해결사로서 경험 사례

필자는 D벤처회사에서 '갈등'의 원인을 진단하고 분석하는 기능과 절차를 디지털로 전환하는 비즈니스에 종사하면서 갈등 관리의 성과와 '갈등'의 디지털 언어로의 전환을 동시에 수행해야 하는 모험에 도전하고 있다.

최근 투자기관에서 알게 된 K이사의 도움으로 S개발사와 갈등관리 프로그램 개발 프로젝트 계약을 진행한 바가 있었다. 시간이 지나 계약기간 종료시점에 서비스는 구현되지 못하였다. 프로젝트를 성공시키기 위해 대화를 시도하고, 다시 기회를 마련하려고 3개월의 시간을 더 사용하였음에도 사정이 더 나아지지는 않았다.

계약을 종료하는 시점에 구현되지 못한 서비스에 대한 양측의 관점과 이해를 다시 확인하는 시간을 가졌다. 계약조건을 실행하지 못한 상황에 대하여 어떤 보상을 청구할 것인지는 필자의 몫이 되었다. 소개한 K이사와의 관계, 개발자 개인별 수고와 노력에 대한 평가, 예상 결과물의 무산에 따른 시간과 비용 그리고 예상 비즈니스 상실 부분의 손해를 당사자 간 해결할지, 법원에 소송과 재판으로 진행할지에 대하여 D사와 S사가 의논하였다. 갈등해결 과정에 주변 변호사, 개발사, 개발자 등과의 조언과 예시들도 참고하였다.

D사와 S사는 모두 최선의 노력으로 마무리하는 것을 전제로 하였으며, 법의 영역을 통하여 도움을 받기는 어렵다는 점에 서로 공감하였다. 대면미팅과 메일 등 간접소통을 통하여 현안에 대한 솔직한 입장을 밝혔으며, 그것이 무엇이든 원하는 바를 모두 밝히는 것에 동의하였다. 가능한 부분에 대해서는 최선을 다하기로 하였으며, 불가능한

부분에 대해서는 빠르고 명확한 입장을 밝히기로 하였다. 양사 모두 소통의 과정에 대해서는 거리낌이 없도록 하자는 점에 동의하였다.

D사는 원하는 바를 4가지 정도 전하였고, S사도 가능한 부분과 불가능한 부분을 제시하면서 문제의 범위는 줄이고 해결안의 범위는 확장하면서 창의적인 대안들을 모색하였다. 협상의 당사자로는 D사 1인에 S사 다수가 참여하기도 하였고 때로는 양사 대표로 위임받은 대리인끼리 진행하기도 하였다.

큰 소리 없이 문제와 갈등을 구분하였으며, 해결안에 대한 긍정적 검토를 함께 하였다. 최초 염두에 두었던 결과와 크게 달라지지는 않았지만, 새로운 해결안을 함께 도모하였다는 점에서 양사 모두 해결 과정에 만족하는 협상이 되었다.

이런 긍정적 결과는 상호신뢰가 기반이 되었다. 문제표출 이전에 프로젝트 개발에 대한 필요성과 기대가 공유되었던 점의 재확인, 문제발생에 대한 시점의 확인, 그리고 문제를 해결하는 과정에서 이뤄진 대화와 협상과정에서 양사 모두 계약 프로젝트 기획 단계에서 발생한 양사의 문제에 대한 기본인식의 공유 등이 상호신뢰를 구축하게 되었다.

'갈등'이라는 매우 추상적인 언어체계를 인공지능의 영역으로 포함하는 일은 간단하기도 매우 복잡하기도 한 영역이다. 다르게 표현하면, 이론은 매우 간단하지만 디지털로 전환하고, AI 학습모델로 구현하는 일은 사람이 개입하여야 하며, 복잡한 단계를 거칠 때마다 사람의 인식이 반영되면서 구현된다는 점이다. 더욱이 그 결과는 확률로밖에 증명할 수 없다는 점이 큰 아쉬움이자 가능성이기도 하다.

갈등의 조건인 Yes 와 No가 소통의 과정이라면, 분쟁은 갈등의 결과이다. 결국 갈등은 인간만이 겪게 되는 고도의 사회적 체계이다. 인간사회에서 사라지지 않는 갈등은 인간과 사회의 관계와 존속에 기여하는 순기능과 역기능을 동시에 지니고 있다.

협상의 기법은 소통과정에서 순간순간 적용되기도 하지만, 주어진 사안에 대하여 전략적으로 구성한 협상전략은 기존의 관계를 승-승의 또 다른 관계로 개선하는 강점이 있다. 우리는 갈등을 생성하는 당사자이면서 동시에 갈등을 해결하는 협상가이기도 하다. 물론 어떤 경우에도 신뢰가 전제임은 분명하다.

NCL24-11
경기도 「일하는 모든 사람 권리보장 조례」 제정 협상 사례

2024.06.11.

박종국
경기도 노동정책전문관

출처: 박종국, "NCL24-11. 경기도 「일하는 모든 사람 권리보장 조례」 제정 협상 사례," 한국협상경영원의 블로그, 2024.06.11.

NCL24-11. 경기도 「일하는 모든 사람 권리보장 조례」 제정 협상 사례

지금 대한민국 사회의 가장 큰 이슈 아젠다는 바로 '양극화·저출생 극복'이라고 할 수 있다. 국가기록원 자료에 따르면 지난 2006년부터 15년 간 정부가 출생률을 높이기 위해 지출한 예산이 무려 380조 2,000억원에 이른다. 그럼에도 불구하고 언 발에 오줌 누기식 정책들로 인해 정책 효과는 고사하고, 고령화와 출생률 저하 및 인구급감에 따른 '국가소멸'까지 걱정하게 되었다.

인구 1,400만 경기도는 대. 중소기업, 외국인노동자, 농촌, 남북접경문제 등 다양한 사람들이 각자의 사업장에서 경제활동을 하고 있다. 그래서 항상 양극화문제와 일자리 및 크고 작은 노동권에 대한 문제 등 현안들이 발생하고 있다.

지금까지 노동권 보호자들은 근로기준법에 명시된 '임금노동자' 중심이었다. 이렇다보니 변화되는 특수직군 노동자들은 임금노동자가 아닌 '개인사업주'라고 하여 노동법의 보호 밖이었다. 국회에서는 법률 제정에 여야 간 공방으로 입법이 지연되고 있어서 경기도가 선제적으로 「일하는 모든 사람 권리보장 조례」 제정을 추진하게 되었다. 조례에는 기존 근로기준법에서 제외 되었던 특수고용 및 플랫폼노동을 포함한 5인 미만사업장, 65세 이상 고령, 장애인, 이주노동자 등 광범위한 영역을 포함하여 고용상의 지위나 계약의 명칭이나 형식에 관계없이 다른 사람의 사업을 위하여 노무를 제공하는 사람들을 폭 넓게 보호하는 내용들을 담고 있다.

조례 제정에 관여하는 직·간접 이해관계자는 경기도, 경기도 의회, 경기도 경제단체, 경기도 노동단체를 포함하고 있다. 우선 경제단체의 주장을 보면 임금노동자와 사업주의 경계가 더 모호해진다며 반대가 극심했다. 심지어 "애써 누가 사업을 하려 하겠는가?"는 반대 목소리들이 나오기 시작했다. 특히 반대론자들은 경기도의 조례안 입법예고에 대해 '근로기준'은 "전국적으로 통일적 처리가 요구되는 '국가사무'로 고용노동부 장관과 근로감독관 소관 사무이므로 경기도는 조례를 제정할 수 있는 권한이 없다."는 주장들을 펼쳤다.

이에 경기도는 "본 조례는 일하는 모든 사람의 보편적 권리보장을 위한 상징적, 선언적 의미의 조례로 노동관계법에서 보호 받지 못하는 취약노동자를 보호하기 위한 포괄적, 추상적 내용을 담고 있을 뿐, 근로기준법에서 규정하고 있는 내용과 충돌하고 있지 않다."는 주장을 했다. 아울러 "기존 경기도의 '노동기본조례'의 보충적 역할과 지위를 갖는 성격의 조례로 법률상 위임규정이 없다는 이유로 조례 제정이 타당하지 않다고 하는 것은 논리가 부족하다."는 주장을 제시했다.

경기도는 조례안을 제정하기 위한 세 가지의 협상전략을 수립하여 추진하였다: 1) 경기도 여당 주도의 조례안 발의, 2) 노사민정 사회적 합의, 3) 인구감소와 국가소멸 위기 이슈의 언론홍보. 경기도 여당은 더불어민주당인데 156석 중 77석으로 과반은 아니지만 국민의 힘 76석보다 1석 많은 다수당의 지위를 누리고 있다. 사업주 단체의 반대를 피하는 전략으로 노동 문제에 관심이 많은 집권 여당 도의원 주도로 조례안을 발의하게 하였다. 경기도의회가 이해관계자들을 모아 해법을 찾는 토론회를 개최하였을 때 사용자측을 대표하는 경기경영자총협회는 반대 의견을 내지 않았다. 또한 노사민정협의회 소관 분과회의를 통해 사회적 공감대를 형성하였다. 직접적 이해관계자의 합의도출을 위한 측면지원으로 언론홍보를 활용하였다. 고령화 증가와 출생률

저하로 인구급감에 따른 '국가소멸' 위기를 극복하기 위해 조례안을 통과시켜야 한다는 홍보를 전개하였다. 이러한 전략과 노력에 힘입어 해당 조례안이 경기도의회 소관 상임위를 통과하고 본회의 통과를 앞두고 있다.

경기도 일하는 모든 사람 권리보장 조례안이 본회의 통과하여 시행된다면 그동안 1인 자영업자라고 하여 노동권 보호 사각지대에 놓인 300만 종사자들에게 생존권 보장의 혜택이 부여될 것으로 기대되며 국회에 계류 중인 법률제정에도 탄력을 받을 것으로 기대된다.

NCL24-12
신재생에너지 정책 갈등과 과제

2024.06.27.

김용춘
협상가1급, 법학박사

출처: 김용춘, "NCL24-12. 신재생에너지 정책 갈등과 과제," 한국협상경영원의 블로그, 2024.06.27.

NCL24-12. 신재생에너지 정책 갈등과 과제

　신재생에너지 정책은 정권에 따라 부침이 심해 아직도 질곡에 빠져 있는 형국이다. 이명박 정부는 저탄소·녹색성장 정책으로 신재생에너지 공급 의무화 제도를 시행하였으며, 박근혜 정부 때는 태양광 신재생에너지 인증서 정책으로 태양광 발전 의무 공급량이 크게 확대되면서 태양광발전 설비가 무차별적으로 늘어났다. 문재인 정부는 전국 저수지의 수상 태양광 발전소 설치와 신안 앞바다 해상풍력을 추진하였다. 윤석열 정부는 '탈원전 백지화와 원전 최강국 건설'을 공약에 따라 태양광발전사업과 해상풍력발전사업 관련 비리에 대하여 대대적인 수사와 기소까지 추진하기에 이르렀다.

　탈원전을 찬성하는 입장과 반대하는 입장이 첨예하게 대립되고, 이들 입장은 정권에 따라 극명하게 정책으로 반영되었다. 그 결과 서로 상대방의 이해관계를 고려하지 못하고 정책을 수립하고 집행함으로써 대한민국의 에너지정책은 소용돌이 속에 있다고 볼 수 있다.

　우리나라는 전 세계의 에너지 환경변화를 살펴볼 필요가 있다. 독일과 대만, 벨기에, 스위스, 스웨덴이 탈원전을 선언하였다. 원자력 발전 단가가 낮은 것은 나중에 드는 비용(페로비용, 사용 후 핵연료 처리비용)을 제대로 산정하지 않았기 때문으로 향후 폐기물 처리비용까지 고려한다면 절대 발전단가가 낮다고 볼 수 없다. 세계적으로 재생에너지 단가는 계속 떨어지고 있기 때문에 우리나라도 원전을 줄이고 대신 재생에너지 발전 비중을 높여야 한다. 원전은 이미 사양산업으로 원전을 해체하는 시장에 주목하여야 한다.

　현재 신재생에너지 정책은 원전 중심의 정부정책으로 주춤하고 있는 실정이다. 뿐만 아니라 신재생에너지 정책은 다양한 의견수렴 과정을 거치고 공청회 절차 등을 통하여 국민들의 의견을 들었음에도 불구하고 산과 강을 훼손하는 등 환경을 더 해친다는 비판을 받으며 국민들로부터 외면 받고 일부 사업자들에게만 혜택이 돌아가는 정책으로 변질되어 버렸다.

우리나라는 2007년부터 "공공기관의 갈등예방과 해결에 관한 규정"을 제정하여 시행하고 있다. 이에 문재인 정부 시절, 탈원전을 선언하기 위해 공론화 과정을 거쳤음에도 불구하고, 현시점에 에너지정책과 관련하여 극단적인 정책들이 집행되고 있다. 갈등문제를 해결하고 원활한 협상을 위해서는 다양한 이해관계를 고려하여야 한다. 예를 들어, 여야 대립 속에 정부가 중재 역할을 한다든가 정부가 적극적으로 야당 대표를 만나 정부 정책이 입법화되기 위해 서로 협의하여야 함에도 불구하고 서로 일체의 접촉이 없다는 점에서 더 이상의 해결책을 찾기는 힘들어 보인다.

신재생에너지가 미래 지속적으로 발전하기 위해 정부와 여야가 시급히 협의하고 추진해야 할 과제가 있다. 태양광, 풍력 및 수소 등 신재생에너지 관련 신기술 개발과 신산업 육성을 위해 정부가 상당 부분 지원해 주고 있으나, 이는 정부 정책에 따라 너무 일관성과 신뢰성이 없어 시장에서 적극적인 투자와 개발이 이루어지지 않고 있다. 이에 신기술 개발에 투입된 비용을 보전해주는 정책이 필요해 보인다. 현재 수소를 예를 들면, 수소경제 로드맵을 발표할 당시 수소 관련 주식이 급등하였으며, 기업 등이 대규모 투자계획과 정부의 지원계획이 발표되었다. 그러나 지금 수소 관련 주가는 회복될 분위기를 보이지 않고 있다.

신재생에너지 정책에 대한 민간기업의 투자 회복과 관련 주식시장 회복을 위해서는 정부 정책에 대한 신뢰성 회복이 가장 큰 과제일 것이다. 이를 위해서는 정부에서 먼저 신기술이 상용화될 경우 또는 일정 수준의 기술개발이 이루어질 경우, 기존에 투입된 비용을 모두 보전해주는 정책 또는 미국과 같이 대규모 투자를 실행할 경우 보조금을 지급하는 정책 등이 선행되어야 할 것이다.

골드만삭스에 의하면, 향후 2050년 수소경제시대 수소시장은 연간 1경 4천조원(약 12조 달러)이라고 한다. 이런 대형 시장을 여야 정치인들의 소모적인 대립으로 놓친다면 대한민국 경제에 큰 타격이 될 것이다. 기업이 신기술을 개발하고 투자를 하기 위해서는 정부 정책의 신뢰성이 중요하다. 그리고 여야 정치에 있어 갈등 문제를 해결하기 위해서는 이해관계 조절에서부터 시작되어야 할 것이다. 결론적으로 에너지전환 과정에서 발생하는 갈등을 해결하기 위해서는 정부 정책의 신뢰성 확보와 이해관계의 조정이 필요하다.

NCL24-14

지자체 연구용역 갈등증폭 예방 사례

2024.07.23.

이강수
참된경영교육컨설팅 수석컨설턴트

출처: 이강수, "NCL24-14. 지자체 연구용역 갈등증폭 예방 사례," 한국협상경영원의 블로그, 2024.07.23.

NCL24-14. 지자체 연구용역 갈등증폭 예방 사례

20**년 A 지자체는 '지역특산품 마스터플랜 수립 연구' 용역을 발주했다. 용역 기간은 3개월(5월~8월)이고, 용역 금액은 2,000만 원 이하였다. 이 용역을 G 대학교 산학협력단이 수주를 했고, M 교수가 연구책임자로 선정되었다. 계약 당일 M 교수와 연구팀은 담당자인 P 주무관을 만났고, 과업지시서의 요구사항이 과도하다고 언급했으나 P 주무관은 '과업지시서의 요구사항은 참고만 하고, 자신이 요구하는 내용만 수행해서 결과보고서에 담아주면 된다.'고 설명했다.

연구진들은 다른 업무들로 인해 이 용역을 까맣게 잊고 있다가, 8월 중순에 연구원 L이 퇴사하고 9월 중순에 신입연구원 K가 채용된 후 착수조차 하지 않은 용역계약 서류가 캐비넷에서 발견되면서 용역불이행을 인지하게 되었다. 이에 연구진들은 모여서 해결 방안을 논의했으나, 별다른 해결책을 찾지 못했다. M 교수는 P 주무관에게 연락해 봤으나, 이미 퇴사했다는 것을 알게 되었다. 새로운 J 주무관을 만나 상황을 설명했으나, 과업기간이 경과했기 때문에 용역결과물을 제출해 달라는 요구뿐이었다. M 교수는 발주 당시 과업 지시서는 참고하는 선에서만 해도 된다고 주장했으나, 현 담당자는 과업지시서에 따른 연구용역 결과물을 요구하였다.

K 연구원은 지난번에 발생했던 협력기관의 비협조적 문제를 해결했을 뿐만 아니라, 실제 연구용역 수행 경험이 연구진 중에는 유일하였다. 그래서 M 교수는 K에게 문제해결의 모든 권한을 부여하고 해당 문제를 해결해 주기를 부탁했다. K는 어떻게든 이 연구용역을 완성시켜야 했다. M 교수가 전권을 맡긴 측면도 있지만, 지자체와의 용역계

약을 이행하지 않을 경우 5년 동안 해당 지자체와의 연구용역을 진행할 수 없다는 암묵적인 관행 때문이었다. K는 연구용역 계약 당시의 상황을 들었고, 연구진들이 지자체와의 면담 방식을 지켜보면서, 전체적인 갈등 상황을 그려보았다.

지자체와 사업단 간의 갈등의 주 당사자는 주무관 J와 연구책임자 M 교수였으나, 지금은 갈등이 지자체의 팀장, 과장, 부군수까지 보고된 상황이었다. 연구용역 수행 결과물을 지자체에 제출하지 않으면 산학협력단과 지자체, 나아가 학교 간의 갈등으로 번질 가능성이 있었다.

갈등의 쟁점은 연구용역 기간이 경과했는데도 연구용역보고서를 제출하지 않은 것이 첫 번째라면, 지자체가 10월 말까지 결과보고서를 제출해 달라는 것이 두 번째 쟁점이었다. K 연구원은 먼저 지자체 담당주무관 J을 찾아가 용역계약을 체결하고도 수행하지 않고 결과보고를 하지 못한 점에 대해 사과했다. 다만 지자체가 원하는 결과보고를 하기에 한 달이란 기간은 너무 짧아, 제출 마감 기한을 두 달 연장해 11월 말까지 기다려준다면 지자체가 만족할만한 보고서를 제출할 수 있다고 담당자를 설득하였다.

다행히 J 주무관도 이미 기간이 경과하였는데, 한 달 더 기다리더라도 좋은 결과보고서를 받기를 원했다. J에게 다시 한 번 용역 수행기관의 잘못을 인정하고, 꼭 11월 말까지 용역을 완료해서 좋은 결과물을 제출하겠다고 J를 안심시켰다.

K는 연구진과 연구용역 수행 방법을 논의하고, 빠르게 수행할 일과 시간이 걸릴 일을 구분하였다. 추가 인력을 투입하고, 설문조사를 위해 학생들을 아르바이트로 활용하여 연구를 진행하였다. 지자체와의

지속적인 소통을 통해 연구진행 상황을 알리면서, 11월 말까지 마무리에 초점을 맞추어 진행했다.

연구용역 결과 발표회를 12월 2일에 진행하고, 수렴된 의견을 반영하여 12월 26일에 최종 결과물을 납품하였다. 이로써 지자체와의 연구용역 문제는 정리되었으며, 지체보상금을 제외한 용역비를 수령하였다.

본 사례는 연구용역 진행과정에서 갈등이 증폭되지 않도록 조기에 예방한 성과를 보이고 있다. 몇 가지 교훈을 정리하면 다음과 같다.

첫째, 계약 미 이행으로 발생한 갈등은 잘못을 인정하고 사과하여 관계와 감정 손상을 치유해야 한다. 계약 이행 실패를 인정하지 않고 변명하는 태도는 문제해결에 도움이 되지 않는다.

둘째, 갈등 발생을 인지했을 때는 상대방과 대화와 협의를 통해 조기에 해결하여 갈등이 증폭되지 않도록 노력해야 한다. 갈등 초기에 소통을 통해 접근했다면, 좀 더 시간적 여유를 가질 수 있었을 것이다.

셋째, 갈등을 원초적으로 예방하기 위해서는 연구용역을 추진일정을 수립하여 진행상황을 관리해야 한다. 용역의 발주처와 수행자 모두 일정관리에 소홀하면 이번과 같은 갈등상황에 직면하게 된다.

NCL24-20
적대적 vs 협력적 노사관계의 사례분석

2024.10.27.

이동찬
한수원 한울1발 노조위원장

출처: 이동찬, "NCL24-20. 적대적 vs 협력적 노사관계의 사례분석," 한국협상경영원의 블로그, 2024.10.27.

NCL24-20. 적대적 vs 협력적 노사관계의 사례분석

1. 적대적 노사관계

H회사는 보안시설이 많아 외부인은 출입 시 정문에 스마트폰을 맡겨두어야 한다. 어느 날 지역신문 자유게시판에 H회사에 대한 익명의 글이 올라와 있었다. 회사 입구에서 어느 고위직으로 보이는 사람이 자기 가족의 핸드폰(아이폰)을 가지고 들어가려고 하니 청원경찰이 제지하였다. 아이폰은 회사 자체 보안 어플이 다운로드가 안 되어 규정상 반입이 불가하다. 그 사람은 강압적으로 자기가 높은 사람인 것을 드러내며, 강제적으로 본인의 핸드폰이 아닌 다른 사람의 폰을 들고 들어갔다는 내용의 글이었다.

그리고 얼마 뒤 그 익명제보는 사실로 드러났다. 회사에 높은 사람이란 H회사의 사용자인 X소장이었다. 노동조합이 진실을 물어 보았으나 자기는 모르는 사실이고 해줄 말이 없다고 하였다. 그러나 조사결과 X소장은 보안규정을 위반하였고 청원경찰에 대해 갑질까지 했다는 문제가 터져 나왔다.

징계수위가 해임이라는 이야기까지 거론되면서 사측에서는 조합원들에게 탄원서를 지시하여 작성하게 하였다. 노조위원장은 화가 났지만 노사관계가 잘 이어질 수 있도록 행사를 준비하고, 노사간담회와 대화를 이어가려 했으나 X소장은 계속 철벽을 쳤다. X소장은 12월에 임금피크제 되면 그냥 나가겠다는 말만 하였고 노조위원장과는 인사도 안하고 지내는 최악의 상황이 되었다.

2. 협력적 노사관계

　X소장은 임금피크제로 물러가고 이제 새로운 Y소장이 왔다. Y소장은 오자마자 부서를 돌아다니며 직원들과 인사를 하며 노조위원장님 어디 계시냐며 엄청 찾았다. Y소장은 부장의 의전도 못 하게 하고 부서를 다니려는 것을 부장은 소장이 길을 잃을까봐 안내차원에서 한사코 계속 따라다녔다.
　Y소장은 온지 얼마 안 되었으나 1주일에도 몇 번씩 노조위원장과 대화를 하며 과거의 문제점들을 검토하고 서로 간의 경험 공유를 하며 노사관계를 개선하기 위해 노력하였다. Y소장은 조합원의 인사문제에 대해서도 유연하고 전향적으로 해결하도록 노조위원장과 협력하였다.
　H회사는 그룹의 계열사 중에서 비 선호 사업소라서 마일리지를 쌓아서 선호 사업소로 이동할 수 있도록 마일리지 제도를 도입하였으나 X소장 시절에는 해당되는 사람도 인사이동을 못하였지만 Y소장이 되면서 원하는 해당자는 자유롭게 인사이동을 하는 큰 변화를 맞이하였다. 이러한 인사이동은 처음으로 마일리지 제도를 적용하면서 점차 합리적인 조직문화로 정착할 수 있는 토대를 만들었다.

3. 적대적 vs 협력적 노사관계 차이점과 교훈

　X소장과 노동조합 간 관계가 적대적 노사관계인데 반해 Y소장과 노동조합 간 관계는 협력적 노사관계라는 선명한 차이를 직감할 수 있다. 이러한 차이점이 발생하는 원인이 어디에 있을지 정리해보면 다음과 같다.

첫째, 상대를 인정하고 존중하느냐의 차이가 있다. X소장은 노조위원장을 인정하고 존중하지 않아 적대적 분위기를 만들었지만 Y소장은 노조위원장을 인정하고 존중하여 협력적 분위기를 만들었다.

둘째, 상대를 향한 개방성과 소통의 차이가 있다. X소장은 노조위원장에게 닫힌 마음으로 소통을 하지 않으려는 적대적 태도를 보였으나 Y소장은 노조위원장에게 열린 마음으로 소통을 하려는 개방적 태도를 보였다.

이러한 비교에서 보듯이 사용자가 노조에게 대하는 태도가 매우 중요하며 노사관계에 결정적인 요소인 교훈을 얻을 수 있다. 한 가지 풀어야 할 숙제는 사용자가 노조에게 적대적으로 대할 때 노조가 어떻게 협력적으로 관계를 만들어갈 수 있느냐이다. 사용자가 어떤 관심사와 이해관계를 가지고 있는지 파악하고 서로 윈윈할 수 있는 길을 찾아야할 부분이 아닐까 고민해본다.

NCL24-21
공익직불금 민원 갈등해결 이야기

2024.11.10.

최성희
전남 영암군 팀장

출처: 최성희, "NCL24-21. 공익직불금 민원 갈등해결 이야기," 한국협상경영원의 블로그, 2024.11.10.

NCL24-21. 공익직불금 민원 갈등해결 이야기

　K는 경기도 A시에 거주하는 여성인데 고향인 전남 Y군에 농지를 보유하고 있었다. K는 공익직불금제도가 도입된 2020년 이전에는 쌀 가격이 하락할 때 발생하는 소득 손실을 보전하기 위해 쌀 농가에 지급되는 '쌀 직불금'이라는 보조금을 지원받았다. 공익직불금의 신청 장소는 경작지 소재지의 읍·면·동사무소이다. 즉, 실제로 농사를 짓는 농지의 위치에 따라 해당 지역의 행정복지센터를 방문하여 신청해야 된다. 이는 농지의 경작 상황과 신청자의 자격 요건을 정확하게 확인하기 위함이다.

　H는 2020년 당시 S면사무소 업무담당자로 일하고 있었는데 공익직불금 전산프로그램인 agrix가 새로 도입되면서 자료추출도 정확하지 않았고 수시로 신청서를 출력하며 누락자를 찾아야 하는 어려움을 겪었다. 그러던 중 관외자인 K의 신청서가 농지소재지인 필자의 전산에서 발견하지 못하고 누락이 되고 말았다

　11월 어느 날 H는 K로부터 민원성 전화를 받았다.

　"저의 공익직불금 신청이 누락되었는데 지금이라도 지급해줄 수 없을까요?"

　"대단히 죄송한 말씀인데 보조사업은 신청주의라서 본인이 신청하지 않으면 안 되도록 되어있습니다. 신청기간도 지나서 전산이 막혀 어려워요."

　H는 여러모로 의아스러워 했다. K의 부모가 Y군에 쌀농사를 짓고 직불금을 신청하는 농업인이어서 정보가 가족에게 전달이 안 되었는지, 그리고 여러 차례 마을이장을 통해 검증을 거쳤는데도 누락되었다.

　얼마 지나지 않아 국민신문고로 민원이 접수되어 H에게 통보되었

다. 신청자는 K의 오빠였다. 공익직불금으로 바뀐 사항을 안내하지 않아서 몰랐다는 민원이었다. 2020년 공익직불금 제도 도입 당시, 정부는 다양한 홍보 활동을 통해 농업인에게 제도의 목적과 신청 방법을 알렸다. 그럼에도 불구하고 정보 부족으로 인한 미 신청 사례가 바로 이런 경우이다.

직불금은 3백만원 상당으로 적지 않은 금액이라 민원인의 심정에 이해는 갔다. H는 연말에 보조금 정산업무로 무지 바쁜 상황임에도 국민신문고에 답변을 올렸다. 민원인인 K의 오빠가 H에게 전화로 다시 물었다.

"농가에게 정부에서 주는 보조금인데 지급이 되도록 예산을 세워야 되는 거 아닌가요? 지급하고 남은 예산이 있을 텐데 그거라도 지급해 줄 수 없을까요?"

전화통화는 20분가량 길어져서 기다리는 창구민원이 늘어나는 상황에 더 이상 얘기할 수 없었다.

"선생님, 지금 창구민원이 너무 많아 더 이상 대화할 수 없네요. 다음에 말씀하시고 이만 끊어야 겠습니다."

상황이 악화되었다. 민원인은 감사부서에 전화응대 중 끊었다고 불친절을 이유로 민원을 접수하였다. H는 감사부서에 경위서를 작성해 보내야 하고 국민신문고에는 추가답변 요구가 내려왔다. K는 당사자임에도 본인이 실수를 인정하고 넘어가려 하는 듯 했지만 K의 동생이 여기저기 들쑤시며 H를 가만두지 않았다. 그래서 H는 더 화도 나고 답답했다.

이번 사건의 책임은 H, 이장, 민원인 세 사람 모두에게 있는 거 같다. 그래서 보조금의 일부를 이장과 H가 부담하여서라도 민원을 해결하고자 민원인을 직접 만나보기로 했다. 마침 K가 친정에 내려와 있다는 소식에 H는 퇴근 후 이장과 함께 친정댁으로 찾아갔다. 민원인은 아기를 갓 출산하고 휴가 중이었다. H는 K에게 사실대로 마음속의 말들을 쏟아내었다.

"새로 시스템이 도입되어 신청 누락이 발생해서 넘 죄송해요. 올해는 해결이 어렵지만 향후에는 재발되지 않도록 꼼꼼히 챙길 게요. 정 풀리지 않으면 일부라도 변상해드릴게요."

"저도 공무원이지만 무엇보다 공무원으로서 최선을 다하지 못함에 서운했어요. 오빠도 도시에서 바쁘게 살다보니 놓친 거 같아요. 친정 아버지가 치매가 있어 잘 확인을 못하기도 했고요. 앞으로는 이장님과 담당자가 더 세심히 챙겨주기를 바래요."

K가 이해해 줬고 힘들게 일해서 번 돈을 준다는 거 너무 억울할 거 같다고 다행히 돈은 거부했다. H는 체증이 내려가듯 근심걱정이 사라졌다.

이번 민원해결 과정을 되돌아보며 H는 여러 가지 생각하게 되었다. '끝까지 내 잘못이 없다고 우겼더라면 서로 감정만 쌓여 해결되지 못했을 일이지만 나는 민원인에게 진정으로 사과하여 민원 취하까지 이끌어내었다. 이후 처리를 놓치는 일이 없도록 최선을 다할 것을 다짐했다.' 바뀐 제도에 대한 적극적인 홍보방식에도 문제가 있었고, 농업인 본인이 직접 보조금을 신청하지 않고 이장과 담당자에게 의존하는 방식들로 인해 빚어진 문제점이었던 거 같다. 다행히 민원인은 접수된 민원을 취하해 줬다. H는 민원인에게 연락하여 감사하다고 인사하고 민원을 마무리 지었다.

(참고사항)
쌀 직불금 같은 개별 직불금 제도들은 특정 작물에 대한 의존성이 커지고, 농업인 소득 보조의 형평성이 안 맞다는 문제가 제기되었다. 이를 해결하기 위해 정부는 농업 활동을 통해 식품 안전, 환경 보전, 농촌 유지 등 공익을 창출하도록 농업인에게 보조금을 지원하는 공익직불금제도를 2020년에 도입하였다.

제2장 갈등해결 사례

2. 제3자 갈등해결 사례

NCL22-02. 에어컨 제조사 조직 내 상하갈등 코칭 사례
NCL23-01. 비영리기관 운영의 조직갈등 ADR 사례
NCL23-05. 지방자치단체의 적극적 갈등조정을 통한 주민갈등 해소 사례
NCL23-06. K아파트 경비노동자 집단해고 협상 사례
NCL23-07. 모 공공기관의 직장 내 괴롭힘 갈등해결 사례
NCL23-09. 신입 사원과 팀장 간 갈등해결 사례
NCL23-10. 화력발전소 건설 관련 사업자-어민 간 분쟁 사례
NCL23-11. 직장 내 괴롭힘 자율해결 코칭 사례
NCL23-12. 모녀의 갈등 조정 사례
NCL23-19. 협동조합 내 운영자들 간 갈등 사례
NCL23-21. 학생과 교사 간 갈등해결 이야기
NCL23-22. 축사건축 민원 갈등해결 사례
NCL23-23. 어떻게 원하는 것을 얻을 것인가-택배대란 사례
NCL23-24. 치매 부모로 겪은 내적 갈등해결 사례
NCL24-01. 협업을 위한 협상 코칭 사례
NCL24-05. 학교폭력 갈등의 화해중재를 통해 얻는 교훈
NCL24-08. 고용상 간접 성차별 사례와 의미
NCL24-10. SM고속도로 건설 협력전략 사례
NCL24-13. 교사의 관리자 갑질 갈등해결 사례
NCL24-22. 의료업계 직장 내 괴롭힘 해결 사례
NCL24-24. 부드러운 화법의 인간적 친근 전략 사례

NCL22-02
에어컨 제조사 조직 내 상하갈등 코칭 사례

2022.11.18.

최동하
단국대 경영대학원 협상코칭전공 주임교수

출처: 최동하, "NCL22-02. 에어컨 제조사 조직 내 상하갈등 코칭 사례," 한국협상경영원의 블로그, 2022.11.18.

NCL22-02. 에어컨 제조사 조직 내 상하갈등 코칭 사례

A사는 산업용 에어컨과 공조 시스템을 제조해서 판매하는 중견기업이다. A사는 최근 유럽 수출이 힘들어지면서 중장기적인 대안으로 핵심부품 납품업체 B를 M&A하여 흡수, 통합하였다. B사의 제조 및 개발 인력은 A사의 개발 본부로, B사의 기획 및 영업 조직은 A사의 사업본부로 배속되었다. A사의 사업본부 내 전략기획실이 새롭게 만들어졌는데 A사의 김 실장은 B사 출신 3명의 팀장을 이끌고 일하게 되었다.

A사는 매년 임원과 실장급을 중심으로 리더십 역량 향상 대상자를 선발해서 리더십 코칭을 받도록 하고 있었다. 김 실장은 사업본부장의 추천으로 코칭 대상자가 되었으며 A사의 인사담당자를 통해 필자에게 통보되면서 코칭 고객이 되었다.

김 실장의 리더십 이슈는 자신에게 새롭게 배정된 3명의 신임 팀장들과의 관계갈등이었다. 3명의 신임 팀장들은 얼마 전까지만 해도 협력사 부장들이었는데 3명 중 2명은 김 실장보다 나이가 많고 한 명은 동갑이다. 김 실장과 팀장들은 서로 다소 이질적인 업무 방식으로 의견이 엇갈리는 경우가 많았는데 특히 나이 많은 두 명의 팀장들은 김 실장의 리더십에 강한 반발을 보이고 있었다.

코칭 고객인 김 실장을 통해 파악된 갈등 상황은 주로 소통 방식에서 빚어지는 감정의 대립이었다. 신임 팀장들은 김 실장의 고압적인 업무 지시 태도에 불만을 갖게 되었지만 반대로 김 실장은 이들의 업무 태만이 불만이었다. 그래서 김 실장은 업무태만을 이유로 다소 강하게 업무를 추진하게 되었는데 신임 팀장들은 이러한 김 실장의 텃세와 무시하는 말투 때문에 업무 의욕이 저하될 수밖에 없다는 불만을 가지면서 갈등 상황에 직면하였다.

전체 6회에 걸친 코칭 세션에서 전반기 3회는 주로 리더의 자기 인식이 다루어졌는데 이는 본격적으로 갈등해결을 다루기 전에 먼저 자신의 성격적 특성과 소통 방식을 돌아볼 필요가 있었기 때문이다. 김 실장에 대해 기본적인 성격 진단과 언어 패턴을 함께 살펴본 결과 김 실장은 관계보다 일을 중시하는 편이었다. 즉, 김 실장은 업무수행 수준의 기준이 높으며 상대의 약점을 다소 여과 없이 지적하는 경향이 있음을 알게 되었다. 이 과정에서 김 실장은 자신이 지금까지 사내에서 별 탈 없이 핵심 인재로 성장해 온 이유는 동료들의 이해 덕분이라고 생각하게 되었다. 특히 김 실장은 이번에 맞닥뜨린 3명의 신임 팀장들의 등장은 자신의 민낯을 그대로 드러나게 한 챌린지 상황임을 알게 되었다. 사실 김 실장은 지금과 같은 황당한 상황은 한 번도 겪은 적이 없었기 때문에 스스로 되돌아보면서 신임 팀장들의 업무역량이 다소 미흡하다고 간주하는 자신의 성급한 생각에 미안한 마음이 들었다.

게다가 이렇게 긴장 상태가 만들어진 상황의 배경에는 신생팀을 맡게 된 김 실장은 기본적으로 일을 잘 해내고 싶은 마음이 있었고, 또한 신임 팀장들도 새롭게 시작한 조직에서 뭔가 멋진 모습을 보여주고 싶은 마음이 있었다. 그래서 양측이 서로에 대한 이해와 공감이 살아나고 긍정적 소통이 회복되면 갈등의 양상이 사라질 것으로 판단되었다.

김 실장은 필자와의 코칭 대화에서 잠시 떠나있던 자신을 다시 만난 기분이라고 말하면서 신임 팀장들에게 먼저 다가가서 관계를 개선하는 방안을 찾겠다고 했다. 이렇게 해서 6회 중 후반 3회는 김 실장의 화해 프로세스를 함께하는 세션들로 진행되었다. 일단 생각이 전환되니 영리하고 스마트한 김 실장은 행동으로 옮기는데 주저하지 않았다. 코칭 대화를 통해 우선 세 명의 신임 팀장들을 개별적으로 만나 그간의 오해를 풀고 상호 존중하는 관계를 회복하는 방안을 세웠다. 뿐만 아니라 김 실장은 코칭 기간 동안 코칭리더십 관련 추천도서를 읽었고 코칭 대화법을 필자와 함께 연습했다.

이상의 갈등코칭을 통해 김 실장은 본래의 유능성을 발휘해 신임 팀장들과의 갈등 상황을 스스로 극복하였고, 세 명의 팀장들도 실장과 우호적 관계를 맺으며 업무에 몰입하게 되었다.

갈등코칭은 주로 갈등 당사자 중 한쪽의 입장에서 행해지지만 그 한쪽의 입장을 주장하거나 관철하는 것을 돕기보다, 자신을 성찰하고 상대편을 이해하는 과정을 돕는 경우가 많다. 조직에서의 갈등은 크게 보면 같은 목적 아래에서 이루어지는 다른 모습의 충돌이기 때문에 그 모습을 역지사지의 관점에서 바라볼 수만 있어도 그 갈등의 힘은 크게 약화된다. 아울러 조직갈등은 눈에 보이는 현상에만 주의를 기울일 것이 아니라, 그 이면에 있는 감정과 욕구를 살펴서 그 내용과 이유를 이해하고 공감하는 과정을 통해 해결될 수 있음을 기억할 필요가 있다.

NCL23-01
비영리기관 운영의 조직갈등 ADR 사례

2023.01.13.

최숭원

공인노무사(노무법인 공감프로젝트)

NCL23-01. 비영리기관 운영의 조직갈등 ADR 사례

필자에게 자문을 의뢰한 법인 A는 설립한 지 10년이 된 기업으로 신규 사업을 수행하기 위해 2년 전 부설기관 B센터를 설립했다. A법인의 대표는 B센터의 운영과 실무를 현재 센터장과 팀장에게 전적으로 맡겼다. 그리고 A법인 대표는 최종의사결정을 자신의 남편인 사무국장에게 일임하였다.

사업초기의 관심사는 B센터가 제공하는 서비스 이용자를 확보해 매출을 늘리는 것이었다. 내부 관리 및 운영을 담당하는 인력이 두 명뿐이라 체계적인 운영을 하지는 못했지만 적극적인 홍보를 통해 이용자를 확보하였고, 그 결과 2년 만에 이용자 100여명에 10억 정도의 매출을 달성하게 되었다.

사업을 시작한지 6개월 동안은 이용자가 적어 센터장과 팀장의 급여를 책정하지 못할 상황이었지만 7개월부터 이용자가 늘어 센터장과 팀장의 인건비를 지급할 수 있게 되었다. 게다가 이용자 관리업무도 늘어 인력을 추가로 채용하였다. 이 때 센터장과 팀장의 호봉과 직급은 다른 기관의 사례와 규정을 참고해 이전 경력 기준으로 결정하였고, 이들의 급여는 초기에 급여를 받지 못한 것까지 반영한 급여체계를 만든 후 A법인 사무국장에게 구두로 승인을 받아 집행하였다.

A법인은 센터장을 비롯해 실무자들에게는 이용자를 더 많이 모집하기 위한 장려책으로서 다른 기관에 비해 시간당 단가를 높여 지급하거나 다른 기관과 달리 근속기간별 단가를 달리하여 보상하는 등 이용자 확보와 매출증가에 주력하였다. 그 결과 B센터는 짧은 시간 안에 빠른 성장을 이룰 수 있었고, 다음 해 목표를 이용자 200여명, 매출 30억으

로 상향 책정하였다.

　A법인의 대표는 예상보다 빨리 성장하고 있는 B센터의 예산과 지출을 점검하는 과정에서 매출 대비 당기 순이익이 너무 적다는 점을 발견했다. 그리고 자신의 승인도 없이 만들어진 급여체계와 이용자에 대한 과도한 예산집행이 재정을 악화시켰다고 판단하고, 전문가에게 회계감사와 노무감사를 의뢰했다. 감사 결과를 토대로 A법인은 운영위원회를 열어서 센터장과 팀장에게 경위서 작성을 요구하기로 했다. 그리고 책임자에 대한 징계와 형사고발(배임) 조치를 하기로 했다. 하지만 센터장과 팀장은 이를 직장 내 괴롭힘으로 여겨 고용노동청에 진정을 하는 등 조직 내 갈등이 발생하였다.

　사용자인 A법인의 대표가 노무사인 필자에게 직장 내 괴롭힘 진정 사건 대응을 의뢰해왔다. 필자는 먼저 근로자들(센터장과 팀장)을 인터뷰한 뒤 노동사건 대리로 할지 또는 제3자 조정으로 해결할지 결정하기로 했다. 근로자들과 2회에 걸쳐 인터뷰를 한 결과 쟁점과 입장 그리고 이해관심사가 파악되면서 조정으로 문제가 해결될 가능성을 확인하였다. 그리고 필자는 그 내용을 사용자인 A법인의 대표에게 보고한 후 사용자와 근로자들로부터 필자가 조정자로서의 역할을 인정받아 분쟁조정을 진행하였다.

　조정결과 상호간에 합의하고 이행하기로 한 내용은 다음과 같다.
　인사/보수체계 정비(타 유사기관에 준하는 호봉 및 직급체계와 급여체계 마련)하여 기준에 따른 경력환산(호봉)과 직급을 조정/적용한다.
　설립초기에 미지급했던 수당을 정산하여 근로자들에게 지급하고,

근속수당은 유지한다.
  정년이 이미 도과한 현 센터장은 6개월 근무보장 후 퇴직한다.
  A법인에서 파견한 새로운 관리자를 센터장에 임명한다.
  센터장 전결사항과 운영위원회 심의의결사항을 구분하여 내부 통제 및 권한 책임을 명확히 한다.
  그간에 사용자와 근로자들 간의 징계처분, 고소고발, 진정 건을 모두 취하하고 상호간에 화해한다.

  본 사례에서 생각해 볼 점은 다음과 같다.
  1. 갈등을 근본적으로 해결하기 위해 법적다툼보다는 ADR(대안적 분쟁해결)을 고려한다.
  2. 갈등 유형, 갈등수준(단계, 수위), 당사자의 합의의지 등을 분석하여 구체적인 ADR방식(갈등코칭, 조정, 갈등퍼실리테이션 등)을 결정한다.
  3. 조직의 발전 단계별로 예상 가능한 이슈를 미리 파악하여 정비함으로써 갈등을 예방한다.
(설립자간 이익배분기준, 급여 및 직급체계 기준, 업무분장 및 위임전결기준 등)

  (참고사항: ADR(대안적분쟁해결제도, Alternative Dispute Resolution)이란 힘(무력)이나 일방적 권위 또는 기존의 법원의 소송절차를 통한 분쟁해결이 아닌 당사자 간 대화를 통한 분쟁해결방식으로 협상, 조정, 중재, 참여적 의사결정 등의 다양한 유형이 존재한다.)

NCL23-05
지방자치단체의 적극적 갈등조정을 통한 주민갈등 해소 사례

2023.03.08.

이현직
고양시 갈등조정관

출처: 이현직, "NCL23-05. 지방자치단체의 적극적 갈등조정을 통한 주민갈등 해소 사례," 한국협상경영원의 블로그, 2023.03.08.

NCL23-05. 지방자치단체의 적극적 갈등조정을 통한 주민갈등 해소 사례

　본 사례는 고양시 원당지하차도 상부 공영주차장 건립에 따른 반대 집단민원 등 주민갈등을 지방자치단체에서 적극적인 갈등조정을 통해 효과적으로 해소된 사례이다.

　고양시 원당지하차도 상부 공영주차장 조성 사업 건립 개요를 살펴보면 2007년 재정비촉구지구 지정 후 2015년 해제된 지역으로서 이후 5년 가까이 사업 이행이 되지 않고 있었다. 상업지역임에도 노상주차장 31면만 조성돼 있어 주차면수가 상당히 부족했고, 그런 탓에 불법 주정차 문제가 심각했다. 그 때문에 안전문제가 꾸준히 제기되어 왔고, 특히 야간에는 버스와 대형 화물차까지 주차되어 있어서 주민 불편과 범죄우려까지 제기되고 있었다.

　또한, 인근에 원당시장이 있어서 시장을 이용하는 주민과 인접한 아파트단지에 거주하는 주민들이 만성적인 주차난에 시달려 왔다. 뿐만 아니라 화재 시 소방차 진출입에 어려움을 겪으며 안전사고 위험도 꾸준히 제기되었다. 이에 고양시는 국토부 예산 10억 8백만 원을 투입해 상부 도로에 공영주차장 131면을 조성하여 주민 불편을 해소하고자 하였다.

　주민갈등은 인근 지역 주민들이 소음, 매연, 미세먼지 등 상부 공영주차장 조성에 따른 주거환경의 질 저하와 집값 하락 등의 이유로 건립 반대 집단민원을 제기하면서 시작되었다.

　특히 성사2동 주민들의 반대가 집단민원으로 표출되었는데 이해관계자인 고양시와 성사2동 주민들 간 쟁점과 입장은 다음과 같다.

첫째, 고양시는 원당지역 상권 활성화를 위해 주차장 확보가 필요했으나 주민들은 주차장 조성에 따른 소음, 매연, 미세먼지 등 주거환경 피해를 우려하였다. 둘째, 고양시는 주차장 조성으로 교통안전문제 등 민원을 해소하기를 원했지만, 주민들은 주차장 조성으로 인한 이익은 상가지역인 성사1동 주민들이 얻고, 주택단지 지역인 성사2동은 피해만 볼 것으로 우려하였다. 셋째, 고양시에서는 이미 국토부 예산이 확보되어 있어 주차장 건립 계획이 세워져 있었지만 주민들은 서울로의 진출입 상부에 공영주차장이 조성되면 아파트 가격이 하락할 것이라고 우려하였다. 반면 인근 상가지역 성사1동 주민들은 상부 공영주차장 건립에 찬성 의견이었다.

이러한 주민갈등을 해소하기 위해 고양시는 갈등 전문가를 투입하여 주민과의 갈등을 조정함으로써 주차장 건립 반대 집단민원을 적극적으로 해소하였는바 그 주요 갈등관리 대응 방안은 다음과 같다.

첫째, 주민설명회 개최 및 주민면담을 통해 주차장 건립을 반대하는 주민들의 의견을 적극적으로 수렴하였고, 상부 공영주차장 조성의 필요성을 설명하는데 노력하였다.

둘째, 각 분야 전문가를 투입해 교통 및 환경 영향에 대한 조사를 실시한 결과 긍정적인 결과를 도출함으로써 타당성 확보 및 객관적인 자료를 주민들과 공유하는데 주력했다.

셋째, 갈등 전문가를 통해 갈등컨설팅을 실시함으로써 건립을 반대하는 소수의 영향력 있는 주민과 적극적으로 소통하였고, 사업의 당위성에 대해 충분히 설명함으로써 갈등관리 해결 방안을 마련하였다.

넷째, 갈등관리전문기관의 용역을 통한 갈등영향분석을 통해 시의원을 비롯해 통장, 직능단체, 공동주택입주자대표 등 이해관계자 등

54명에 대해 심층면담 및 의견 수렴을 진행함으로써 원활하게 주차장 조성사업을 추진할 수 있었다.

이러한 갈등관리 노력으로 도출한 고양시와 주민들 간 주요 합의사항은 다음과 같다.

첫째, 인근 지역 고양 어울림누리 주차장의 주민이용을 확대하고 신설 주차장을 지역주민에게 개방한다. 둘째, 사업추진 과정에서 설명회, 간담회 개최 시 담당부서보다는 객관성을 담보할 수 있는 갈등전문가에 의한 회의 진행으로 실시한다. 셋째, 정책 및 사업진행, 조사분석 상황을 시정 및 마을소식지, 언론보도 등을 통해 충분히 공유하고 홍보한다.

고양시 원당지하차도 상부 공영주차장 건립 반대 갈등해소를 통한 성과 및 시사점은 다음과 같다.

첫째, 기존 31면 노상주차장에서 131면 상부 공영주차장으로 주차면수가 확대되어 주차여건이 개선되었고 그 결과 지역상권이 발전하고 거주여건이 개선되었다.

둘째, 야간시간대 버스와 대형 화물차 등의 불법 주정차 해결, 버스승강장 안전 확보 등 해당 사업지역의 교통안전문제가 해소되었다.

셋째, 주민설명회, 주민면담 등 소통과정을 통해 민주적 숙의과정이 실현되었고 시민의식 성숙과 행정 신뢰도가 향상되었다.

넷째, 집단민원 제기 후 단기간 내 주민설명회(지자체장 참석)를 개최하고, 공공갈등 전문가와 각 부서가 협업하는 등 집단민원에 대한 초기대응이 효과적이었다.

(참고: 본 사례는 고양시청에 소속된 필자가 고양시 내부 자료에서 재정리하여 발췌함)

NCL23-06
K아파트 경비노동자 집단해고 협상 사례

2023.03.26.

박종국
경기도 노동정책전문관

출처: 박종국, "NCL23-06. K아파트 경비노동자 집단해고 협상 사례," 한국협상경영원의 블로그, 2023.03.26.

NCL23-6. K아파트 경비노동자 집단해고 협상 사례

아파트 경비노동자들은 예전에 직고용되어 일하던 형태와 달리 지금은 대부분 용역업체를 통해 취업하고 있고 평균 3~6개월씩 초단기 근로계약 형태로 파견 근무를 하고 있다. 아파트 경비노동자들은 고령자 직업이라는 이유로 노동조건 개선을 위해 항의조차도 못하고 있다. 아파트 입주자협의회에서는 매년 저단가의 용역업체와 위수탁 계약을 하면서 용역업체가 바뀔 때마다 고용불안에 노출되게 된다. 본 K아파트 경비노동자 사례는 아파트의 용역업체 변경에 따른 집단해고를 협상으로 해결한 사례이다.

본 사례에서 나타나는 당사자는 신규 경비용역업체, 아파트주민 입주자대표협의회 그리고 아파트 경비노동자이며 이들의 주장은 다음과 같다.

1) 신규 경비용역업체 '주장'
 - 용역업체 변경에 따른 자사의 신규업체 소속 근로자가 우선투입이 되어야 한다.
 - 고령자 및 근태불량자 등 엄격한 평가를 통해 이전 경비원 일부만 고용승계 하고자 한다.
 - 용역업체 관리비 인상 없이는 고용승계는 곤란하다.
 - 장기근속자 인건비 상승 우려 차원에서 정리해고 불가피하다.

2) 아파트주민 입주자대표협의회 '주장'
 - 경비원 고용승계를 위한 입주민들의 추가적인 관리비 인상을 반대한다.
 - 일단 노사문제에 개입하기 싫다.
 - 무인 자동화 도입을 통한 관리비 절감 필요에 대해 공감한다.

3) 아파트 경비노동자 '주장'

-예전에도 용역업체 변경 시 고용은 보장돼 왔었다.
-사전 통보도 없이 하루아침에 해고하는 것은 '부당해고'이다.
-3~6개월 초단기 계약 관행은 문제가 있다.
-청산이 아니고 영업양도이므로 고용승계가 우선이다.

필자는 본 사건의 당사자들로부터 협상자문컨설팅을 의뢰 받았다. 용역업체와 아파트 입주자대표협의회에 대해서는 협상컨설팅을 제공하고 경비노동자에게는 자문을 제공하였는바 그 주요내용은 다음과 같다.

1) 용역업체에 대한 컨설팅
 -해고자들이 노동조합에 가입하면서 해당 구청에 아파트 용역 관리비 운영 정보공개 청구를 추진 중에 있다.
 -노동조합 상급단체가 개입하려는 움직임이 있어 사회 쟁점화될 수도 있다는 언질을 주었다.
 -일부 '전환배치'를 제안하였다.
 -'근무평가'의 객관적인 기준을 마련해야 한다.(외부자문 등 활용)

2) 아파트 입주자대표협의회 컨설팅
 -집단해고 사태가 전국적으로 이슈화될 경우 아파트브랜드에도 심각한 이미지 타격이 불가피하고 거래중단 사태 등이 발생할 수가 있다.
 -무인 자동화시스템의 '단점'을 설명하고 택배전달, 자녀들의 안전한 놀이터 보살핌, 동내 불량청소년으로부터 보호를 제안하였다.
 -해고 경비노동자들과 가가호호 방문을 통해 관리비 인상 '주민동의서'를 수령하도록 협조를 구하도록 제안하였다.

3) 경비노동자(노동조합) 자문
 -모범적인 근태관리를 통한 입주민들로부터 인정을 받도록 노력할 것을 당부하였다.
 -경기도노동권익센터의 무료 노무 법률 자문을 구하고 지역 비정규

직지원센터의 연대를 받도록 협조를 구할 것을 권장하였다.
 -지역 시청 및 고용노동지청 해당부서와 공조하여 협약 체결 지원 등 협조를 구할 것을 자문하였다.

이러한 협상자문컨설팅을 통해 당사자들 간에 다음과 같은 협약이 체결되었다.

1) 고용보장 등 합의서 작성
   -고령자 등 자발적 사직을 원하는 경비노동자 '위로금' 지급
   -용역업체의 타 지역 경비지역으로 일부 전환 배치
   -해고 기간 중 미지급된 임금은 '입주자협의회+용역업체'에서 공동 부담
2) 경비 자동화시스템은 추후 협의를 통한 단계적 도입
3) 경비 용역업체의 '해고회피' 노력 당부
4) 아파트 입주민들의 "함께 살기" 캠페인 지지
   -상생협약식 체결
5) 신규 용역업체 선정 시 경비청소노동자 근로조건 명시 확인
   -초단기 근로계약 근절 등

경비노동자는 입주자협의회에 직고용되어 있어야 고용이 안정될 수 있으나 근태관리와 신규 채용 및 관리의 어려움이 있어 용역업체와 용역 계약을 하는 것이 현 실정이다. 직업안정법 법률에 초단기 계약을 근절할 수 있는 표준근로계약서 제정이 필요 하다. 또한 경비시스템자동화 도입에 따른 연착륙이 필요하며 경비원들에 대한 갑질 근절 홍보도 필요하다. 지역 노동단체 네트워크 구축을 통해 부당한 노동탄압 근절에 대한 지역적 방지 대책이 요구된다.

필자는 본 사례에서 집단해고의 이슈화를 예방하고 주민들로부터 인정을 받도록 노력하는 협상자문컨설팅이 협상성공에 주효하였음을 강조하고 싶다.

NCL23-07
모 공공기관의 직장 내 괴롭힘 갈등해결 사례

2023.04.11.

송치경
노무법인 비상 대표 공인노무사

출처: 송치경, "NCL23-07. 모 공공기관의 직장 내 괴롭힘 갈등해결 사례," 한국협상경영원의 블로그, 2023.04.11.

NCL23-07. 모 공공기관의 직장 내 괴롭힘 갈등해결 사례

직장 내 괴롭힘 금지 제도는 2019년 1월 15일에 개정된 「근로기준법(이하 '근기법'이라 함)」을 통해 최초로 시행된 이후, 직장 내 구성원 간 정신적 또는 신체적 고통을 주는 행위는 법률로 규제되기 시작하였다. 그리고 2021년 4월 13일에 개정된 근기법을 통해 사용자의 조사·조치 의무의 보완이 이뤄졌고, 의무 위반에 대한 처벌도 강화되었다. 이에 따라 직장 내 괴롭힘이 위법이라는 인식이 확산되고 있고, 감소 효과도 입증되었다. 그럼에도 불구하고 직장 내 괴롭힘 사건 신고 건수는 여전히 증가하고 있고 불합리한 처우를 경험하는 사례도 나타나고 있어 근본적인 원인의 파악과 해결책 마련이 요구되고 있다.

지방 소재 공공기관인 K는 지방의 중소기업 및 소상공인을 지원하는 곳으로 산하 데이터센터(이하 '센터'라 함)에서는 12명의 직원이 지원 현황을 수집·관리하고 있다. K기관 센터에서 근무하는 대리 A(신고인)는 총무, 회계업무를 수행하고 있는데, 인사관리를 담당하는 차장 B(피신고인)가 ⅰ)연차휴가 신청을 거부하였고, ⅱ)총무업무 결제처리를 부당하게 지연하였으며, ⅲ)업무 전달사항을 누락하는 등의 차별행위를 하였다면서 직장 내 괴롭힘을 신고하였다.

K기관은 노사 간 단체협약에 따라 직장 내 괴롭힘 신고 사건이 접수되면, 노사가 추천하는 외부전문가로 구성된 조사위원회를 구성하여 사건을 조사, 심의하도록 정하고 있다. 이에 따라 필자를 포함한 조사위원 3인은 먼저 신고 내용을 바탕으로 기관의 관련 규정 및 절차를 확인하였다. 이어서 신고인 조사를 통한 신고인의 주장 확인, 신고인과 피신고인 이외의 센터 직원에 대한 참고인 조사를 통한 사실관계

확인, 그리고 피신고인 조사를 통한 피신고인의 주장 및 입장을 확인하였다.

조사 결과, ⅰ)센터에서 차장 B가 연차휴가의 일수를 관리하고는 있지만, 신청은 전산을 통해 이루어지고 있었고, 최종 승인 권한은 센터장에게 있다는 점, ⅱ)총무업무 결제는 B가 확인 후 센터장에게 보고하여 최종 결제가 이루어지는데, 최근 센터장의 지방출장으로 결제가 늦어진 것이라는 점, ⅲ)업무 전달사항은 사내 메신저를 통해 공유되는데 차장 B가 메신저 수신자 중에 대리 A와 다른 직원 C를 누락하여 C를 통해 A에게도 전달하도록 하였으나 C가 미처 전달하지 못하였다는 점 등을 확인하였다. 그리고 ⅳ)센터는 정원이 15명이었는데, K기관에서 정원을 3명 축소하면서 기존의 업무 중 차장 B와 대리 A사이에 배분해야 하는 업무가 늘면서 갈등이 발생한 것으로 파악되었다.

본 사안은 조직개편과 그에 따른 인력조정으로 인해 구성원 사이에 업무 배분 갈등이 직장 내 괴롭힘 사건으로 비화한 것으로 볼 수 있다. 즉, 표면적으로는 개인 간 다툼으로 보이지만 실제로는 과중한 업무량으로 인한 부담, 업무처리 지연 및 소통 오류가 갈등의 원인이라고 볼 수 있다.

이에 조사위원회는 직장 내 괴롭힘 신고 사건을 인정하지 않고 대신 신고인과 피신고인의 요청사항을 청취한 뒤 이를 바탕으로 업무를 재배분하고 업무효율성을 높이기 위한 시스템 개선 및 조직문화 활성화 프로그램의 가동을 권고하였다. 조사위원회의 권고를 받은 K기관은 직장 내 괴롭힘을 불인정으로 처리하였고, 신고인이 요구한 피신고인의 타부서 이동을 기각하는 대신 신고인의 요청에 의해 신고인을 다른 부서로 이동시켜 주었다. 그 외에 K기관은 센터와 다른 산하기관의 조직문화를 진단하고 직장 내 괴롭힘을 포함한 업무개선 프로그램을 실시하였다.

본 사안은 구성원 간 갈등이 조직 구조의 변화와 밀접하게 관련되어 있고, 피상적인 조치보다는 문제의 근본 원인을 찾아 해소하는 것이 필요하다는 사실을 보여주었다. 더불어서 본 사례는 직장 내 괴롭힘 사건이 행위자의 불합리한 행태의 개선도 필요하지만 근원적으로 조직문화의 개선이 뒷받침 될 때 사라질 수 있다는 걸 잘 보여주고 있다.

우리사회의 많은 조직에서 공통적으로 나타나는 조직문화의 문제점으로 결제가 다단계와 경직적인 관료문화의 타성이 있다는 점과 의사소통이 일방적이고 정확하지 않는 소통 오류가 있다는 점을 들 수 있다. 본 사례의 K기관도 이러한 조직문화에 봉착해 있으나 조직문화개선을 위한 노력의 결실이 있을 것으로 사료된다.

NCL23-09
신입 사원과 팀장 간 갈등해결 사례

2023.05.08.

조정혜
㈜두근두근 대표

출처: 조정혜, "NCL23-09. 신입 사원과 팀장 간 갈등해결 사례,"
한국협상경영원의 블로그, 2023.04.11.

NCL23-9. 신입 사원과 팀장 간 갈등해결 사례

1. 갈등배경과 당사자

A는 대학 졸업 후, 오랫동안 취업준비 생활을 해오다가 최근에 학교 선배가 공유해 준 취업정보 덕분에 모 공공기관에 입사하였다. 최근 해당 기관의 산하 벤처기업과의 미팅에서 B팀장은 A를 소셜벤처분야 전문가라고 소개하였다. A는 소셜영역은 낯설고 생소한 분야라 긴장하고 있던 터에 너무 당황스러웠다. 첫 미팅은 웃으면서 상견례로 마무리하였다. A는 다음 주부터 담당자 입장에서 S소셜벤처기업 컨설팅을 진행해야 하는데 어떻게 해야 할지 모르겠다며 난감해 하였다. 더욱이 B팀장의 천연덕스러운 거짓말과 이에 대하여 아무런 조치가 없는 사무실 분위기를 보면서 계속 다녀야 할지 A는 고민스러웠다.

B팀장은 입사 6년차로 지난 연말 팀장 승진을 하였다. 팀원이 4명이고 최근 연령이 제법 높은 A가 신입사원으로 함께 합류하였다. ESG경영에 대한 사회적 관심이 높아지고 있는 상황이라 기존업무에 새로운 과제업무까지 중첩되어 경황없는 시기를 맞고 있다. 크고 작은 역할들을 고르게 분담하려고 애쓰고 있다. 올해 컨설팅을 신청한 S기업은 A사원에게 맡기고 첫 미팅을 마쳤다.

2. 갈등의 쟁점과 입장

A는 B팀장이 자신에 대해 거짓말을 하고 있고 팀원들이 이를 묵인하는 팀 분위기가 크게 부담스럽고 앞으로 일을 제대로 할 수 있을지에 대해서도 걱정이 앞섰다. 그래서 A는 B팀장이 소셜업무에 대한 안내와 기초 훈련을 제공해주기를 원하였다. 회사와 팀장이 전혀 업무방식 안내와 지도가 없다면 회사를 그만 둘 생각도 하고 있다.

B팀장은 신입사원 A가 나이도 꽤 있고 충분히 소셜업무를 맡아서 할 수 있을 것으로 보고 일을 맡겼는데 그의 소극적인 업무태도가 걱

정스럽다. B팀장은 팀 내 기존업무와 새로운 과제업무 중첩으로 기업 담당자 배분의 어려움을 느끼고 있다. 그래서 B는 A가 새로운 소셜업무를 맡아서 개발해가기를 원하고 있었다.

신입사원 A와 팀장 B가 업무 배분과 수행을 둘러싸고 서로 불만을 가지고 갈등을 느끼고 있는 상황이다. 따라서 A의 업무 배분방식에 대한 갈등이 현재 당면하고 있는 갈등의 쟁점이라 할 수 있다.

3. 갈등해결 과정

본 갈등의 해결을 의뢰받아서 필자는 갈등 당사자 입장과 체계도 그리기, 갈등에 대한 인식 확인하기, 갈등의 종류 가늠해보기, 문제의 상황을 구분하기, 문제와 관계를 확인하기, 공통 관심사 발굴하기, 갈등조정형 협상기법 적용하기를 이용하여 갈등을 해결하였다.

표 2.1 당사자의 문제와 관계 구분

갈등 당사자	직함	문 제	관 계	감정이름
A	사원	·거짓말(B팀장) ·팀분위기(묵인)	·첫 과업에 대한 부담 (기업) ·불신(팀장과 팀원)	당황스러움, 불편 불신, 긴장감, 불안 등
B	팀장	·과중한 업무 ·업무분담(팀원간)	·A사원의 미온적 태도 ·지원기업에 대한 어려움(기업)	힘겨움, 걱정스러움, 불안, 못마땅함, 긴장감 등

A는 조직의 현안에 대한 정보가 없었고, 팀 내의 과중한 업무에 대한 이해가 없다보니 팀장의 결정과 행보에 대하여 불신이 생겼으며 상사로서의 자격에 대한 의심까지도 했음을 이야기하였다. 팀원 간의 암묵적 분위기는 불안으로 이어져 퇴사까지 고민하게 되었고, 부모님 뵐 면목이 없고 앞으로의 진로에 대한 불안과 원망이 고조에 달했다는 이야기를 솔직하게 나눌 수 있었다.

B팀장은 신입임에도 나이가 있어 대략적인 이해가 가능한 것으로 간주하고 충분한 소통과 양해 없이 업무가 진행되었다는 사실에 대한 인정과 함께 많이 불안했겠다는 위로와 공감의 소통이 이뤄졌다.

4. 결과 및 합의

협상가(조정가)는 갈등 당사자 각각의 입장을 확인하고 조정형 협상 프로세스를 기본으로 개인이 경험하는 감정의 상태와 조직 내 역할에 대한 기대와 이해를 공유할 수 있도록 도왔다. 이미 발생한 현안인 S기업 컨설팅 건은 팀원과 팀장의 도움과 지원으로 잘 해보기로 협의하였다. 도움과 지원의 과정에 소요되는 시간과 역할, 그리고 보상에 대한 협상의 내용은 가벼운 차 대접에서부터 크게는 성과에 대한 아낌없는 지원까지로 논의되었다.

5. 사례의 교훈

A의 조직과 팀장에 대한 기대는 부정적인 도덕 감정을 불러일으키게 되었다. 이러한 감정이 여과 없이 외부로 분출된다면 분쟁으로 이어질 수 있고, 내적갈등으로 심화된다면 퇴사로 이어질 수도 있다. 그러한 선택들은 미래의 큰 결과의 차이를 가져오기 때문에 우리는 언제나 신중한 의사결정을 하려고 노력해야 한다.

A는 속마음을 솔직하게 표현하였고, B팀장은 그 상황에 대한 문제 인식이 빨랐고 그에 따른 사과로 이어지면서 팀원 간의 유대관계가 더욱 돈독해지는 계기가 되었다. 협상과정에서 합의된 내용들이 잘 지켜진다면 A는 첫 직장에서 신뢰관계가 어떻게 형성되는지 좋은 경험을 할 뿐만 아니라, 직장 근속년수도 길어질 것이다.

더불어 문제 상황에서 제3자 또는 외부의 도움을 받는 것도 문제를 해결하는 방법 중 하나가 된다는 것을 알게 된 사례이다. 매번 외부의 도움을 받는 것이 어렵다면 갈등을 관리하고 해결하는 교육을 통하여 개인과 조직의 갈등관리 역량을 키우는 것 또한 갈등을 예방하고 해결하는 갈등관리 방법 중 하나임을 추천한다.

NCL23-10
화력발전소 건설 관련 사업자-어민 간 분쟁 사례

2023.05.24.

김용춘
수협중앙회 어업피해보상 자문위원

출처: 김용춘, "NCL23-10. 화력발전소 건설 관련 사업자-어민 간 분쟁 사례," 한국협상경영원의 블로그, 2023.05.24.

NCL23-10. 화력발전소 건설 관련 사업자-어민 간 분쟁 사례

　과거 몇 년 전 원자력발전소, LNG발전소 및 화력발전소는 우리나라 전력생산의 대부분을 차지하였다. 그러나 최근 들어 기후변화에 따른 신재생에너지 확대와 이들 화석연료를 기반으로 하는 전력산업은 점차 축소되거나 사라지게 되었다. 현재 T화력발전소의 경우 우리나라 마지막 화력발전소로서 과거 10년 전부터 계획하여 사업을 추진하면서 최근 들어서야 정상운영을 준비하고 있다. 이렇듯 수조원이 투입된 화력발전소는 사업규모와 사업기간이 상당하다는 것을 예상할 수 있다. 그러나 당해지역에 거주하며 생계를 유지해 가는 주민들과 어민들에게는 상당한 고통이 수반된다. 지역주민들은 삶의 터전을 잃고 강제로 이주하여야 하며, 연안바다에서 어업행위를 하고 있는 어민들은 생계터전을 잃게 된다.

　법에서 정하고 있는 발전사업 인허가의 경우 어느 정도 예측할 수 있지만, 지역주민들과 어민들의 강제이주와 보상의 경우 상당한 시간이 소요되고 복잡한 이해관계가 얽혀서 예측이 어렵다는 문제가 있다. 지역주민들은 첫째, 자신이 태어나고 성장했던 고향을 떠나 타향살이를 해야 한다는 두려움과 주어진 토지보상으로 타 지역에 가서 기존과 같은 경제생활을 할 수 없을지 모른다는 두려움과 어려움이 있다. 둘째, 수조원의 개발사업으로 사업지 주변의 땅값은 2배-3배 이상 급격히 상승하지만, 정작 사업지 내 토지소유자들은 개발사업이 발표되기 이전의 거래가격을 기준으로 보상이 이루어지기 때문에 인근지역의 땅값에 비하여 상대적으로 저가 보상이 이루어짐에 따라 강한 반대에 부딪히게 된다. 셋째, 바다 어민들은 파도가 높으면 언제 죽을지 모르는 상황에서 평생을 어업행위를 하며 바다와 함께 생활한 사람들인데 하루아침에 바다에 나갈 수 없고 강제로 어업행위를 할 수 없게 된다면 그 박탈감은 매우 클 것이며, 다른 직업을 찾는 것 또한 현실적으로 불가능한 경우가 많다. 넷째 '공유수면 관리 및 매립에 관한 법률'상 어민들의 동의 없이 사업자체가 어렵기 때문에 어민들은 엄청난 금액의 어업피해보상을 요구하게 되어, 사업시행자와 어민들 간에 수년간 분쟁이 진행되는 게 일반적이다.

해당지역의 지자체에서는 사업시행자와 어민들 간의 보상분쟁을 해결하기 위하여 지자체에서 갈등조정위원회를 구성하여, 초기에는 원만하게 잘 진행되는 듯하였으나, 결과적으로는 어민대표와 어업보상에 관여한 관련자들이 형사 기소되어 지금까지 분쟁이 지속되고 있다. 이렇게 어업피해보상과 관련하여 분쟁이 수년째 지속되고 관련자들이 형사 기소되기까지 발생한 원인에는 관련 지자체의 과오가 크다고 볼 수 있다. 지자체에서 발전사업자와 어민들 간의 분쟁을 해결하기 위하여 갈등조정위원회를 구성하여 처음에는 원만하게 협의가 이루어졌고 협상체결까지 이루어졌다. 그러나 협상체결 이후 인근 어업인의 투서로 인하여 관할 경찰서가 수사에 착수하였고, 경찰 수사결과 협약에 체결된 어업피해보상금액은 수백억 원이 부풀렸다는 사실이 드러났다. 이에 따라 어업보상액 산정과정에 개입한 학교교수와 연구원 뿐 아니라 해당 어촌계대표도 기소되었다.

수년 동안 발전사업자와 어민들 간에 분쟁이 발생하고 지자체에서 갈등조정위원회까지 구성하였음에도 이런 결과가 나오게 된 이유는 무엇일까?

첫째, 지자체의 갈등조정위원회 구성원에 어업피해보상 전문가가 없다는 것이다. 해당 지역출신 변호사, 지역유지, 공무원 등 형식적인 구성원으로 구성되다 보니, 정작 분쟁의 핵심인 어업피해보상에 대한 전문가를 배제한 채, 어민들의 이야기만 듣고 일반론적으로 접근하였다는 점이 가장 큰 문제로 판단된다. 둘째, 협상체결 과정 중 어민들이 보상액을 산정하여 보고서를 만들어 오면 이를 인정해 주겠다는 중재안을 내 놓으면서, 어민들이 조금이라도 보상액을 많이 받기 위해 용역기관과 결탁할 수 있는 여지를 만들어 주었다는 점이 그 다음 문제이다.

결론적으로 지자체 내 갈등조정위원회가 제 역할을 못함으로써 새로운 분쟁거리를 만들어 지역사회를 파탄에 이르게 하고 범죄자를 양성하게 된 결과를 낳게 되었다. 이 결과에 대해 지자체와 갈등조정위원회의 책임이 크다는 것을 알 수 있으며, 특히 갈등조정위원회 위원의 전문적인 지식은 분쟁해결에 있어 큰 요소로 작용한다는 점을 알 수 있다. 해당 지역을 기반으로 운영되는 화력발전사업은 지역주민 및 어민들과 지속적인 관계를 유지할 수밖에 없는 바, 경쟁적 전략보다 협력적 전략으로 협상이 이루어졌어야 하며, 협력적 협상전략 중에서도 이해관계를 식별하는 과정이 얼마나 중요한지를 깨닫게 하는 사례라고 사료된다.

NCL23-11
직장 내 괴롭힘 자율해결 코칭 사례

2023.06.13.

최동하
단국대 경영대학원 협상코칭 주임교수

출처: 최동하, "NCL23-11. 직장 내 괴롭힘 자율해결 코칭 사례,"
한국협상경영원의 블로그, 2023.06.13.

NCL23-11. 직장 내 괴롭힘 자율해결 코칭 사례

　간호사들의 직무 스트레스는 타 직종 대비 높은 편이다. 왜냐하면 환자를 대하고 치료를 돕는 과정에서 실수가 허용되지 않는 상황이다 보니 늘 긴장해야 하고 간호사들 간의 충돌이 적지 않다. 최선을 다해 간호 업무를 수행하고 간호의 질을 높이고 싶어 하는 전문인으로서의 자세가 동료 간호사의 순간적인 실수를 그냥 넘어갈 수 없게 만드는 것이다. 그 과정에서 소통의 방식으로 인해 갈등이 발생하기도 한다.
　몇 년 전에 A 간호사의 직무적 어려움과 관련하여 코칭을 하게 되었는데, 이야기를 듣고 보니 직장 내 괴롭힘에 가까운 갈등 상황에서 힘들어하고 있었다. 코칭을 통해 어떤 결과를 원하냐는 질문엔 마음 편하게 간호 업무를 수행하고 싶고 선배 간호사들과도 잘 지내고 싶다는 것이었다. 당시 직장 내 괴롭힘에 대한 사회적 돌봄이 드러나 있지 않는 분위기이기도 했지만, 본인의 노력으로 현재의 상황을 벗어나 보려는 의도가 더욱 강했다.
　A 간호사는 당시 3년 차로서 1년 전에 부서를 옮겼는데 일이 능숙하지 않아 몇 차례 지적을 받는 과정에서 B 선임 간호사로부터 이해할 수 없는 정도의 폭언과 잔소리 세례를 받았다. 게다가 B 선임 간호사는 동료 간호사들에게 A 간호사에 대해 좋지 않은 평을 하며 A 간호사로 하여금 집단 따돌림을 받고 있다는 생각을 들게 했다. A 간호사는 B 선임 간호사가 특유의 히스테리적 성격으로 자신에게 직무 스트레스의 전부를 쏟아버린다고 힘든 심정을 호소했다.
　담당 코치인 필자는 A 간호사에게 B 선임 간호사로부터 거칠게 지적받을 때 어떻게 반응하는지를 물어보았는데, A 간호사도 결코 호락

호락한 성격의 소유자는 아니었다. 왜 나한테만 그렇게 심하게 하느냐, 내가 뭘 그렇게 잘못했다고 부풀려서 사람들에게 소문을 내고 다니느냐는 등 맞대응을 한다고 했다. 그런 후 탈의실에 가서 펑펑 울곤 했다는 것이었다. 이런 나날들이 계속되면서 근무 부서에서 함께 일하기가 힘들어졌고 해당 부서장에게 다른 부서로의 이동을 요청했지만 기다려 보라는 대답만 있었을 뿐 별다른 조치가 이어지지 않았다. 이런 상황에서 A 간호사는 지인의 소개로 코칭을 받게 된 것이었다. 필자는 처음엔 심리 상담을 고려했지만 기본적으로 적극적인 성격으로 과거의 문제를 다루는 심리 상담보다는 미래 지향의 코칭이 적합하다고 생각했다.

다섯 차례 코칭을 진행하면서 A 간호사는 타인을 잘 믿지 못하는 성격적 경향과 자신에게 언어적 폭력을 가하는 상대에겐 적극적으로 대항하는 태도를 지니고 있다는 것을 알게 되었다. 이러한 성향은 가족에게 무책임하고 폭력적이었던 부친에 대한 반항심에서 비롯되었다는 것을 코칭 대화를 통해 자각하게 되었다. 다행히 비교적 회복탄력성이 있었던 A 간호사는 사회적으로 큰 불편함 없이 잘 성장했지만 부친에 대한 불신감과 폭력에 대한 극도의 반항심은 부서 이동으로 만난 B 선임 간호사에게 감정적으로 전이되어 나타났다.

다소 거친 말을 사용하는 B 선임 간호사는 사실 말은 그렇게 해도 후배들에 대한 애정이 깊었고 일을 떠나선 친근한 언니로 후배들을 대하는 사람이었다. 그러나 A 간호사에게는 부친의 그림자가 무의식적으로 느껴졌고 저항감이 적대감으로 증가면서 B 선임의 모든 말을 믿지 못하고 왜곡해서 받아들이는 현상이 발생하게 되었다. 이런 사실을 자각하게 된 A 간호사는 과도하게 대항했던 자신의 태도에 대해 반성하면서 B 선임 간호사와의 관계를 변화시키겠다는 적극적인 의도를 세우면서 그간의 모습과는 다르게 매우 밝고 편안한 모습으로 자신을 전환하였다.

A 간호사는 대학생 시절에 봉사 활동과 동아리 활동에서 줄곧 리더 역할을 했고 레크리에이션 강사 자격증도 있는 매우 건강하고 적극적인 사고의 소유자였다. 사람들은 자신의 강점과 탁월성이 있는데도 경우에 따라선 주변 환경에 사로잡혀 무의식적으로 자신의 어두운 측면을 꺼내어 자신을 대표하게 하는 오류를 경험하게 된다. 이럴 때 우리는 항상 현재 자신의 모습을 객관적으로 바라보는 '알아차림'을 실행해야 하고 자신의 밝은 측면이 자신을 대표할 수 있도록 해야 한다. A 간호사는 자신의 강점을 꺼내어 B 선임 간호사와 다른 선임들과 마음 놓고 잘 지낼 수 있는 자신감을 회복할 수 있었다. 자신에 대한 자각이 명료해지면서 한쪽에서 기다리고 있던 본래의 모습이 회복되었다. 마지막 코칭에서 A 간호사의 변화된 태도로 인해 B 선임 간호사가 원래의 선한 선배로 변화했다는 점이 확인되었다. 놀랍게도 A와 B 사이의 갈등이 없어졌다.

조직에서의 갈등의 모습은 주로 입장의 차이와 감정의 충돌이다. 사회생활의 일환으로 일과성으로 여기다가 갈등이 깊어지고 충돌이 생기면 제도적 장치로 해결하는 경향이 있는데 이는 갈등해결이 아니라 충돌 제거가 필요하다. 갈등해결은 갈등이 깊어지기 전에 각자의 자기 인식이 선행되어야 하며 자신의 노력이나 주변의 도움이 필요하다. 조직의 문화를 발전시키는 효과적 방법은 조직의 리더가 전문 코치와 같은 역할을 하는 것이다. 그러기 위해선 갈등 관련 교육이나 학습이 조직 내에서 이루어져야 할 것이며 최근 이슈가 되고 있는 각종 심리적 문제를 자체적으로 예방할 수 있을 것이다.

NCL23-12
모녀의 갈등 조정 사례:
'무심코' 던진 한마디의 결말!

2023.06.27.

임정숙
한성대학교 국방대학원 외래교수

출처: 임정숙, "NCL23-12. 모녀의 갈등 조정 사례: '무심코' 던진 한마디의 결말!," 한국협상경영원의 블로그, 2023.06.27.

NCL23-12. 모녀의 갈등 조정 사례: '무심코' 던진 한마디의 결말!

본 사례는 가족 내 갈등으로 엄마와 딸 사이의 갈등을 6번의 분리 조정과 2번의 조정을 진행하여 해결한 사례이다.

엄마와 딸은 10년째 대화가 단절된 상태이며, 딸과의 관계에 답답함과 불편함을 호소하며 갈등해결을 위해 갈등 당사자인 엄마가 의뢰하였다. 의뢰한 가족은 2명의 딸을 포함해 4명이며, 아빠는 가족보다 운동과 친구들에게 더 집중하고 있어 아이들의 양육, 경제생활 등 모든 부분을 엄마가 담당하고 있었다.

언제인지 정확히 기억나지 않지만 엄마의 말에 꼬투리를 잡고 반항하는 딸과 갈등이 시작되었다. 남편과 사업을 함께 진행하며 바빴기에 딸의 이런 행동을 세심히 살피지 못했고, '사춘기가 심하게 왔구나!' 정도로 단순하게 생각했다. 대수롭지 않게 넘겼던 딸과의 갈등은 시간이 지남에 따라 점점 확산되고 결국 대화의 단절로 이어졌다. 딸과의 관계가 불편했지만 바쁜 생활로 깊이 얘기를 나누거나 관계 회복을 위한 노력은 하지 못했다.

대학을 졸업한 딸은 현재 한 아이의 엄마가 되어 남편과 지방에 살고 있다. 손주가 방학하면 온 가족이 친정에 일주일 정도 머물다 가지만 엄마와는 대화가 없고, 아빠하고만 대화를 한다. 아이를 키우며 힘든 일이 많을 텐데 어떠한 일도 엄마와는 상의하지 않는다. 이런 딸에게 속상하고 서운한 마음도 있지만 한 번도 표현하지 않았다. 딸이 집에 올 때면 많이 불편하고, 사위보다 더 어려운 손님처럼 느껴진다.

이번 모녀 갈등 사례는 갈등의 원인을 파악하는데 많은 시간이 걸렸다. 엄마에게 상처받았다고 주장하며, 대화를 거부하는 회피 대응 전략을 사용하고 있어 갈등 조정이 진행되는 동안 쉽게 마음을 열지 않았다. 딸에게 비춰진 엄마의 모습은 이기적이며, 돈만 생각하고 자식을 돌보지 않는 불신의 대상이다.

여러 번 만남을 통해 알게 된 갈등의 원인.. 그 시점은 딸의 고등학교 시절로 거슬러 올라간다. 학교에서 집단 왕따로 힘들어하던 딸은 저녁 늦게 볼 수 있는 엄마에게 어렵게 이야기를 꺼냈다. "친구들에게 왕따를 당해 힘들다고...", 그 얘기를 들은 엄마는 "친구들이 그렇게 행동하는 데는 너에게도 원인이 있겠지! 잘 생각해 봐!"라고 반응했다. 학교 일로 힘들고 두려웠던 딸은 엄마의 한마디에 더 상처를 받았고 외로움과 배신감을 느꼈다고 그 당시 감정을 표현했다. 위로와 지지를 해줄 것이라 예상했는데 그렇지 않았던 엄마의 반응에 속상했고, 그로 인해 한참 방황했으며 그날 이후 엄마의 말에 꼬투리를 잡고, 반항으로 대응했다고 한다.

하지만 엄마는 그 당시 딸이 들었던 속상하고 힘들었다고 주장하는 말들을 기억하지 못했다. 자식을 위해 바쁘게 노력했던 시간들을 회상하며, 무심코 던진 한마디에 10년간 대화가 단절된 것에 대해 당황스러워했고, 엄마 또한 서운한 마음과 속상함을 표현했다.

딸이 속상했던 마음을 표현한 이후, 서로에게 미지의 세계로 남아있던 주관적 세계를 이해할 수 있도록 갈등을 조정했으며, 조정은 빠르게 진행되었다. 엄마는 딸에게 표현하지 않았던 여자로서, 엄마로서 부담되고 힘들었던 상황과 집안의 경제적 부분을 담당하며 아이들에게 집중할 수 없었던 상황을 설명하였다. 이에 딸은 엄마로서 최선을 다했음을 이해했고, 여자로서 부담스러웠고 힘들었던 상황을 들으며 눈물을 흘렸다. 엄마는 모든 면에서 잘하고 있는 딸이 엄마의 자랑이었음을 표현하며 화해하였고 조정은 마무리되었다.

　필자가 제시한 모녀 갈등 사례는 엄마의 입장에서 기억나지 않는 무심코 던진 한마디가 딸에게는 상처가 되고, 엄마를 불신하며, 대화 단절의 시발점이 되었음을 보여주고 있다. 이러한 현상은 가정뿐 아니라 조직, 사회에서도 흔하게 나타나는 현상이다. '무심코 던진 돌에 개구리는 맞아 죽는다.'라는 속담을 기억하는가? 속담을 통해 선조들이 전하는 '무심코'의 위험과 예방의 의미를 되새겨 본다.

　다양한 갈등 조정, 협상 사례를 통해 갈등의 고조와 확산, 해결에 있어 커뮤니케이션이 매우 중요함을 보게 되는데, 본 사례는 무심코 내뱉는 말, 무심코 하는 행동의 '무심코'에 대한 숙고의 자세가 필요함을 시사하고 있다.

NCL23-19
협동조합 내 운영자들 간 갈등 사례

2023.10.17.

전혜자
은진마을학교협동조합 대표

출처: 전혜자, "NCL23-19. 협동조합 내 운영자들 간 갈등 사례," 한국협상경영원의 블로그, 2023.10.17.

NCL23-19. 협동조합 내 운영자들 간 갈등 사례

　흔히 사례라 함은 대부분 성공사례를 많이들 이야기하지만 필자의 경우는 양쪽과 모두 친분이 있어 서로의 감정을 다치지 않기에만 급급하다가 실패한 사례임을 미리 밝히는 바이다.

　필자는 마을만들기와 마을교육활동을 하는 활동가이다. 주로 마을활동이나 마을교육활동을 기획, 운영하기에 함께 활동하는 활동가들이 많을수록 힘을 얻어 마을을 위해, 아이들을 위해 많은 일들을 할 수 있다. 그러다 보니 자연 주변 지인들과 재야의 숨은 인재들을 많이 찾고자 하고 또 그런 분들을 대상으로 맨투맨으로 설득을 하여 함께 마을활동을 해왔다. 개인 대 개인으로 치자면 친분이 있기도 하지만 또 친분이 없지만 능력이 있어 함께 하고자 초대된 분들이 여러 활동을 함께 진행하다 보면 이러저러한 문제와 갈등이 발생하기 마련이다. 특히 금전이 개입되는 문제는 조심해야 한다. 금전사용의 투명성 문제는 운영자들끼리의 의도하지 않은 불협화음과 단체의 분열을 야기할 수 있다.

　처음에 시작할 때는 여기 저기 서로 연관성 없는 개개인이지만 각각의 능력들이 모여 하나의 단체 안에서 함께 움직이니 시너지 효과도 크고 또 추진력도 좋아 많은 일들을 해 나갈 수 있었다. 그러다 우연치 않은 일로 남아있는 운영자들끼리의 건투를 빌며 필자가 단체에서 빠진 후 문제가 발생하게 되었다.

　협동조합의 운영자들은 주민그룹 A와 학부모그룹 B로 나누어지는데 원래 필자를 포함해 주민그룹이 2명이었으나 필자가 나온 후 주민그룹은 한 사람만 활동했고 B그룹은 6명이 활동했다. A그룹(사실 개인 A)과 B그룹 간에 재정문제로 갈등이 발생하면서 조합을 위태롭게 했다. 조합의 균열이 생길 때 B그룹이 필자에게 도와 달라는 요청을 보내왔다. 도움을 요청한 용건은 A가 금전적인 부분이 투명하지 않은 점이다. 또 A는 다른 곳에서 나머지 운영자들의 위신을 깎는 언행을 자주 해서 그들의 명예를 손상시켰다. 이에 B그룹은 A와 함께하기 싫으니 내보내달라고 요청했다.

A와는 개인적인 친분이 좀 있었고 또 마을사람이기도 해서 조합에 꼭 필요하다는 판단을 했고 평소 금전적으로나 언행에 대해서는 익히 느끼고 들은 바가 있어 필자가 사태를 파악하고 화해를 시켜보려고 했다.

처음은 일대일 스타일로 A와 B그룹을 따로 만나서 이야기 해봤으나 계속 평행선만 그리고 있었다. A에게 B그룹이 우려하고 또 전달해주는 얘기를 하니 모르쇠나 그런 적 없다는 식의 대답만 반복할 뿐이고 본인이 오히려 피해자이며 B그룹이 본인을 내보내려고 의도적으로 그런다고만 주장했다. B그룹도 개별면담을 한 후 화해를 시키려고 했으나 B그룹은 오히려 3자 대면을 하자고 했다. B그룹은 여전히 A를 신뢰하지 못하여 서로 허심탄회하게 터놓고 얘기할 수 있는 자리를 만들자고 제안하여 필자가 3자 대면 자리를 마련했다.

하지만 막상 마련한 자리에서도 A는 자신의 금전적 불투명에 대해서는 모르쇠나 잊어버리고 다시 청구했다는 말로 일관하고 또 본인이 했던 언행에 대해서는 가벼운 해프닝으로 치부해버리려 하는 태도를 보였다. 처음엔 아니라고 했다가 다른 분들이 증언을 하니 그때서야 미쳤었나 보다, 제정신이 아니었나 보다 라는 식이었다.

3자 대면을 통해 그간의 있었던 여러 정황에 대해 짚어가며 진실규명을 하여 서로 오해를 풀고 소통하고자 했다. B그룹은 A가 동일 영수증을 여러 번 청구했고 사용 후 남은 재료를 조합에 반납하지 않고 사적으로 사용했다고 주장하였다. 그리고 B그룹은 A가 함께 운영하는 운영자들을 비하하는 발언을 했다고 한다. 이렇게 B그룹이 제기한 A의 금전적인 불투명성에 대한 지적에 대해 A는 모르쇠로 일관하고 자신의 비하발언을 인정하지 않고 발뺌하려고 해서 더 이상의 화해의 여지는 없어 보였다.

A는 B그룹이 언급한 것들은 모두 의도적이지 않으니 문제가 없다는 입장이고 B팀은 A의 부정직함과 뻔뻔함을 비판했다. 또한 A가 대외적인 행동의 문제로 인해 함께하는 운영자들의 위신을 떨어뜨리고 자존감을 손상시켰지만 자신의 언행을 인정하지 않고 발뺌하는 모습에 마지막 신뢰감도 떨어지게 되었다고 B그룹은 성토하였다. 결국 B팀은 그런 당사자와 함께 운영자로서 활동하기를 거부하고 함께 하기 어렵다고 판단하여 조합에서 탈퇴하였다. 이에 A와 B그룹 모두 조합을 그만두기로 결정한 씁쓸한 결과가 발생하였다. 이러한 결말은 그 후 필자가 다시 조합을 결성하여 새로 시작하는 계기가 되었다.

되돌아보면 이 협동조합을 처음 설립하였던 장본인으로서 갈등이 생긴 사안에 대해 정확히 짚어 사태의 유무와 정확한 잘잘못 판단 및 협의안에 대해 고민을 하고 화해를 시켰어야 하는데 그러지 못해 아쉬움이 컸다. 당사자들을 잘 이해시켜 같이 운영할 수 있도록 무조건적인 이해와 다독임으로 감정에 호소하고 관계회복에만 중점을 두다 보니 그들이 원하는 사실규명을 판가름 해주고 명확한 분류를 할 수 있게 화해시키지 못함이 가장 큰 실책으로 판단되었다.

향후 또다시 이해관계가 있는 자들의 갈등 상황이 발생할 때 사적인 감정은 배재하고 제3자의 관점에서 냉정히 사실을 판단하고 현실적인 화해를 시켜야 함을 반면교사로서 교훈을 얻는다. 또한 이런 과정을 겪으면서 회의나 협상, 화해조정 시 녹음은 필수라는 것을 새삼 깨닫게 되었다.

NCL23-21
학생과 교사 간 갈등해결 이야기

2023.11.08.

김미양

봄빛교육기업 대표

출처: 김미양, "NCL23-21. 학생과 교사 간 갈등해결 이야기," 한국협상경영원의 블로그, 2023.11.08.

NCL23-21. 학생과 교사 간 갈등해결 이야기

갈등 중에는 연일 신문지상을 오르내리는 제주강정마을이나 군 훈련장 이전설치를 둔 민과 군의 갈등 같은 것과 선로 공사를 두고 한전과 지역주민이 첨예하게 부딪히는 공공갈등이 있지만 때로는 고부간의 갈등이나 직장 상사와 하급 직원간의 갈등처럼 외면적으로는 사소해 보이나 개인에게는 일상을 흔드는 개인갈등도 있다. 어느 갈등이 중대하고 사소하다 할 수 없기에 나의 주변에서 일어나는 관계갈등도 잘 관리하는 것이 자신의 행복한 삶 영위에 중요하다고 하겠다.

이제 작은 일이지만 학생 개인과 학부모, 교사에게는 심각했던 한 일화를 소개하려 한다. 어느 날 학급에서 담임 교사에게 욕을 하고 소리 지르고 마구 폭력을 쓴 초등학교 4학년 영민(가명)이가 지인의 상담소에 의뢰되어 왔다. 학교 내의 상담교사도 영민이의 상담을 더 이상 진행하기 힘들다고 외부 상담소를 찾아온 것이다.

처음 상담실 문을 열고 어머니를 따라온 영민이는 마스크를 쓰고 있었으며 불안해 보였고 거칠게 답하고 행동하였다. 조금 시간이 흘러 친숙해졌을 무렵 상담자가 영민이에게 물었다.

"왜 여기에 온 거니?"

"제가 마스크를 벗지 않는다고 선생님이 자꾸 마스크를 벗으라고 하시다가 마스크를 벗기려고 해서 제가 소리지르고 욕하고 선생님을 때렸어요."

라고 영민이가 대답하였다. 그래서 다시 물었다.

"왜 마스크를 벗지 않는 거니?"

"선생님도 생각해 보세요. 코로나로 마스크를 쓰라고 할 때 너무 답답하고 싫어서 안 쓴다고 했더니 쓰라고... 쓰라고... 해서 싫은데도 썼어요. 이제 익숙해졌는데 왜 또 벗으라고, 벗으라고 하는지 모르겠어요. 저는 제가 마스크를 쓰는 것이 제 못생긴 얼굴을 가려서 좋은데요...»

 이렇게 자기 마음을 털어놓은 아이는 제법 마음이 가벼워졌는지 웃기도 하며 상담을 진행하였다. 이 글이 갈등해결과 협상에 무슨 관련이 있나? 의아해 할 수도 있겠지만 학급 내에서 교사와 학생 간의 문제는 교권침해 및 학교폭력과 연계되어 심각한 상황으로 발전할 수도 있다.

 영민이와 신뢰감이 형성된 이후 놀이 활동을 하며 상담자가 영민에게 물었다.

 "영민아! 선생님께 욕한 행동에 대해서는 어떻게 생각하니?"

 "그때는 아이들 앞에서 자꾸 저에게 마스크를 벗으라고 하시고 벗기려고 하시니 저도 화가 났어요. 그래서 참지 못하고 욕을 했는데 미안한 마음이 들어요."

 "그러면 그 미안한 마음을 선생님께 말씀 드렸니?"

 "아니요....아직이요....."

 "그럼 선생님께 말씀 안 드리고 싶니?"

 "아니에요...아직 용기가 안 나서....."

 "그래....용기가 안 나서 그렇구나...그러면 선생님이 도와줄까?"

 "어떻게요?"

 "선생님이 담임선생님께 너의 마음을 전달해 드릴테니 나와 함께 선생님을 찾아뵙고 말씀드리면 어떨까?"

 영민이는 추후에 담임선생님께 자신이 한 언행에 대하여 잘못을 인정하고 용서를 구하였으며 담임선생님은 안아주며 영민이를 용서해 주었다.

이와 같은 상황은 민원담당인이나 조직 내에서 발생하는 수많은 갈등해결에 좋은 교훈을 준다고 할 수 있다. 갈등이 심화되어 문제를 그르치지 않도록 제 3자가 개입하여 문제를 해결하는 것의 중요성을 보여주기 때문이다. 담임교사에게 반발하고 적대감을 보였던 영민과 신뢰감을 형성하고 갈등의 원인을 알아내고 어떻게 하면 좋을지 방법을 함께 찾아본 것은 갈등조정 및 중재자가 해야 할 첫 번째 태도라고 할 수 있기 때문이다. 상담선생님은 담임선생님에게 상담의 내용을 전달하였다. 마스크는 영민이가 원하는 시점에 벗기로 하고 선생님께 소리지르고 폭력을 행사했던 것에 대해서는 용서를 구하는 것으로 이 일은 마무리 되었다.

물론 이것은 10회기에 걸친 것인데 짧게 재구성한 것이기에 그 과정을 다 세세히 적지는 못하였다. 갈등해결과정은 이처럼 금방 누군가 노력한다고 해결되고 조정되고 중재되는 것은 아닐 것이다. 그러기에 갈등해결 및 조정 중재를 위해 더 많은 학습과 기술이 습득되어야 할 것이다. 이번 상담사례를 통해 갈등해결에서 중요한 점을 정리해보면 다음과 같다. 한 개인이 왜 그런 일을 했는지? 그 과정에서 억울한 일은 없었는지? 진정으로 원하는 것이 무엇인지? 를 파악하여 대처하는 것이 갈등을 해결하는데 일조할 수 있을 것이다.

NCL23-22
축사건축 민원 갈등해결 사례

2023.11.21.

이혜경
영암군 팀장

출처: 이혜경, "NCL23-22. 축사건축 민원 갈등해결 사례,"
한국협상경영원의 블로그, 2023.11.21.

NCL23-22. 축사건축 민원 갈등해결 사례

    38살 K는 답답했던 도시 생활을 정리하고 고향으로 돌아가 어머니와 함께 집안 농사일을 도우며 고향집에 정착할 마음을 굳혔다. 마침 어머니는 아들 K와 함께 농사를 지을 생각을 하니 면적을 더 넓혀도 되겠다는 생각이 들어서 마침 20Km 떨어진 M면에 큰 평수 배밭이 나왔다고 해서 미리 사두었다. 작년부터 고구마는 미래의 유망 먹거리로서 소비자들의 관심과 수요가 높아지면서 거래량도 많고 높은 가격으로 팔리고 있었다. 어머니는 아들에게 고향에 오면 배 농사보다는 고구마 농사를 짓자고 제안을 했다. 아들 K는 어머니 뜻에 따라 고구마 농사를 짓자고 했지만 시골에서 노동력을 구하기 어렵고 농산물 가격이 날씨 영향을 받아 불안정하니 평소 생각했던 한우를 키우는 것이 낫지 않을까하는 미련은 남아 있었다.

    K는 올해 초 고향집으로 이사를 와서 고구마 농사를 지었지만 집중 호우로 토사 민원에 시달려야 했고 고구마 과잉생산으로 가격이 하락했다. 그래서 K는 귀농하기 전 생각대로 어머니에게 한우축사를 짓는 것을 제안했고 건축허가 절차까지 마쳤다. 그리고 건축착공을 하려는데 마을 주민들이 와서 반대를 하는 것이 아닌가.

    마을 주민 S는 M면에서 70년 넘게 거주했다. S는 폐암으로 큰 수술을 받아서 공기 좋은 고향은 요양할 수 있는 쉼터이기도 하고 선대부터 살던 터전이어서 더더욱 그에게 고향은 각별했다. 그런데 갑자기 집 앞에 보이는 배 밭, 정확히 고구마 밭에 축사 허가가 나서 착공에 들어간다는 이야기를 두 달 전에 들었다. S에게는 청천벽력과 같은 소식이었다. 그저 통보였다. 사업 착수 전 주민 동의를 구한 것도 아니고 언질도 없었다. S는 답답했다. 중장비가 들어와 건축 공사가 시작됐다. 소음이 심하고 분진도 날렸다. 건강은 악화됐다. 축사 악취, 해충 피해는 시작도 하지 않았다. S에게 쉼터이던 고향은 사라지고 있었다.

S는 마을 근처에 주민도 모르는 축사 건축허가여서 부당하다고 느꼈다. 군 허가담당자에 따르면 규정 상 동의가 필요한 것은 축사 근처 50m 안쪽에 거주하는 경우인데 S 집은 70여 미터 떨어져 있어서 문제없어 허가를 해주었다고 한다. 그 사이 착공 소식이 퍼졌다. 마을 주민들은 반상회를 열고 현수막을 걸며 착공 반대시위를 했다. 담당 허가 부서에 탄원서 제출하고 축사허가현황 등 정보공개 청구를 했다. 그리고 K가 농로에 붙은 농지 사면을 많이 깎았으니 불법 부분을 감독해달라고 요청했다.

한편 도시청년인 K는 내 땅에 내가 축사를 짓겠다는데 마을 주민들이 반대하는 것이 이상하게 느껴졌고, 정식적으로 허가절차를 밟은 상태여서 더욱더 주민들에게는 당당했다. 그래서 마을 주민들이 건축공사를 방해하면 업무방해죄가 성립되어 고발한다고까지 했다. 마을 주민들은 쉽게 건축공사장에서 반대 시위를 할 수 있는 상황은 되지 않았다. 행정청에서는 K에게 일단 축사공사를 중지시킨 후 농지경계사면에 대해서 측량을 지시했다. 여름 장마가 시작되어 시간은 약간 흘렀다.

그러던 중 어느 날 K의 어머니가 땅을 구입하는데 도움을 줬던 윗마을 이장이 나서서 K의 어머니를 만났다. 윗마을 이장은 애초에 고구마 농사를 지을 땅으로 알고 축사건립은 이야기도 없었는데 지금 자기가 매우 난처한 상황이라며 축사를 바로 착공하지 말고 시간을 두고 마을 주민들을 설득해보자고 했다. 특히 농지근처에 사는 S를 많이 볼 것인데 그러면 축사든 농사든 짓는데 애로 사항이 많을 것이라 했다. 이렇게 이장의 권고를 듣고 K는 민원을 해결하기 위해 일단 축사 건립은 미루기로 결정했다.

윗마을 이장의 조언에 따라 K는 두 가지 차원에서 축사 건축과 관련된 갈등해결의 경험을 했다. 먼저 축사가 들어섬으로 인해 직접적으로 영향 받을 S의 주거환경과 관련된 문제다. 다음날 K는 S를 찾아가 미리 알리지 못한 것을 사과하면서 이사하실 의향이 있으면 언제든 비용을 부담하겠다고 제안했다. S는 젊은 친구가 시골에 와서 살겠다는데 우리 주민들도 매우 반갑고 기쁘지만 내 건강이 몹시 안 좋아서 공기 좋은 이 곳에 사는 것이니 조금 이해해주고 시간이 지나면 갈 곳을 마련하여 이사 가겠다고 했다. 결국 S는 한 달 정도 지난 후 인근 마을로 이사 가기로 했다고 K에게 말하자 K는 이사비용을 전액 다 지원해주겠다고 화답을 했다. S가 이사비용이 100만원으로 기록된 견적서를 제시하자 K는 추가 경비도 들 것이라며 120만원을 송금처리하자 S도 감사하다는 인사를 했다.

그 다음 간접적 이해관계자인 주민들과의 소통 문제다. S와의 대화의 가닥이 잡히자 K는 윗마을 이장 주선으로 마을회관에서 본마을 이장과 마을주민들을 어렵게 만날 수 있었다. K는 도시 생활을 접고 작년부터 어머니와 함께 M면에 고구마 농사를 시작했는데 처음 지어보는 농사는 많이 힘들었고, 더욱이 마을 주민들의 축사 반대에 부딪히니 다시 도시에 갈까 생각도 많이 했다며, 어렵게 고향에 와서 정착하려고 하는데 기회를 달라고 부탁드렸다. 마을에 안정적으로 정착하게 되면 친구 몇 명도 귀향하기로 했다며 마을에 힘쓸 일이 있으면 언제든 불러주면 도와드리겠다고 했다. 또한 며칠 전 S도 만나 정식으로 사과하고 이사비용을 지원해 드리기로 했다며 마을주민들에게 거듭 양해를 구했다. 결국 마을 주민들도 분진과 악취 제거의 조건을 달고 축사건축을 허가하기로 동의해주었다.

행정에서 민원 갈등을 다룰 때에는 그 어디에서도 소홀히 다룰 수 없는 사회적으로 중요한 문제가 있다. 법 테두리 안에서 문제가 없는 민원 갈등은 더더욱 그러하다. 민원 개개인의 의견이 서로 달라서 행정이 개입하는 데는 한계가 있고 윗마을 이장처럼 제3자가 화해시키고 서로 납득할 수 있는 타협점을 찾을 수 있도록 인간적인 해결노력이 필요하다.

NCL23-23
어떻게 원하는 것을 얻을 것인가
- 택배대란 사례

2023.12.08.

장동혁
㈜하이컨플릭트 대표

출처: 장동혁, "NCL23-23. 어떻게 원하는 것을 얻을 것인가 – 택배대란 사례," 한국협상경영원의 블로그, 2023.12.08.

NCL23-23. 어떻게 원하는 것을 얻을 것인가-택배대란 사례

"아무런 친분도 없고 반대급부도 없는데 원하는 것을 얻어낼 수 있을까?" 협상의 본질을 꿰뚫는 질문이다. 무언가를 얻으려면 전략과 전술, 그리고 상대의 마음을 움직일 수 있는 그 무언가가 필요하다. 그럼에도 우리는 내 입장과 필요에만 집착하다, 일을 망치곤 한다.

한 재건축 아파트 단지에서 일어난 일이다. 그 단지는 멋진 조경과 고급스러운 주민 서비스로 주위의 부러움을 샀다. 그런데 어느 날 새로 온 택배 기사가 지상 출입을 요구하면서 문제가 불거졌다.

이 아파트는 지하주차장 출입구 높이가 낮아 기사들이 단지 내에서 손수레로 물건을 날라야 했다. 관리소장을 통해 문제를 해결하려 했으나 풀리지 않자 기사는 택배노조에 도움을 요청했다.

우여곡절 끝에 노조와 입주자대표위원회(입대위)가 협상 테이블에 앉았다. 기사의 노동 강도를 줄이기 위한 몇 가지 방안이 나왔지만, 일부 주민들의 반발에 불발되었다. 심지어 그 택배사의 배송을 거부하자는 안이 추가되었고 결국 협상은 결렬되었다.

노조는 언론을 통해 부당함을 알리고 정문 앞에서 촛불 시위도 벌였다. 주민들 역시 강경한 입장을 고수하며 갈등은 걷잡을 수 없이 커졌다. 결국 입대위가 사퇴하고 관리소장이 교체되는 상황까지 벌어졌다.

이 사례는 협상에 대한 이해가 부족할 때 어떤 결과가 벌어지는지를 보여준다. 협상은 단순히 내 필요를 상대방에게 설득하는 것이 아니다. 그보다는 무엇보다 상대 마음을 이해하는 게 우선이다.

그런 면에서 택배기사 측과 주민은 서로의 마음을 제대로 이해하지 못했다. 주민들에게 아파트는 단순한 거주지가 아니다. 많은 걸 희생해가며 손에 넣은 꿈의 공간이다. 따라서 그곳은 그들이 가꾸고 지켜야 할 소중한 작품인 셈이다. 하지만 기사와 노조 눈에는 그 곳이 그저 노동 강도를 줄이기 위한 지름길에 불과했다.

더 큰 문제는 지상 출입이 허용되었을 때 기사는 노동 강도 절감이라는 명확한 이익이 돌아오지만 주민들이 얻을 게 없다는 점이다. 이렇듯 거래 대상조차 마련되지 않은 상태에서 협상이 성립되기는 어렵다.

또한 택배 기사측은 협상 파트너를 단순히 주민으로 일반화했다. 하지만 그 중에는 택배 규약을 구해 법적으로 치밀하게 분석하고, 기사의 이동거리까지 계산한 도면을 준비해온 주민도 있었다.

이처럼 택배기사와 노조는 협상 상대의 특성이나 입장을 면밀히 분석하지 않은 채 그저 "힘들다는 데 열어줘야 하는 거 아니냐?"며 인정에만 호소했다.

협상은 그저 내 요구만 설명하면 끝나는 단순한 거래가 아니다. 더군다나 택배 갈등처럼 법과 상식으로 해결하기 힘든 문제일 경우 더더욱 그렇다.

이 사례는 몇 가지 중요한 교훈을 남겼다.

먼저 협상에 임하기 전 상대의 입장에 서보는 건 무엇보다 중요하다. 상대가 무엇을 중요하게 여기는지, 지금 어떤 감정 상태인지 면밀히 파악해야 한다.

다음은 반대급부다. 협상에서 원하는 것을 얻으려면 상대에게 줄 무언가를 제시해야 한다. 지상을 출입하는 대신 택배기사가 주민들에게 금전적 보상을 제공하는 것도 방법이다. 지상을 출입하게 됨으로써 얻는 이익이 그보다 크다면 못할 것도 없다.

마지막으로 초기 대응이다. 갈등이 심해지기 전, 초기 단계에 적절한 조치를 하는 게 중요하다. 특히 물리적 행동이 일어나면 자체 해결은 어렵다. 그렇다면 중립적인 제3자의 도움을 받아서라도 해결을 시도해야 한다. 하지만 본 사례의 경우 갈등이 시작된 지 일 년이 지나서야 해결 의뢰가 들어왔다.

택배 갈등은 단순한 갈등이 아니었다. 문제 해결에 적용할 법적 근거가 없고 상식으로도 해결이 어렵다. 아파트 주민과 택배 기사 간 대립은 계층 갈등 성격을 띠기도 했다. 이처럼 복잡한 갈등을 푸는 열쇠가 있을까.

고대 로마의 귀족들은 시민들을 위해 자비로 공공시설을 지었다. 이를 통해 사회적 갈등을 줄이며 공존을 도모했다. 어쩌면 택배갈등처럼 법과 상식을 뛰어넘는 갈등은, 좀 더 가진 자들이 관용을 베푸는 노블레스 오블레주 정신이 답이 아닐까.

NCL23-24
치매 부모로 겪은 내적갈등 해결 사례

2023.12.25.

최숙
한국협상경영원 경영이사

출처: 최숙, "NCL23-24. 치매 부모로 겪은 내적갈등 해결 사례," 한국협상경영원의 블로그, 2023.12.25.

NCL23-24. 치매 부모로 겪은 내적갈등 해결 사례

본 사례는 내담자가 치매 부모를 모시면서 분열된 심리와 고민, 불안에 의해 일어난 내적갈등을 상담으로 해결하게 된 이야기를 소개하고자 한다.

내담자 A는 3남 1녀의 장남으로 초등학교 때 부친이 친구의 빚보증으로 인해 하루아침에 모든 재산을 잃고 나서 집도 없이 월세 집을 전전하며 가난한 시절을 보낸 적이 있다. A는 대학 등록금은 물론 용돈까지 스스로 해결하였고 대기업에 입사한 후 열심히 모은 돈으로 부모님께 가장 먼저 집을 장만해 드렸다. 그에 반해 동생 두 명은 튼튼한 직장 없이 그저 생활비만 해결할 정도로 살았다. 그런 동생들에게 큰 형으로서 책임감 있는 생활을 하기를 바랐으나 간섭할 일은 아니어서 서로 존중하며 살아갔다.

A는 퇴직 전에 갑작스런 부친의 건강 악화로 주말에는 부모 집에서 기거하면서 부친을 돌보다가 몇 년 후 요양원으로 모신 후 부친의 별세를 맞이했다. A는 퇴직 후에는 부모 집으로 거처를 옮겨 홀로된 모친과 함께 생활하게 되었다. 부친의 별세 후부터 모친은 빠른 속도로 인지력이 떨어지고 결국 치매진단을 받았다. 모친의 치매 상태가 심화되면서 모친의 대소변과 목욕 문제를 해결하기가 어렵기도 하지만 A가 혼자서 감당하기엔 힘들고 지쳐가고 있었다.

A는 부모에게 집을 장만해준 맏아들로서 부모를 책임져야 한다는 강박감에 쌓여 누구의 도움도 받지 않고 홀로 모친의 수발을 들었다. 그러나 심각해져 가는 모친의 모습을 볼 때마다 동생들이 도움을 주지 않는 것에 대한 불만이 자신도 모르게 쌓이면서 A는 스스로 해야 한다

는 책임감과 상충되는 심화된 내적갈등에 빠지게 되었다.

내담자가 당시 건강검진에서 고혈압 진단을 받았고 체중이 심하게 감량되면서 기운이 없어지고 식욕도 떨어지면서 삶의 의욕까지 상실되어 갔다. 짬짬이 매일 하던 운동까지 중단하게 되었다.

어쩌다 주말엔 동생이 와서 잠깐씩 도움을 주기도 하였지만 날짜를 정해서 모친의 수발을 드는 경우는 없었다. 한 명 뿐인 누나는 몇 달에 한 번씩 손님처럼 다녀가는 것이 전부였다. 누나의 그 모습이 이해가 안 되고 섭섭하고 속상해도 말을 할 필요를 느끼지 못할 때가 많았다. 딸로서 자기변명의 여지가 많기 때문이다.

A는 치매가 심해지는 모친을 수발할 때마다 요양원으로 옮겨야 할지 고민하는 자신이 용서가 안 되며 지속적인 내적갈등으로 우울감이 생겨 생기를 잃고 무기력해지는 것을 느끼며 상담을 의뢰했다.

A의 갈등은 장남으로서 혼자서라도 모친의 병수발을 감당해야 한다는 심리적 부담감과 다른 형제들이 도와주었으면 하고 바라는 내면의 욕구를 탐색해 볼 필요가 있었다. 현재 분리하여 살고 있는 아내와 동생들 그리고 누나와 요양원 모시는 문제의 공개적인 의논이 필요하고 요양원에 모시지 않으려면 우선 형제들도 함께 참여하여 서로 분담하는 것이 좋겠다고 조언을 해 주었다. 또한 체력증진을 위한 영양보충과 규칙적인 운동이 필요하고, 신체적 건강이 정신적 건강을 좌우할 만큼 중요하니 때론 명상을 통해 휴식과 심신의 이완이 필요하다고 조언하였다. 아들도 알아보지 못하는 모친을 정성껏 모시는 내담자가 존경스럽게 느껴지며 하루 3시간씩 방문하는 요양보호사를 활용할 필요도 있음을 다시 한 번 확인시켜 주었다.

A는 필자의 조언대로 아내와 동생들과 몇 차례에 걸쳐 회의를 진행

하였다. 동생들도 다니던 직장이 있었기에 선뜻 나서지 못했음을 인정하며 사과하였다. 결국 동생 두 명이 주말(금, 토, 일)은 모친을 수발하기로 결정하였다. A가 처가에 신경 쓰지 못하는 만큼 부인은 시어머니를 자신에게 맡기고 친정 일만 알아서 집중해 달라고 하였다. 동생 두 명과 역할 분담을 하면서 A는 섭섭함으로 온통 마음이 먹구름처럼 다가오던 불안감이 해소되어 더 이상의 감정의 소용돌이에 묻히지 않았다. 그 후 모친은 2년 반 정도 아들들의 수발을 받으면서 요양원 대신 집에서 편안하게 영면에 들었다.

본 사례를 통해 두 가지 교훈을 얻을 수 있다. 첫째, 역할 분담의 중요성이다. 혼자만의 일이라는 생각에서 비롯된 내적갈등은 자신의 삶도 피폐하게 만든다는 사실이다. 사소한 일이라도 소통하며 최선의 방법을 찾아내고 서로에게 알맞은 역할 분담의 방안 마련이 중요하다.

둘째, 소통의 중요성이다. 비싼 보석을 가지고 있어도 말하지 않으면 아무도 알 수가 없으며 사랑하는 사람에게 사랑한다는 표현을 하지 않으면 상대방은 사랑받고 있음도 모르는 것이다. 서로의 생각을 공유하고 상대방의 의견을 수용하면서 문제 해결을 해 나가는 협상의 기술이 필요하다.

NCL24-01
협업을 위한 협상 코칭 사례

2024.01.11.

최동하

단국대 경영대학원 협상코칭 주임교수

출처: 최동하, "NCL24-01. 협업을 위한 협상 코칭 사례,"
한국협상경영원의 블로그, 2024.01.11.

NCL24-01. 협업을 위한 협상 코칭 사례

K팀장은 필자의 코칭 고객사인 A제조회사의 마케팅 팀장이다. 핵심 인재이며 리더십 코칭 대상자라서 만나게 되었는데 현재 급한 건 리더십보다 팀 간 협업이 문제였다. 사실 그로 인해 팀 분위기도 많이 침체되었다는 것이었다.

A사는 작년 하반기에 신사업 개발을 목적으로 마케팅팀과 기술개발팀을 중심으로 CFT(Cross Functional Team: 기능이 다른 부서 간 만들어지는 프로젝트팀)를 구성하게 되었다. 실제로 신사업을 실행할 부서는 마케팅팀이지만 CFT는 개발이 목적이었기 때문에 CFT의 프로젝트 팀장은 기술개발 팀장이 맡게 되었다. 실제 개발 업무의 진행은 기술개발팀이지만 신사업의 전체적인 추진은 마케팅팀의 임무였기에 이 과업은 시작부터 쉽지 않았다.

A사의 기술개발팀은 당시 인원이 부족해서 인사팀에 충원을 독촉하고 있었던 터 라 마케팅 K팀장의 프로젝트 오리엔테이션부터 마찰이 빚어졌다. 기술개발팀 S팀장이 차라리 외주를 주든가 개발 인원을 더 데리고 와서 하라고 하면서 완강하게 저항을 하는 바람에 일이 다음 단계로 나아가질 못하고 있는 상황이었다. 마케팅 이사가 직접 채근을 했지만 S팀장은 회사 일이니 해야 되겠지만 너무 힘들다고 말할 뿐 불가능하다는 표현은 안했다. 이러다 보니 K팀장으로선 마치 자신이 사내 소통을 잘 하지 못하는 사람처럼 보일까 우려하고 있었으며 무엇보다 프로젝트 마감 기일이 다가오고 있었던 것이 가장 큰 걱정이었다.

필자는 K팀장과 코칭 대화를 통해 협업에도 협상이 필요하다는 점을 인식하게 되었으며 먼저 사람과 일을 분리해서 생각할 수 있기를 제안했다. 여러 가지로 불안하게 하는 상대 팀장에 대해 개인적인 감정을 지닌 채 소통을 하면 해결의 실마리를 잃는 경우가 많기 때문이다. 기술개발팀의 입장에서 절대적으로 부족한 인원으로 새로운 일을 책임진다는 것이 결코 쉬운 일이 아니며 그러한 입장은 변하지 않는다는 사실에 주목하기로 했다. 물론 기간 내에 프로젝트를 마무리하고 최종 보고를 해야 하는 K팀장의 입장도 마찬가지다. 이렇게 입장의 차이가 대립 되면 더 이상의 소통이 매우 어려워지고 결국 마감일이 닥쳤을 때 서로에게 책임을 전가하거나, 질적으로 충분하지 않은 개발 결과를 넘겨받고 프로젝트를 마감하는 사례가 빈번히 일어난다.

그렇다면 변하지 않는 입장을 넘어 협업을 원활하게 이루어지게 하려면 어떤 방법이 있을까? 여기서 협상의 필요성이 강조된다. 협상에서는 입장보다 이해관심사가 더욱 중요하다. 서로 다른 입장을 놓고 씨름을 해봤자 나중엔 감정적으로 악화되는 경우가 많지만, 이해관심사를 놓고 차분하게 들여다보면 반드시 해법이 보이게 마련이다. 기술개발 S팀장이 정말로 K팀장이 싫어서 또는 일하기 싫어서 그럴 가능성은 매우 낮다. 현재 하고 있는 일에 대한 걱정과 새로운 일에 대한 부담이며 그 일을 했을 때 자신과 팀에게 돌아오는 이익이 무엇인지가 이해관심사다.

K팀장은 S팀장에게 기술개발팀의 입장은 충분히 공감하고 있으니 서로 걱정되는 부분에 대해 구체적으로 얘기해 보자고 제안했으며 결국 양측은 협상 테이블에 앉게 되었다. 이걸 필자는 On the Table 전략이라고 소개한다. 일단 이해관계자들이 모여서 다양한 이야기를 나누는 것이 협업을 위한 협상의 시작이다. 서로의 입장을 인정하고 새로운 일과 관련하여 걱정되거나 바라는 점을 경청하는 것이 중요하

다. 여러 가지 상황이 있겠지만 이렇게 이해관심사를 나누다 보면 서로 주고받을 것이 떠오르고, 상대를 설득할 수 있는 포인트가 발견되고, 조건적인 수용도 검토하게 될 수 있는 것이다.

K팀장은 협상 방식의 대화를 통해 기술개발팀과 추진 중이었던 다른 업무에 대해 일정을 다소 뒤로 미룰 수 있도록 조치하였고, 해당 프로젝트에 대해선 마케팅 팀에서 Data 제공 등의 최대한의 지원을 약속했으며, 추가적인 업무에 대해 사내 평가 기준인 KPI에 이 일을 포함시켜 줄 것을 임원을 통해 회사에 요청하기로 했다.

대신 K팀장은 S팀장에게 그동안 밀린 CFT 업무에 대해 서둘러서 보완해 줄 것을 요청했고 마감일을 기준으로 일정표를 다시 짜기로 합의했다. 이러한 협상을 통해 마련된 새로운 합의 사항을 잘 정리해서 문서화하고 공유했으며 이 밖에 프로젝트가 진행되는 동안 지켜야 할 태도와 행동에 대해서도 전체 합의를 통해 Ground Rule로 만들어 CFT 전용 회의실에 붙여 놓았다.

현재는 매우 순조롭게 협업이 잘 이루어지고 있고 가장 반가운 소식은 회사의 중요한 신사업으로서 전망이 밝았고 회사 평가 기준인 KPI에 이 일을 포함하게 된 것이다. 이는 K팀장이 코치와 긴밀하게 소통하면서 협상 전략을 성실하게 수행한 결과라고 할 수 있다. 회사는 많은 사람들이 모여서 개인적인 노력과 공동의 하모니로 성과를 만들어 내는 공동체다. 갈등을 해결하면서 성장하기도 하지만, 필요 이상의 대립과 갈등은 조직과 개인의 생활 전체에 부정적인 영향을 미친다. 회사의 사업 환경도 불확실성과 변동성이 심화되고 있으므로 회사에선 예정에 없던 새로운 일을 다양하게 시도하게 되는데, 이럴 때 협업은 필수불가결한 대안이기에 이 협업을 잘하기 위해선 협상의 방법을 적극적으로 동원해야 할 것이다.

NCL24-05
학교폭력 갈등의 화해중재를 통해 얻는 교훈

2024.03.15.

김용섭
화성오산교육지원청 학폭소위원장/화해중재위원

출처: 김용섭, "NCL24-05. 학교폭력 갈등의 화해중재를 통해 얻는 교훈," 한국협상경영원의 블로그, 2024.03.15.

NCL24-05. 학교폭력 갈등의 화해중재를 통해 얻는 교훈

학교폭력심의가 학교에서 지역교육청으로 이관되면서 매년 수천 건의 학교폭력이 교육청에 심의가 요청되고 있다. 학교는 원칙적으로 중립성을 가지고 객관적으로 사안 조사를 하고 있음에도 불구하고, 조치 권한 주체가 학교에서 지역교육청이 되면서 관련 학생과 보호자가 종종 학교의 사안 조사에 불만을 표하는 경우가 빈번히 발생하고 있는 실정이다. 교권이나 다른 학생들의 학습권보다는 자기 목소리를 높이는 이기적인 보호자와 학생들 앞에서 무력해지고 인권을 중시하는 판결이나 규칙 때문에 학교가 적극적인 해결자나 중재자로 나설 수 없는 게 교육계의 현실이다.

필자가 심의위원으로 심의를 하다 보면 가끔씩 안타까운 때가 있다. 그 중 하나가 학생과 보호자의 감정이입으로 학교 측과 갈등을 겪는 경우가 발생한다. 피해 학생과 보호자가 보이는 반응의 예를 보면 다음과 같다.

"우리 아이가 이렇게 되도록 학교는 무엇을 했습니까?"
"왜 학교는 피해 학생인 우리 아이의 말을 들어 주거나 믿어 주지 않습니까?"
"학교가 왠지 학폭 사실을 불공정하게 처리하고 있는 것 같고, 오히려 가해한 학생을 두둔하는 것 같아 신뢰할 수 없습니다."

자녀가 학교폭력 피해에 노출되면서 당연히 보호자는 당황스럽고, 속상함 등 다양한 감정을 느끼게 되면서 "학교가 일이 커지는 것을 원치 않고, 그래서 피해 사실을 축소하고 있을 수도 있다."는 오해와 원망을 심의위원에게 호소하기도 한다.

심의위원은 심의를 진행하면서 피해 학생과 보호자의 혼란스러운 마음과 불안하고 속상한 이야기를 충분히 들어주고 신체적, 심리적 상태를 질문을 통해 확인하며 관심과 공감하는 모습을 표현해 주면서 피해자 측의 숨은 욕구를 파악하는 것이 중요하다. 그리고 피해 학생의 보호와 피해 회복을 위해 학교와 심의위원회가 노력하고 있고, 중립적이고 객관적으로 사안을 다루고 있다는 것을 알려 신뢰감을 주어야 한다.

반대로 가해 학생 측은 "이미 가해 행위임을 확정해 놓고 조사하는 것 같다.", "사과를 종용한다.", "이 정도는 아이들에게 흔히 발생하는 일이다.", "아이들은 원래 싸우면서 크는 거다.", "우리 때는 안 그랬다.", "피해 주장 학생이 원인을 제공해서 그런 것이다.", "착한 우리 아이가 그럴 리 없다" 등의 반응을 보이며 당황스럽고, 혼란스러운 감정의 늪에 빠진다. 또한 가해 학생 측은 피해를 인정할 경우 미래에 불이익이 생길지도 모른다는 불안함 등 다양한 감정을 느끼고 방어기전을 펼친다.

이럴 때 행위에 대한 비난과 사실 추궁보다는 가해 학생 측의 감정, 왜 그런 일이 발생하게 되었는지를 확인하는 과정이 필요하다. 하지만 가해 학생이 사실을 축소하거나, 거짓을 말하는 경우도 자주 발생하기에 가해 사실을 객관적으로 전달하고 이해시키는 과정이 필요하다. 이 과정을 통해 가해 행위를 인정하고, 비록 지금은 가해 행위는 했지만, 앞으로 자신의 행동을 뉘우치고, 건강하게 성장할 수 있도록 보호자에게 조력자 역할을 유도하고 있다. 진심어린 사과를 통해 관계 회복을 유도하고, 재발 방지와 보호자의 조력자 역할을 상기시키면서 잘못된 행동을 멈추게 하는 교육적 회복에 학교도 노력하고 있다는 것을 알리고 있다.

이렇듯 서로 다른 생각과 입장, 그리고 해결하는 과정에서 발생되는 이슈들로 인해 다양한 갈등과 문제가 발생하지만, 각각의 입장을 주장하는 것이 아니라 서로 존중하고, 서로 다름을 이해하는 마음을 가지게 된다면, 갈등도 감소할 것이다.

심리학자 웨인 다이어(Wayne W. Dyer)의 글로 마무리하고자 한다.

"대상을 바라보는 방식을 바꾸면 그 대상이 변화합니다."

NCL24-08
고용상 간접 성차별 사례와 의미

2024.04.27.

송치경
노무법인 비상 대표공인노무사

출처: 송치경, "NCL24-08. 고용상 간접 성차별 사례와 의미," 한국협상경영원의 블로그, 2024.04.27.

NCL24-08. 고용상 간접 성차별 사례와 의미

　남녀고용평등과 일·가정 양립 지원에 관한 법률(이하 '남녀고용평등법'이라 함)에서는 사업주가 근로자에게 성별, 혼인, 가족 안에서의 지위, 임신 또는 출산 등의 사유로 합리적인 이유 없이 채용 또는 근로의 조건을 다르게 하거나 그 밖의 불리한 조치를 하는 성차별을 금지하면서 사업주가 채용조건이나 근로조건은 동일하게 적용하더라도 그 조건을 충족할 수 있는 남성 또는 여성이 다른 한 성(性)에 비하여 현저히 적고 그에 따라 특정 성에게 불리한 결과를 초래하며 그 조건이 정당한 것임을 증명할 수 없는 간접차별도 규제하고 있다.
　2022년 5월 19일부터 남녀고용평등법이 개정되면서 고용상 성차별 및 직장 내 성희롱 피해자 보호조치 위반에 대한 노동위원회 구제제도가 시행되었다. 근로자가 사업주로부터 성별을 이유로 모집이나 채용, 임금 등 고용상의 차별을 받거나, 직장 내 성희롱 피해 근로자에 대하여 사업주가 적절한 조치 의무를 하지 않거나 불리한 처우를 한 경우 피해 근로자는 노동위원회에 구제를 신청할 수 있게 되었다. 이에 따라 차별적 처우 등의 피해자가 노동위원회에 시정신청을 하면 노동위원회는 조사 및 신문을 거쳐 사업주에게 시정명령을 할 수 있다.
　최근 중앙노동위원회에서는 직장 내 성차별이 인정된 두 개의 사례가 나와서 주목된다.

[간접 성차별 사례 1]
　여성근로자 A는 검사, 검증, 시험 및 인증 관련 서비스업 등을 행하면서 전국에 다수 사무소를 운영하는 기업에서 파트장 업무를 담당하

고 있었다. 그런데 A가 출산휴가 및 육아휴직을 신청한 이후 파트장에서 시험원으로 강등되었고, 육아휴직에서 복귀한 이후 매년 승진에서 탈락하였다. 이에 A는 승진에서 탈락함으로써 차별적 처우를 받았다고 시정신청을 관할 지방노동위원회에 제기하였는데 판정에 불복하고 중앙노동위원회에 재심 신청을 하였다. 중앙노동위원회는 차별처우 유무와 관련하여 근로자 A가 출산휴가 및 육아휴직을 사용하지 않았다면 파트장에서 강등되지 않았을 것으로 보이고, 객관적인 승진자격요건을 갖출 수 있어서 승진에서 탈락하지 않았을 것으로 보여, 승진탈락은 차별 또는 불리한 처우라고 판단했다. 또한 해당 노동위원회는 다음과 같은 이유로 근로자 A가 받은 불리한 처우에 대한 합리적 이유가 인정되지 않는다고 판정하였다.

1. 사업주가 근로자 A를 파트장에서 시험원으로 강등하고 종전과 전혀 다른 직무로 배치한 조치에 대한 합리적인 이유가 없다.
2. 팀장의 평가의견서가 사후적으로 작성되어 신뢰할 수 없다.
3. 육아휴직자를 차별하는 규정도 정당한 것으로 인정할 수 없다.

[간접 성차별 사례 2]

여성근로자 B는 농업용 기계인 트랙터·콤바인 등을 제조·판매하는 기업에 영업지원업무를 담당하고 있었다. B는 자신이 승진심사에서 성별에 의한 차별적 처우를 받았다고 차별시정 신청을 관할 지방노동위원회에 제기하였는데 판정에 불복하고 중앙노동위원회에 재심 신청을 하였다. 이 기업에서 영업관리직은 전원 남성으로 구성되어 있고, 영업지원직은 전원 여성으로 구성되어 있다. 승진통계를 살펴보면 영업관리직 남성 근로자보다 3년간 인사평가 평균이 동일하거나 높은 영업지원직 여성 근로자 2명은 모두 승진에서 탈락한 반면, 영업지원직의 여성 근로자와 동일하거나 더 낮은 점수의 영업관리직 남성 근로자들 4명 중 3명이 승진하는 등의 특이점이 발견되었다. 그래서 중앙노동위원회는 승진에 있어 여성에게 불리한 결과가 초래되었다고 보았다. 뿐만 아니라 중앙노동위원회는 사업주가 승진심사 시 여성 직원으로 이루어진 영업지원직이 달성하기 힘든 매출점유율 등을 평가 기준으로 사용한 것은 정당하다고 볼 수 없다고 판정하였다.

두 사례는 남녀고용평등법상 성별에 따른 간접차별을 적극적으로 해석한 것으로 외견상 중립적인 기준을 적용해 남녀를 차별 없이 처우하는 것처럼 보여도 그 조건을 충족할 수 있는 여성이 현저히 적고, 그에 따라 여성이 불리한 경우 성차별로 인정하였다. 그동안 노동위원회 및 법원에서는 사용자의 인사권의 재량을 넓게 인정하면서 외관상 명확히 파악되는 차별이 아니라면 사용자의 인사권 행사를 인정해주는 경향이 많았다. 이번 사례들은 고용상 성차별에 대한 갈등과 분쟁을 판단하는 기준을 제시하였다는 점에서 의미가 있고 일선 기업에서도 다양한 성차별을 보다 적극적으로 개선할 필요성이 있다는 점에서 시사점을 찾을 수 있다.

2023년 기준으로 증가한 취업자 10명 중 9명 이상이 여성일 정도로 여성의 경제참여비율이 지속적으로 증가하고 있으나, 여전히 성별 임금격차는 OECD에서 가장 크고, 기업의 여성관리자 비율은 20%를 밑돌고 있다. 이제라도 여성근로자의 지속적인 경제활동을 활성화하기 위해서는 기업에서 발생하는 직·간접적인 고용상 성차별을 개선하고 분쟁을 방지하기 위한 적극적 노력이 수반되지 않으면 안 되는 상황이다.

NCL24-10
SM고속도로 건설 협력전략 사례

2024.05.28.

이현직
경기도 노동권익보호담당관

출처: 이현직, "NCL24-10. SM고속도로 건설 협력전략 사례,"
한국협상경영원의 블로그, 2024.04.27.

NCL24-10. SM고속도로 건설 협력전략 사례

SM고속도로는 서울에서 M지역까지 왕복 4~6차로 설치되는 사업으로 공사기간은 2014년 1월부터 2018년 12월까지 총 60개월, 운영기간은 30년으로 계획되었다. 도로의 총연장은 34.7km로 이 중 서울 근교 G시 구간은 21.6km에 달한다. 주관 사업자는 국토교통부와 서울지방국토관리청이며, 사업시행자는 SM고속도로㈜, G건설 등 10개사 컨소시엄이다.

SM고속도로 계획은 2000년 이전부터 중앙부처 내부에서 논의가 있었지만 G시는 2003년 사업에 대한 정보를 받은 후 사업시작에 대한 협의를 실시하였다. 그러나 본격적으로 논의가 시작된 시점은 사업 시행자가 확정된 2007년 8월이었다. 주된 논의 내용은 고속도로 노선에 대한 협의였다. 이러한 사업이 실시된다는 것을 주민들이 인지한 시기는 2011년 말이었다. 사업은 2003년부터 논의되었고, 사업시행자가 선정된 것은 2007년인데 비하여 주민들이 인지한 시기는 2011년도로 약 8년의 시간이 흘렀다. 2011년 11월 9일과 10일, 이틀 동안 G시 시민을 대상으로 환경영향평가 주민설명회를 열면서 민자고속도로 건설이 알려지게 되었다. 주민들이 그 때 사실을 처음 알고 대책위를 구성해 전면백지화를 요구하였다.

SM고속도로 건설 사업은 지방자치단체로서 G시와 지역주민 대다수에게 지역발전에 매우 수요가 높은 사업의 성격을 지니고 있었다. 따라서 G시는 전략적으로 협조하여 사업이 원활하게 추진되도록 방향을 설정하였다. 이를 위하여 G시는 SM고속도로가 G시에 주는 이해득실에 대한 용역을 실시하였으며, 우선적으로 반대하는 주민들의 주장을 사전 검토할 필요가 있었다. 필자는 G시청 담당자로서 반대 주민들의 주장들을 경청하고 다양하고 통일되지 못한 주장들을 보다 합리적으로 조정하여 실현가능한 주장들로 조율하여 타당성을 높이는 작업을 수행하였다.

G시는 SM고속도로 건설 사업이 원만하게 추진되도록 국회의원, 도의회 의원 등 지역의 영향력 있는 유지 뿐 아니라, 시민의 의견을 표출하는 비상대책위원회와 고속도로 건설에 찬성하는 소수의 시민단체인 미래연대도 참여하도록 하였다.

G시는 다양한 이해관계자와 적극적인 협력 활동을 추진하였다. 첫째, 도의회 의원들이 합리적이며 적극적인 반대활동을 전개하고 환경영향평가의 문제점을 지속적으로 언론에 홍보하도록 협력하였다. 둘째, G시를 지역구로 두고 있는 국회의원에게는 국회 환경노동위원회에서 환경영향평가의 객관성 요구 등 영향력을 행사하도록 협력하였다. 셋째, 지역의 반대투쟁위원회와 협의 창구를 구축하고 다수의 협의를 통하여 주장들을 통일해 나갔다. 넷째, 주민들이 참여할 수 있는 민관협의체를 구축하고 민간 전문가를 위촉하여 민관협의체의 객관성을 유지하기 위한 노력을 실시하였다.

이러한 협력적 활동을 기반으로 국회의원과 도의회 의원, 반대주민들의 활동을 근거로 사업주관자와 사업시행자가 주관하는 민관협의체에서 주도성을 확보할 수 있었다. 중앙정부, 사업자와 광역정부가 참여하는 민관협의체에서 지방정부인 G시는 단순히 협의대상자 역할에 국한될 수밖에 없는 상황에서 중앙정부를 주축으로 구축된 민관협의체에서 반대자들을 대표하는 역할을 수행하였다.

G시는 반대하는 주민들의 의견을 7개로 종합·정리하도록 지원하였

다. 그 결과 민관협의체는 7가지 요구사항을 검토하고 그 대안을 마련하였다. 그 중 B대교 연결된 K대로 정상적 통행보장, 녹지축훼손방지, S마을 등에 인접한 고속도로의 이격거리 최대화, SS지구 4차선 확장, 도시계획도로 사전 반영 등 상당한 요구사항이 반영되었다.

G시의 SM고속도로는 협상 모델을 사용하였다. 지방자치단체는 반대시민들을 조직하고, 그들의 의견을 종합·정리하는데 지원하였다. 또한, 도의회의원 및 국회의원과 협력하여 이들에게 반대의 목소리를 내도록 하였다. 이러한 적극적인 협력행동을 통하여 그 결과를 사업주관자 및 시행자와 협의하는 민관협의체에서 협상의 지렛대로 활용하는 등 기회를 활용하는 협력 전략으로 접근하였다. 그 결과, 사업추진 중 지역주민들이 요구하는 사항을 사업에 반영하도록 하는 성과를 획득하였다.

지방자치단체는 중앙정부의 사업결정과 추진에 있어서 중앙정부와 시민과의 사이에서 중앙정부의 대리인 역할에서 벗어나 시민(지역주민)의 대리인이라는 위치를 회복하여야 한다. 지역주민의 의견을 적극적으로 수렴하고, 쟁점을 종합, 쟁점중심의 협력전략을 수립하여 시민의 의사가 사업에 반영되도록 하여야 한다. 이를 위하여 지방의회, 광역의회, 국회와의 협력적 전략을 모색하고 사전적으로 정책 망을 구축하여 대비하여야 한다.

본 사례에서 보듯이 지방자치단체가 대형 국책사업을 추진하는 상황에서 좋은 성과를 얻기 위해서는 이해관계자들 간의 협력을 이끌어내는 전략적 사고가 매우 중요하다. 특히 주민 의견을 효과적으로 수렴하는 주민 친화적인 협력전략을 추진하는 것이 매우 긴요함을 알 수 있다.

NCL24-13
교사의 관리자 갑질 갈등해결 사례

2024.07.10.

김미양
봄빛기업교육 대표

출처: 김미양, "NCL24-13. 교사의 관리자 갑질 갈등해결 사례," 한국협상경영원의 블로그, 2024.07.10.

NCL24-13. 교사의 관리자 갑질 갈등해결 사례

　A 교사는 필자의 지인으로 중등학교에서 10년을 봉직한 미혼의 여성 평교사였다. A 교사는 하루 종일 서있어야 하는 교직에 다리가 아파 직무수행에 어려움이 있어 1년 간 휴직을 하게 되었다. 복직을 했으나 또 다시 몸이 아파 6개월 휴직을 했다. 아픈 와중에도 교과서 집필 작업에 참여했고 석·박사과정 선발시험에도 뽑혀 자신의 개발에도 게을리 하지 않았다.

　A 교사는 몇 년 전 신설된 B 영재학교로 전근을 갔는데 늘 학생지도에 열심이어서 좋은 평을 받고 있었다. 학생들이 A 교사에게 많은 감사의 편지들을 보낸 것을 보면 A 교사는 학생들로부터 인정을 받고 있음이 분명하다.

　A 교사에게서 병마는 참으로 그녀를 힘들게 하였다. A 교사는 어떤 희귀성 난치병에 걸렸다는 판정을 받으면서 하늘이 무너지는 듯했다. 막 50대가 된 미혼여교사에게는 참으로 가혹한 병이었다. 사직을 해야 할까? 휴직을 해야 할까? 의논을 구하는 A 교사에게 앞으로 투병해야 할 시간이 불투명하고 비용도 많이 필요할지도 모르니 남들 눈 의식하지 말고 현실적으로 이익이 되는 방향으로 생각해 보자고 조언을 하였다.

　잦은 와병으로 본인은 열심히 한다고 하였지만 병원에 진료 가는 문제와 질병휴직에 대하여 직장 내 갑질을 당하였다고 이미 여러 곳에 신고를 하였다. 교육감 면담도 신청하여 둔 상태이고 감사원에도 신고하여 상담관과도 상담을 한 상태였다. A 교사는 질병휴직으로 인해 관리자들(교장과 교감)이 법적으로 정해져 있는 질병휴직을 내는데 눈치를 주고 병원에 가기 위해 사용하는 연가도 제한한다며 부당하다고 생각하였다.

필자는 A 교사에게 영재학교에서 무엇이 최선이고 아름다운 마무리인지 조언을 해주었다. 영재들을 가르치는 기쁨을 가질 수 있었던 것에 감사하고 분쟁이나 다툼으로 남은 시간을 보내는 교사로 남기보다 참으로 노력하고 학생지도에 탁월했던 선생님으로 남자고 설득하였다. 우선 건강이 최고이기에 이런 상황에서 벗어나는 것이 중요하며 그러기 위해서는 역지사지의 기법으로 관리자들의 마음을 헤아려 보는 것을 권유하였다. A 교사의 자긍심만큼 교장과 교감도 학교의 명예를 지키고자 애쓰고 계신다는 사실을 받아들이고 한정된 학교예산의 분배 및 사용에는 관리자의 재량이 있다는 것을 받아들이면 어떤가? 생각하자고 말하였다. 그리고 진심으로 원하는 것이 무엇인지를 생각해 보자고 제안하였다. 그리고 그 원하는 것을 관리자들에게 전달할 때의 태도도 생각해 보라고 조언하였다.

필자의 조언을 받은 A 교사는 교감에게 학교의 사정을 이해한다고 전제하면서 학교를 위해 헌신하며 일했던 자신에게 연가도 허락하지 않은 서운함을 표현하였다. 교감도 비록 이메일로 전달했지만 사과의 의미로 적극적인 치료지원을 약속하였다. A 교사가 병 진단을 위해 병원을 가겠다고 의논했을 때 '왜 그렇게 자주 병원 가는가?' 하며 연가를 허락하지 않던 교감이 와병 중에 '그렇게 해서 미안했어.' 라고 사과했으며 병의 치료를 위해 학교에서도 최대한 함께 노력하겠다고 약속했다.

최근 학교 현장에도 갑질 사례 교육을 많이 실시하고 있다. 학교를 운영하는 관리자의 입장에서는 성과를 위해 최선을 다한다고 한 일이 아랫사람 입장에서는 부당한 지시나 권리 침해로 여겨질 수도 있다. 기성세대 교사들은 초임교사 시절에 토요일 일과 후에도 학생들과 시간을 보내고 관리자들의 부당한 업무지시도 군말 없이 했었지만 MZ세대 교사들은 자신의 권리를 주장하며 법적으로 정한 권리를 찾는 것을 당연하게 여기고 있다.

  가장 좋은 것은 역지사지하여 상대의 입장을 배려하고 공감하여 주는 것이겠지만 그것도 사실 어려운 일이다. 그러니 최소한 상대가 바라는 요구사항을 파악하고 법적인 권리를 존중하여 준다면 갈등과 분규를 줄이고 행복한 학교 현장을 만들 수 있을 것이라 판단된다.

NCL24-22
의료업계 직장 내 괴롭힘 해결 사례

2024.11.27.

김지연
레이버코드 노동법률사무소 대표노무사

출처: 김지연, "NCL24-22. 의료업계 직장 내 괴롭힘 해결 사례,"
한국협상경영원의 블로그, 2024.11.27.

NCL24-22. 의료업계 직장 내 괴롭힘 해결 사례

사례의 회사는 의료서비스 관련 스타트업회사로 공격적인 영업, 회사 홍보가 중요했다. 이를 위해 세일즈 팀장 B가 세일즈 팀원들에게 수시로 영업 의욕을 고취시켰는데, 이 과정에서 팀원 A가 직장 내 괴롭힘을 회사에 신고하기에 이르렀다. 또한 팀원 A는 팀장과의 분리, 금전 보상 등을 요구하며 회사에서 이를 수용하지 않을 경우 고용노동부에 직장 내 괴롭힘으로 신고하겠다고 주장했다. 당시 회사는 정부, 투자자 등 외부 투자를 목표로 하고 있었기에 본 건이 고용노동부에 신고되는 것을 매우 꺼리는 상황이었다.

필자는 회사 의뢰를 받고 팀원 A(신고인), 팀장 B(피신고인), 영업팀 산하 다른 팀원들(참고인) 조사를 실시했다. 신고 내용은 크게 팀장 B의 1) 부당한 업무 지시, 2) 불합리하게 잦은 훈계였다. 다만, 조사 결과 팀장 B의 언행은 팀장으로서 행사할 수 있는 적절한 업무 권한으로 인정하여 직장 내 괴롭힘이 아니라고 판단하였다.

신고내용을 조사하여 검토한 의견은 다음과 같다.

1) 부당한 업무 지시: 참고인인 동료 팀원들의 증언과 신고인 팀원 A의 업무 분장, 당시 부서 사정 등을 고려할 때 팀원 A의 업무 범위에 포함되어 팀장이 충분히 지시할 수 있는 수준이라는 것이 확인되었다.

2) 불합리하게 잦은 훈계: 피신고인인 팀장 B가 신고인인 팀원 A에게 자주 훈계, 주의를 주었다는 것은 조사 결과 사실로 판명되었다. 다만, 참고인들 증언, 신고인 팀원 A와 피신고인 팀장 B 간에 오간 카카오톡 대화 내용, 업무 메신저, 메일 등을 통해 팀원 A가 자주 부적절한 언행을 하여 이에 대해 피신고인인 팀장 B가 훈계한 것으로 확인

되었다. 이에 따라 훈계를 하게 된 이유가 합리적이고 훈계 수준 역시 팀원 A의 잘못된 언행 대비 부적절한 수준이라고 보기 어려웠다.

이러한 검토의견에도 불구하고 팀원 A는 회사에서 본인의 요구 사항을 수락하지 아니할 경우 고용노동부 등 외부 기관에 문제 제기를 하겠다며 인사팀에 본인의 요청사항 승낙을 지속적으로 요구했다. 회사로서는 직장 내 괴롭힘이 아니기에 해당 직원의 요청을 승낙할 어떠한 법적 의무도 없었으나, 회사 이미지와 더불어 세일즈팀 화합을 위해 본 사건을 원만히 마무리해야만 했다.

그래서 참고인 조사를 추가로 실시하였다. 조사 전부터 팀원 A와 팀장 B의 사이가 이미 매우 좋지 않았으며, 팀원들 역시 팀원 A의 부적절한 언행으로 인해 피로감이 심한 상황이었다. 이미 세일즈 팀에서 팀원 A의 부적절한 언행에 괴로움을 호소하며 퇴사한 직원들이 있었다. 뿐만 아니라, 팀원 A의 업무 성과가 부서 내에서 낮은 수준이었는데, 참고인 조사를 통해 다른 팀원들은 팀원 A가 본인의 업무 성과가 저조한 것에 대해 팀장 B의 리더십 부족을 변명으로 내세운다는 것이 확인되었다.

이러한 제반 사정을 고려하여 필자는 회사와 함께 팀원 A을 세일즈팀에서 세일즈지원팀으로 이동하는 방안을 논의하였다. 팀원 A 역시 팀장 B와 함께 근무하는 것을 원하지 않았고, 세일즈지원팀에서도 세일즈 현업의 니즈를 적극적으로 반영하기 어려웠기에 세일즈 출신의 직원이 필요했다. 세일즈지원팀은 기존에 팀원 A가 하던 세일즈 업무와 연결되기에 커리어면에서도 전문성이 이어질 수 있었다. 다만, 세일즈지원팀은 내근직으로, 세일즈인센티브가 없어 상대적으로 월급이 줄어들지만 안정적인 급여가 보장된다는 점 등을 강력하게 어필하며,

팀원 A의 팀 변경에 대한 동의를 받았다.

인사이동 후 팀원 A 역시 업무 만족도가 올라갔으며 더 이상 회사에 본 건으로 문제를 제기하지 않았다. 또한 세일즈팀 역시 더욱 단단하게 화합하여 공격적인 세일즈 업무를 차질 없이 진행할 수 있게 되었다.

직장 내 갈등해결 시에는 협상에 의한 인사조치로 미칠 장기적인 파장에 대해 고려할 필요가 있다. 본 사안 역시 회사가 직장 내 괴롭힘에 해당하지 않기에 해당 직원의 요청을 승낙하지 않고 세일즈팀에 근무하도록 조치할 수도 있었다. 그러나 회사의 경영 전략, 세일즈팀원들의 피로도, 세일즈팀 및 세일즈지원팀의 사정, 해당 직원의 사정 등을 종합적으로 고려하여 모두에게 이득이 될 수 있는 협상안을 제시하였기에 협상 타결과 더불어 모두에게 긍정적인 결과를 제공할 수 있었다고 평가된다.

NCL24-24
부드러운 화법의 인간적 친근 전략 사례

2024.12.23.

최미영

휴먼마인드연구소 대표

출처: 최미영, "NCL24-24. 부드러운 화법의 인간적 친근 전략 사례," 한국협상경영원의 블로그, 2024.12.23.

NCL24-24. 부드러운 화법의 인간적 친근 전략 사례

A는 올 해 초 K 백화점 프라다 매장에서 가방을 구매한 후, 어깨끈 가죽 마감 문제로 인해 착용 시 옷 손상이 발생하는 사례가 확인되었다. A는 해당 문제를 매장에 전달하며 교환 또는 환불을 요청했으나, 매장은 이를 가방의 결함으로 인정하지 않고 이렇게 주장하는 것이다.
"옷감에 손상을 입힌 것은 맞으나 결함은 아니에요. 어깨끈을 무드질 처리로 해결 가능해요."
이에 A는 기분이 상했지만 화내지 않고 이렇게 요청하였다.
"수선을 하는 것 자체가 본질적으로 마감 처리에 문제가 있다는 증거이잖아요. 이건 분명 결함이에요. 수선으로 해결 가능하다는 이유로 결함의 책임을 부정하고 환불을 거부하는 것은 소비자 보호 원칙과 상충되는 부분이라 생각해요. 교환이나 환불을 해주세요."
A는 문제 발생 후 매장 측에 가방 결함 가능성을 총 네 차례 제기하며 재검토를 요청했으나, 매장은 같은 입장을 반복하며 교환 또는 환불을 거부했다. 프라다 측은 이 문제를 결함이 아닌 수선으로 보완 가능한 사소한 문제로 축소함으로써 교환 또는 환불의 책임을 피하려 했다. 이는 고가의 명품브랜드가 가진 품질 보증에 어긋나는 태도로 보였다. 이후 A는 K 백화점 고객센터에 전화를 걸어 이 내용을 소비자보호센터에 전해 달라고 했다.
백화점에서는 명품매장의 규정에 대해서는 권한이 없다고 했지만, A의 내용을 경청하고 프라다 매장을 방문해 A의 입장에 대해 설득해주었다. 하지만 프라다 측은 '수선' 이외의 다른 대안은 없다 는 강경한 입장을 보였다.

고객센터 담당자는 A의 요청을 접수한 후, 소비자보호센터에 해당 사례를 대신 접수하였다. 소비자보호센터는 가방의 어깨끈 마감 문제로 인해 옷 손상이 발생한 것을 '결함'으로 판단하고, 고객이 원하는 대로 처리가 타당하다는 결론을 내렸다. 소비자보호센터의 이러한 결론을 가지고 고객센터 담당자는 매장을 직접 방문하며 A의 입장을 대변하였고, 매장을 설득하는 데 적극적으로 노력하였다.

소비자보호센터의 결정이 있었음에도 프라다 측은 이렇게 대응하였다.

"고객과의 관계를 이렇게 끝내고 싶지 않습니다. 대신 상품권으로 지급하겠습니다."

프라다 측은 끝까지 환불을 해주지 않으려 했다. 고객센터 담당자가 총 두 차례 프라다 매장을 방문하여 설득함으로써 결국 환불 처리를 완료하였다.

환불처리를 마무리한 후 K 백화점 고객센터 담당자가 솔직한 심정을 전해주었다.

"명품을 상대로 명확한 '결함'이라는 결과를 받아내는 경우는 매우 드물어요. 솔직하게 말씀 드리면 이러한 결과를 낼 수 있었던 것은 소비자보호법의 환불규정도 있다는 법적 문제 제기를 할 수도 있다는 고객님의 내용에 충분히 공감했기 때문에 가능했어요."

담당자는 이렇게 덧붙여서 말해주었다.

"우리 백화점에서는 이용하는 소비자보호센터의 사이트와 프로세스만 간략히 전달해주는 것이 일반적이에요. 근데 고객님이 처음 도움을 요청하셨을 때 저희 직원을 친절하게 대해주시고 백화점 직원을 존중해 주시는 게 통화에서도 느껴졌거든요. 친절한 고객을 만나는 일이 잘 없어서 저희도 고객님께 감사했고 더 잘 해드리려고 노력했던 것 같아요."

이번 프라다 명품 가방 구매 갈등 사례에서 두 가지 교훈을 얻을 수 있을 거 같다.

첫째, 백화점 매장에서 문제가 발생했을 때 매장에서 해결하려고 애쓰는 것보다 백화점의 고객센터나 소비자보호센터 같은 제3의 불만처리창구를 활용하여 문제 해결을 도모하는 것이 매우 효과적일 수 있다.

둘째, 불만이 있다고 화를 내거나 강한 요구를 하기보다 정중하고 따뜻한 태도로 상대를 대하는 인간적 친근 전략을 사용함으로써 상대방의 적극적인 협력을 이끌어낼 수 있다.

제3부

협상 사례의 분석과 시사점

제1장 협상 사례의 분류와 운영방법

제2장 협상 사례 교훈의 비교분석

제3장 협상 사례 분석의 시사점

제1장
협상 사례의 분류와 운영방법

1. 협상 사례의 분류와 특징

1) 협상 사례의 대분류

제2부에 수록된 52편의 협상 사례를 분석하기 편하도록 분류할 필요가 있다. 협상 사례를 비즈니스 협상 사례와 갈등 해결 사례의 대분류로 나눈 뒤, 그 아래 분야와 방법에 따라 중·소분류로 세분화하고자 한다. 비즈니스 협상 사례와 갈등해결 사례의 리스트는 각각 **표** 3.1과 **표** 3.2에 수록되어 있다.

표 3.1 비즈니스 협상 사례 리스트(16개 사례)

사례 번호 및 제목	분류
NCL23-4. 컴퓨터 프로그래머 연봉협상 사례(원창희)	협: 연봉협상
NCL23-8. 식당업체 선정 내·외부협상 사례(황안순)	협: 경쟁입찰
NCL23-13. 헤드헌팅 협상 사례(김채연)	협: 채용협상
NCL23-15. 비즈니스 협상 사례 '누가 먼저 조건을 말할까'(송효지)	협: 컨텐츠협상
NCL23-16. BATNA를 활용한 프로젝트 발주 협상 사례(박정일)	협: 경쟁입찰
NCL23-17. 은행 대출금리 협상 사례(이은희)	협: 경쟁입찰
NCL23-18. 인도인, 중국인, 한국인의 협상 사례와 문화(조윤근)	협: 매매협상
NCL23-20. 좋은 사람 나쁜 사람 전술을 활용한 사무실 임차계약 (류경선)	협: 임차계약

NCL24-04. 퇴직자의 귀촌과 토지매매협상 사례(정주영)	협: 매매협상
NCL24-09. 상호주관적 이해를 통한 법원 민사조정의 성공사례(임정숙)	협: 임금체불조정
NCL24-15. 브랜드 사용료 협상에서 객관적 기준의 중요성(송효지)	협: 상표사용협상
NCL24-16. 중소기업의 불법 소프트웨어 배상 협상 사례(이은희)	협: 피해보상협상
NCL24-17. 화재발생 리모델링 공사 갈등해결 사례(이혜경)	협: 피해보상협상
NCL24-18. 연봉 협상의 조건부 합의전략 활용 사례(류경선)	협: 연봉협상
NCL24-19. 광고 협상에서 영향력 있는 제3자 활용 전략 사례(정혜경)	협: 광고협상
NCL24-23. 공공기관의 임금교섭 사례와 제언(최영재)	협: 임금교섭

주: 협 = 비즈니스 협상

표 3.2 갈등해결 사례 리스트(36개 사례)

사례 번호 및 제목	분류
NCL22-1. 냉장고 제조·판매 부서갈등협상 사례(원창희)	갈: 부서갈등
NCL22-2. 에어컨 제조사 조직 내 상하갈등 코칭 사례(최동하)	갈: 상하갈등
NCL22-3. 소통의 지혜 사례-해석은 듣는 이의 몫(장동혁)	갈: 상하갈등
NCL22-4. 자매 간 겨울옷 구매갈등 감정대립 상담사례(최숙)	갈: 가족갈등
NCL23-1. 비영리기관 운영의 조직갈등 ADR 사례(최숭원)	갈: 조직갈등
NCL23-2. 사전 협상을 토대로 한 비선호시설 입지선정 성공 사례(정주영)	갈: 공공갈등
NCL23-3. 코로나19 이후 비대면 소통 확산으로 인한 조직갈등 사례(권희범)	갈: 세대갈등
NCL23-5. 지방자치단체의 적극적 갈등조정을 통한 주민갈등 해소 사례(이현직)	갈: 공공갈등
NCL23-6. K아파트 경비노동자 집단해고 협상 사례(박종국)	갈: 노사갈등
NCL23-7. 모 공공기관의 직장 내 괴롭힘 갈등해결 사례(송치경)	갈: 직장내괴롭힘
NCL23-9. 신입 사원과 팀장 간 갈등해결 사례(조정혜)	갈: 상하갈등
NCL23-10. 화력발전소 건설 관련 사업자-어민 간 분쟁 사례(김용춘)	갈: 공공갈등

NCL23-11. 직장 내 괴롭힘 자율해결 코칭 사례(최동하)	갈: 직장내괴롭힘
NCL23-12. 모녀의 갈등 조정 사례(임정숙)	갈: 가족갈등
NCL23-14. 동료 간 감정 갈등해결 사례(이강수)	갈: 동료갈등
NCL23-19. 협동조합 내 운영자들 간 갈등 사례(전혜자)	갈: 조직갈등
NCL23-21. 학생과 교사 간 갈등해결 이야기(김미양)	갈: 학교갈등
NCL23-22. 축사건축 민원 갈등해결 사례(이혜경)	갈: 민원갈등
NCL23-23. 어떻게 원하는 것을 얻을 것인가-택배대란 사례(장동혁)	갈: 택배갈등
NCL23-24. 치매 부모로 겪은 내적갈등 해결 사례(최숙)	갈: 가족갈등
NCL24-01. 협업을 위한 협상 코칭 사례(최동하)	갈: 부서갈등
NCL24-02. 아빠와 딸의 유튜브 영상편집 갈등해결 사례(조윤근)	갈: 가족갈등
NCL24-03. MZ세대 노동조합과 사용자 간 갈등 사례(권희범)	갈: 노사갈등
NCL24-05. 학교폭력 갈등의 화해중재를 통해 얻는 교훈(김용섭)	갈: 학교갈등
NCL24-06. 크리스마스트리 갈등 이야기(장동혁)	갈: 동료갈등
NCL24-07. 갈등의 생성자이면서 해결사로서 경험 사례(조정혜)	갈: 용역갈등
NCL24-08. 고용상 간접 성차별 사례와 의미(송치경)	갈: 직장내성차별
NCL24-10. SM고속도로 건설 협력전략 사례(이현직)	갈: 공공갈등
NCL24-11. 경기도「일하는 모든 사람 권리보장 조례」제정 협상 사례(박종국)	갈: 조례제정
NCL24-12. 신재생에너지 정책 갈등과 과제(김용춘)	갈: 정책갈등
NCL24-13. 교사의 관리자 갑질 갈등해결 사례(김미양)	갈: 상하갈등
NCL24-14. 지자체 연구용역 갈등증폭 예방 사례(이강수)	갈: 용역갈등
NCL24-20. 적대적 vs 협력적 노사관계의 사례분석(이동찬)	갈: 노사갈등
NCL24-21. 공익직불금 민원 갈등해결 이야기(최성희)	갈: 민원갈등
NCL24-22. 의료업계 직장 내 괴롭힘 해결 사례(김지연)	갈: 직장내괴롭힘
NCL24-24. 부드러운 화법의 인간적 친근 전략 사례(최미영)	갈: 고객불만

주: 갈 = 갈등해결

2) 협상 사례의 중소분류

앞의 표에서 대분류를 세분화하기 위해 각 사례가 어떤 분야나 쟁점을 대상으로 하는지 구분하였다. 비즈니스 협상의 중분류는 기업 협상과 개인 협상으로 나누고, 갈등해결의 중분류는 직장 내 갈등, 조직 간 갈등, 개인 갈등의 세 가지로 구분하였다. 각각의 중분류 아래 구체적 분야별로 구분하여 소분류로 나누었다. 중분류와 소분류를 구분해서 정리해보면 **표** 3.3과 같다.

표 3.3 협상 사례의 중소분류

비즈니스 협상 16편	갈등해결 36편
(기업 협상) 10편 -경쟁입찰 3편 -피해보상협상 2편 -광고협상 -임차계약 -상표사용협상 -임금교섭 -컨텐츠협상	(직장 내 갈등) 18편 -상하갈등 4편 -직장내괴롭힘 3편 -노사갈등 3편 -부서갈등 2편 -동료갈등 2편 -조직갈등 2편 -세대갈등 -직장내성차별
(개인 협상) 6편 -연봉협상 2편 -매매협상 2편 -채용협상 -임금체불조정	(조직 간 갈등) 9편 -공공갈등 4편 -용역갈등 2편 -택배갈등 -조례제정 -정책갈등
	(개인 갈등) 9편 -가족갈등 4편 -학교갈등 2편 -민원갈등 2편 -고객불만

협상 사례의 대분류, 중분류, 소분류를 구분하여 분류별 빈도를 요약해보면 **표** 3.4와 같다. 대분류로 구분된 비즈니스 협상 사례와 갈등해결 사례를 세부 분야나 쟁점을 기준으로 소분류 하였고 이 소분류를 당사자들의 소속이나 분야에 따라 중분류를 묶었다. 그래서 비즈니스 협상은 기업 간 협상과 개인 간 협상으로 나누고 갈등해결은 직장 내 갈등해결, 조직 간 갈등해결, 개인 간 갈등해결로 나누어 중분류로 설정하였다.

표 3.4 협상 사례의 분류체계와 빈도

대분류	중분류	소분류	빈도
비즈니스 협상 (16)	기업 간 협상 (10)	경쟁입찰	3
		피해보상협상	2
		광고협상	1
		임차계약	1
		상표사용협상	1
		임금교섭	1
		컨텐츠협상	1
	개인 간 협상 (6)	연봉협상	2
		매매협상	2
		채용협상	1
		임금체불조정	1
갈등해결 (36)	직장 내 갈등해결 (18)	상하갈등	4
		직장내괴롭힘	3
		노사갈등	3
		부서갈등	2
		동료갈등	2
		조직갈등	2
		세대갈등	1
		직장내성차별	1
	조직 간 갈등해결 (9)	공공갈등	4
		용역갈등	2
		택배갈등	1
		조례제정	1
		정책갈등	1

		가족갈등	4
	개인 간 갈등해결	학교갈등	2
	(9)	민원갈등	2
		고객불만	1

주: 괄호 안의 숫자는 소분류 빈도를 취합한 숫자이다.

3) 협상 사례의 분류상 특징

위의 분류 통계에 따라 분류상 특징을 우선 도출할 수 있다. 쟁점의 대상이 물질이냐 인간관계이냐에 따라 비즈니스 협상과 갈등해결로 대별하여 대분류로 구분할 수 있다. 대분류 아래 협상 당사자들이 어디에 소속되어 있느냐에 따라 비즈니스 협상은 기업 간 협상과 개인 간 협상으로, 갈등해결은 직장 내 갈등해결, 조직 간 갈등해결, 개인 간 갈등해결로 나누어 중분류를 설정하였다. 중분류 아래에 협상과 갈등이 발생하는 분야를 구분하여 소분류를 만들었다. 그래서 쟁점 대상 -> 당사자 소속 -> 협상 갈등 분야로 단계적 세분화를 하여 대분류, 중분류, 소분류로 구분하는 특징을 보인다.

그 다음 빈도상 특징을 살펴보자. 대분류로 볼 때 비즈니스 협상 사례는 16편이지만 갈등해결 사례는 36편으로 현장에서 갈등해결이 압도적으로 많다는 것을 알 수 있다. 중분류에서 보면 비즈니스 협상은 개인 간 협상보다 기업 간 협상이 빈도가 많고 갈등해결은 직장 내 갈등해결이 절반을 차지하고 있다. 소분류에서 빈도가 높은 사례는 상하갈등, 공공갈등, 가족갈등이 4편으로 많고 직장내괴롭힘, 노사갈등, 경쟁입찰이 3편으로 그 다음 많다. 16편의 비즈니스 협상 내에서 상대적으로 높은 사례는 피해보상협상, 연봉협상, 매매협상이 2편으로 조사되었다. 따라서 비즈니스 협상 사례보다 갈등해결 사례가 훨씬 많으며 비즈니스 협상 내에서는 경쟁입찰, 피해보상협상, 연봉협상, 매매협상의 빈도가 높으며 갈등해결 내에서는 상하갈등, 공공갈등, 가족갈등, 직장내괴롭힘, 노사갈등의 빈도가 높은 편이다.

2. 협상 사례의 운영 방법과 특징

1) 협상 사례의 운영 방법

제2부에 수록된 52편의 협상 사례가 어떤 방법으로 운영되는지 살펴볼 필요가 있다. 표 3.5는 협상 사례의 운영 방법과 빈도를 보여주고 있다. 앞에서 분류한 대분류의 비즈니스 협상과 갈등해결로 나누어 운영 방법을 집계하였다. 비즈니스 협상은 당사자 협상과 제3자 조정으로 나누어볼 때 당사자 협상 11편, 제3자 조정 2편으로 당사자 협상이 대부분을 차지하고 있다. 협상 실무를 소개한 것은 별도로 분리하였다. 또 특이한 점은 당사자 협상을 운영하는 방법이 거의 대부분 경쟁적 협상이라는 점이다.

갈등해결 사례는 36편으로 전체의 70%를 차지하여 다수를 이루고 있다. 비즈니스 협상과는 달리 갈등해결은 당사자 해결보다 제3자 해결이 훨씬 많다. 제3자 해결 사례는 21편으로 갈등해결 사례의 58%를 차지하고 있다. 당사자 해결은 경쟁적 협상 4편, 협력적 협상 2편, 화해 3편, 소통 4편 등 다양한 방법으로 자율적 해결을 도출하는 모습을 볼 수 있다. 제3자 해결은 조정이 9편, 상담과 코칭이 각각 3편, 진정과 민원도 각각 2편을 보이는데 반해 중재와 소송은 1편씩으로 낮은 빈도를 보이고 있다.

표 3.5 협상 사례의 운영 방법과 빈도

분류	운영 방법	세부 운영 방법	빈도
비즈니스 협상 (16)	당사자 협상 (11)	경쟁적 협상	10
		혼합적 협상	1
	제3자 조정 (2)	경쟁적 협상	1
		협력적 협상	1
	협상실무 (3)	경쟁적 협상	3
갈등해결 (36)	당사자 해결 (13)	경쟁적 협상	4
		협력적 협상	2
		화해	3
		소통	4
	제3자 해결 (21)	조정	9
		중재	1
		소송	1
		진정	2
		민원	2
		상담	3
		코칭	3
	기타 (2)	정책	1
		노사관계	1

주: 괄호 안의 숫자는 소분류 빈도를 취합한 숫자이다.

2) 협상 사례의 운영 방법상 특징

　모든 협상 사례의 운영 방법을 크게 나누어 자율적으로 합의하거나 해결하는 방법과 제3자에 의해 합의하거나 해결하는 방법으로 구분할 수 있다. 말하자면 두 당사자들 간의 거래나 갈등을 자율적으로 해결할 수도 있고 아니면 중립적인 제3자에 의해 해결하거나 제3자의 도움을 받아서 해결할 수도 있다. 비즈니스 협상은 대부분 자율적 당사자 해결이 압도적이지만 갈등해결은 제3자 해결이 훨씬 많아 대조적 운영 방법을 보이고 있다.

비즈니스 협상의 당사자 협상이 경쟁적 협상을 사용하는데 반해 갈등해결의 당사자 해결은 경쟁적 협상 뿐 아니라 소통이나 화해를 사용하고 있다. 여기서도 협력적 협상은 그다지 잘 활용되고 있지 못한 실정이다. 제3자 해결은 중립적 제3자의 해결이나 도움을 얻어 해결하는 방식인데 그 중 조정이 압도적으로 높은 빈도를 보인다. 그 다음으로 상담이나 코칭 방법을 사용하고 있다. 진정이나 민원도 소수 발견되지만 중재와 소송은 거의 사용되지 않은 것으로 나타났다.

결과적으로 운영 방법을 요약해보면 다음과 같다. 첫째, 비즈니스 협상은 당사자 간 자율적 협상이 대부분이지만 갈등해결은 제3자 해결이 다수를 이루고 있다. 둘째, 비즈니스 협상이든 갈등해결이든 협상적 방법은 대부분 경쟁적 협상이고 협력적 협상은 극히 일부에 지나지 않는다. 셋째, 갈등해결의 당사자 해결은 협상적 해결 뿐만 아니라 소통이나 화해에 의한 해결도 많다. 넷째, 갈등해결의 제3자 해결은 조정이 압도적으로 많고 상담과 코칭이 그 다음으로 많다.

3. 협상 사례의 운영 방법별 소분류

표 3.6은 협상 사례의 운영 방법별 소분류의 빈도를 보여주고 있다. 협상실무와 기타를 제외한 전체 47편의 사례는 당사자 협상이나 해결 그리고 제3자 조정이나 해결만 포함하였는데 각각 24편과 23편으로 거의 균등하게 분포해 있다. 당사자 간 협상/해결 중 경쟁적 협상이 14편으로 압도적으로 많고 제3자 조정/해결 중 조정이 11편으로 역시

대다수를 차지하고 그 중 경쟁적 협상의 조정이 7편으로 다수를 점하고 있다.

사례의 소분류를 들여다보면 경쟁입찰, 피해보상협상, 채용협상, 매매협상, 광고협상 등 비즈니스 협상의 대부분이 경쟁적 협상을 취하고 있는데 반해 갈등해결은 매우 다양한 형태로 해결되는 것을 알 수 있다. 가족갈등은 협력적 협상, 소통, 조정(화해), 상담의 방법을 사용하고 있고 상하갈등은 소통, 조정(화해), 상담, 코칭의 방법을 사용하고 있으며 공공갈등은 소통, 조정(경쟁적 협상), 조정(화해)의 방법을 사용하고 있다. 그 외 부서갈등은 화해, 코칭의 방법, 동료갈등은 경쟁적 협상, 화해의 방법, 노사갈등은 경쟁적 협상, 조정(경쟁적 협상)의 방법을 각각 사용하고 있다. 그래서 한 가지 유형의 갈등을 해결하는 방법은 다양하게 선택되고 있음을 알 수 있다. 개략적으로 나타나는 현상은 가족갈등, 동료갈등, 상하갈등, 부서갈등 등 개인적 갈등은 소통, 화해, 상담, 코칭 등의 방법을 사용하고 있는 데 반해 노사갈등, 공공갈등, 조직갈등 등 집단적 갈등은 경쟁적 협상, 조정 등의 방법을 사용하고 있다는 점이다.

표 3.6 협상 사례의 운영 방법별 소분류

운영 방법	세부 운영 방법	사례 소분류	빈도
당사자 간 협상/해결 (24)	경쟁적 협상 (14)	경쟁입찰	3
		피해보상협상	2
		연봉협상	1
		채용협상	1
		매매협상	1
		임차계약	1
		광고협상	1
		노사갈등	1

		동료갈등	1
		용역갈등	1
		조례제정	1
	협력적 협상 (3)	연봉협상	1
		가족갈등	1
		용역갈등	1
	화해 (3)	부서갈등	1
		동료갈등	1
		민원갈등	1
	소통 (4)	상하갈등	1
		가족갈등	1
		공공갈등	1
		세대갈등	1
제3자 조정/해결 (23)	조정(경쟁적 협상) (7)	공공갈등	2
		조직갈등	2
		노사갈등	1
		임금체불	1
		택배갈등	1
	조정(협력적 협상)(1)	매매협상	1
	조정(소통)(1)	공공갈등	1
	조정(화해)(2)	상하갈등	1
		가족갈등	1
	중재(1)	학교갈등	1
	소송(1)	직장내성차별	1
	진정(2)	직장내괴롭힘	2
	민원(2)	민원갈등	1
		고객불만	1
	상담(3)	학교갈등	1
		가족갈등	1
		상하갈등	1
	코칭(3)	상하갈등	1
		직장내괴롭힘	1
		부서갈등	1

주: 괄호 안의 숫자는 소분류 빈도를 취합한 숫자이다.

제2장
협상 사례 교훈의 비교분석

 이 책에 수록된 52편의 사례는 31명의 필자들이 직접 경험한 비즈니스협상과 갈등해결 사례를 정리한 소중한 자료이다. 사례마다 각각의 배울점이 있으며, 모든 사례를 종합하였을 때 얻을 수 있는 핵심적인 교훈점 또한 존재한다. 비즈니스협상과 갈등해결 과정에서 도출된 교훈들은 협상 전문가들이 실제 사례를 분석하여 정리한 결과물이다. 제2장에서는 사례의 교훈들을 종합하고 비교분석하고자 한다. 교훈들의 항목을 설명하고 빈도를 산출한 후 비즈니스 협상과 갈등해결 부문으로 분리한 후 그 특징을 살펴보고자 한다.

1. 협상 사례의 교훈 항목

 52편의 협상 사례가 제시하는 교훈을 정리하면 **표 3.7**에서 보는 바와 같이 15개로 요약된다. 각 항목이 의미하는 바는 표에서 설명되어 있는데 비즈니스 협상이나 갈등해결에 공통되는 항목도 있고 한 부문에 특화된 항목도 있다. 교훈 항목은 사례에서 한 번 이상 언급을 한 경우 최대한 유사한 항목을 묶어서 만들어졌다. 예를 들어 진정성 있는 소통은 명확한 소통, 진솔한 대화 등 여러 가지 형태로 표현되어 있는데 통합적으로 진정성 있는 소통으로 묶었다.

표 3.7 협상 사례에서 제시된 교훈 항목의 설명

No	교훈 항목	설명
1	철저한 사전 준비	협상 전에 상대방의 요구사항, 시장 상황, 경쟁사 조건, 과거의 협상 경험 등을 분석하여 협상 전략을 마련하는 과정
2	상대방에 대한 인식 노력	상대방의 입장에서 갈등을 바라보는 과정이며, 공감과 경청을 통해 갈등의 해결점을 찾아가는 것
3	BATNA 활용	협상이 결렬될 경우를 대비한 '최선의 대안'을 마련하는 것
4	감정관리 노력	감정적인 대응을 피하고, 객관적인 문제 해결 방식으로 접근하는 것
5	협상력 활용	협상에서 원하는 방법으로 원하는 결과를 만드는 능력으로 다양한 기술을 사용하는 것
6	이해관계 파악	협상 과정에서 예상치 못한 변수를 고려하여 전략을 변경하는 능력으로 속마음을 파악하는 것
7	관계관리 노력	갈등이 해결된 후에도 관계를 유지하고 신뢰를 회복하는 과정
8	창의적 옵션의 활용	협상 당사자들이 합의에 이르기 위해 고정관념을 넘어서는 창의성 있는 해결방안을 사용하는 것
9	유연한 협상전략 활용	협상 과정에서 예상치 못한 변수를 고려하여 전략을 변경하는 능력
10	앵커링 효과 활용	상대방의 무의식에 선을 그어줌으로써 생각이 그 안에만 머물 수 있게 하는 것으로 정박효과라고 함
11	좋은사람 나쁜사람 전술 활용	협상가 중 일부가 합리적이고 타협하려는 좋은 사람 역할을 하는 반면 다른 협상가는 공격적으로 융통성 없고 양보하기 싫어하는 나쁜 사람 역할을 하는 것
12	진정성 있는 소통 노력	상대방이 자신의 의견을 충분히 표현할 수 있도록 경청하고, 명확한 의사소통을 하는 것

13	객관적 기준, 명분의 활용	데이터, 법적기준, 계약조항 등을 활용하여 논리를 강화하고 도덕적, 사회적 가치나 공익을 강조하여 상대방을 설득하는 것
14	공통의 목표	갈등을 해결하기 위하여 공동의 목표를 설정하는 방식이며 협력적 협상의 필수 절차임
15	전문가 도움	중재자, 협상 전문가 등의 개입을 통해 갈등을 해결하는 방식

2. 협상 사례 교훈의 빈도 분석

 이상의 교훈 항목을 비즈니스 협상과 갈등해결 부문으로 구분하여 그 빈도를 산출하면 **표** 3.8과 같다. 교훈 항목의 빈도는 해당 항목이 언급된 사례의 숫자를 말한다. 그래서 어떤 사례는 교훈을 언급하지 않았기도 하고 어떤 사례는 두 가지 이상의 교훈을 언급해서 교훈이 사례와 1대1로 매칭이 되지 않는다. 그래서 빈도는 해당 항목이 얼마나 많은 사례에서 언급되었느냐를 나타내는 것이다. 빈도의 합계는 총사례의 숫자가 아니므로 산출하지 않았으며 개별 빈도의 총사례에 대한 비율만 산출하였다.

 표 3.8에서 보는 바와 같이 비즈니스 협상과 갈등해결 부문에서 교훈 항목의 빈도가 매우 상이한 분포를 보이고 있다. 비즈니스 협상 부문에서는 협상력 활용이 12편으로 압도적 다수를 차지하고 있다. 그다음으로는 철저한 사전 준비가 4편이고 BATNA 활용이 3편으로 나타나 빈도가 많이 하락하지만 중요성은 언급될 필요가 있다. 상대방 인식, 이해관계 파악, 창의적 옵션 활용, 유연한 협상전략 활용이 각각

2편으로 총 16편 사례 중에서 두 개 사례에서 교훈으로 언급되고 있다.

표 3.8 비즈니스 협상과 갈등해결 사례의 교훈 항목 빈도

No	교훈 항목	비즈니스 협상		갈등해결		합계	
		빈도	%	빈도	%	빈도	%
1	철저한 사전 준비	4	25			4	8
2	상대방에 대한 인식 노력	2	13	7	19	9	17
3	BATNA 활용	3	19			3	6
4	감정관리 노력			7	19	7	13
5	협상력 활용	12	75			12	23
6	이해관계 파악	2	13	15	42	17	33
7	관계관리 노력	2	13	10	28	12	23
8	창의적 옵션의 활용	2	13			2	4
9	유연한 협상전략 활용	2	13			2	4
10	앵커링 효과 활용	1	6			1	2
11	좋은사람 나쁜사람 전술 활용	1	6			1	2
12	진정성 있는 소통 노력			14	39	14	27
13	객관적 기준, 명분의 활용	1	6			1	2
14	공통의 목표			5	14	5	10
15	전문가 도움			13	36	13	25
	총 사례	16		36		52	

주: 빈도의 합계는 총 사례가 아니며 %는 각 부문별 총 사례, 즉 16과 36, 총 52 대비 비율이다.

갈등해결 부문의 빈도 구조는 비즈니스 협상 부문의 빈도 구조와는 상당한 차이를 보이고 있다. 이해관계 파악이 15편으로 가장 높은 빈도를 보이고 있다. 이어서 진정성 있는 소통이 14편, 전문가 도움이 13편으로 상당히 높은 빈도를 기록하고 있다. 관계관리 노력도 10편 이어서 교훈으로서 어느 정도 중요성을 함축하고 있다. 그 외 상대방 인식 노력 7편, 감정관리 노력 7편, 공통의 목표 5편의 빈도를 보면 갈등의 특징에 따라 이들의 중요성이 강조되기도 한다.

3. 협상 사례 교훈의 특징

이상의 빈도 분석을 통해 비즈니스 협상과 갈등해결 부문에서 보여주는 교훈의 특징을 다음과 같이 요약해볼 수 있다.

첫째, 비즈니스 협상 부문에서는 물질적 쟁점의 목표를 달성하기 위한 전략적 접근이 중요한 요소로 작용하며, '협상력 활용'이 핵심적인 교훈으로 도출되었다. 철저한 사전 준비와 BATNA 등 다양한 협상 기술 활용을 통해 협상의 유리한 고지를 점하는 것이 중요한 특징이다.

둘째, 갈등해결 부문에서는 비즈니스 협상과는 달리 인간관계, 심리적 쟁점에 맞추어져 있어서 이해관계 분석과 진정성 있는 소통이 매우 중요한 교훈으로 제시되었다. 또한 당사자들이 갈등해결의 어려움을 느낄 때 전문가의 도움을 받기를 원하기도 한다. 그리고 인간관계의 관리, 상대방 인식 노력, 감정관리 노력 등 관계와 심리 문제를 잘 다루는 것이 중요하다는 점도 강조될 필요가 있다.

4. 비즈니스 협상과 갈등해결의 구조적 차이점

비즈니스 협상과 갈등해결 사례에서 도출된 교훈이 이처럼 다르게 나타나는 이유는 두 부문의 본질적인 차이에서 기인한 것으로 보인다.

첫째, 비즈니스 협상은 거래의 성공을 목표로 하며, 궁극적인 목적은 서로에게 유리한 조건을 확보하는 것이다. 따라서 협상력 강화, BATNA 확보, 창의적 옵션이 중요한 요소로 작용한다. 반면 갈등해결은 관계 회복과 문제 해결이 핵심이다. 단순한 거래가 아니라 감정과 신뢰가 개입되기 때문에 접근 방식이 다르다. 감정 조절과 진정성 있는 소통이 갈등을 해결하는 데 중요한 역할을 한다.

둘째, 비즈니스 협상은 단기적 성과, 갈등해결은 장기적 관계 유지가 주요 목적이다. 비즈니스 협상이 중장기적 성과를 도외시 한다는 것은 아니다. 협상에서는 거래가 성사되면 관계가 끝날 수도 있지만, 갈등해결에서는 해결 이후에도 관계를 지속해야 하는 경우가 훨씬 많다. 이러한 차이를 고려할 때, 협상과 갈등해결에서 중점을 두어야 하는 요소들이 다르게 나타나는 것은 자연스러운 결과이다. 각각의 상황에 맞춰 적절한 접근 방식을 선택하는 것이 중요하다.

제3장
협상 사례 분석의 시사점

1. 비즈니스 협상의 시사점

1) 비즈니스 협상에서 협상력 활용이 절대적으로 중요하다.

앞의 표 3.8에서 확인할 수 있듯이 비즈니스 협상의 교훈으로 '협상력 활용'이 전체 응답자의 75%를 차지하고 있다. 비즈니스 협상 사례의 대부분이 경쟁적 협상임을 감안하면 경쟁적 협상에서 협상력이 매우 중요함은 당연하다. 현실적으로 협상을 성공적으로 또는 유리하게 이끌어가기 위해서는 협상력을 이용하는 것이 필요하다. 같은 표에서 'BATNA 활용'이 19%의 응답을 보이고 있어서 BATNA도 협상력의 일부로 고려해야 한다. 요컨대 협상력의 구성요소인 정보, 자원, 권위, 설득, 연합, BATNA 등을 효과적으로 활용하는 것이 비즈니스 협상에서 매우 중요하다.

2) 비즈니스 협상에서 철저한 사전준비가 매우 중요하다.

표 3.8에서 보면 비즈니스 협상 사례의 25%가 철저한 사전준비를 교훈으로 제시하고 있다. 레위키의 10가지 협상의 성공법칙 중 첫 번째가 사전준비임을 감안하면 사전준비의 중요성은 충분히 수긍할 수

있다. 아마 협상의 역량이 높아질수록 사전준비의 중요성이 더 높아질 것으로 추측된다. 갈등해결에서는 사전준비가 전혀 교훈으로 제시되지 않은 것을 보면 사전준비는 주로 비즈니스 협상에서 중요성이 평가된다.

3) 비즈니스 협상에서 협력적 협상을 개발할 필요가 있다.

비즈니스 협상 사례는 대부분 경쟁적 협상이고 협력적 협상은 거의 없다는 특징을 제1부 제1장에서 도출하였다. 협력적 협상은 창조적 옵션을 개발하여 파이를 확대함으로써 당사자 양 측이 만족하고 장기적 관계도 개선하는 결과를 얻는다. 협상 사례 필자들을 대상으로 한 협상교육과정에서 협상 스타일 자가진단을 실시해보면 협력전략 유형이 많이 나타나지만 실제 협상에서 실천되지 않는 현상을 발견할 수 있다. 협력전략을 실제 현실에 적용하는 노력을 해야 그런 사례를 얻을 수 있을 것이다.

2. 갈등해결의 시사점

1) 감정이나 관계의 갈등은 감성과 소통 스킬을 적용하여 해결하는 것이 가장 바람직하다.

제1부 제1장에서 갈등해결이 물질적 쟁점과 결합되었을 때 협상 전

략이 나타나지만 갈등해결이 관계적 쟁점인 경우에는 소통으로만 해결되는 것으로 조사되었다. 쟁점이 감정이나 관계 자체에 집중되어 있을 경우에는 감성 스킬과 소통 스킬이 매우 긴요하게 사용되어 갈등해결에 기여하고 있다. 그래서 갈등해결에서 물질적 쟁점은 분리하여 협상으로 해결하고 감정과 관계 쟁점은 감성과 소통 스킬을 적용하여 해결하는 것이 효과적이다. 감성 스킬은 사과, 호의, 공감 등 감성을 자극시키는 스킬이고 소통 스킬은 경청, 적극적 듣기, 솔직한 대화 등 마음을 열게 하는 스킬이다.

2) 갈등을 완화하고 해결할 수 있도록 감정을 긍정적으로 관리하는 것이 중요하다.

제2부에서 협상 합의나 갈등해결 사례를 살펴보면 상대방의 나쁜 감정, 부정적 감정을 증폭시키지 않고 완화하기 위해 사과와 용서, 공감과 인정, 적극적 듣기 등 긍정적 감정 관리 방법을 사용하고 있음을 발견할 수 있다. 긍정적 감정의 표현과 소통은 상대방의 긴장을 완화하고 갈등해결의 방향으로 작동하도록 촉진하는 역할을 한다. 의견의 차이가 생겼을 때나 갈등이 발생했을 때 상대의 감정을 악화시키는 방아쇠를 당기는 소통과 감정표현을 삼가고 상대에게 긍정의 기운을 전달하는 감정관리가 매우 중요함을 알 수 있다.

3) 갈등해결은 제3자에 의한 해결보다 당사자 해결을 지향하여 소통과 관계개선을 도모함이 바람직하다.

표 3.5에서 갈등해결의 운영 방법을 살펴보면 당사자 해결은 총 13사례 중 9사례가 협력적 협상, 문제해결, 소통적 방법을 통해 해결함으로써 소통과 관계개선에 기여하는데 반해 제3자 해결은 총 21사례 중 협력적 협상, 소통적 방법을 통한 조정, 중재, 상담이 거의 없어서 당사자 간 소통과 관계개선에 기여하지 못하는 것으로 평가된다. 그래서 특히 당사자 간 관계개선이 필요한 갈등해결은 제3자 해결 방식보다 당사자 해결 방식을 도모함이 효과적이다. 당사자 해결의 어려움이 있는 경우 협상코칭을 이용하면 당사자 해결을 개발할 수도 있다.

3. 공통의 시사점

1) 상대방의 이해관계를 정확히 파악하여 윈-윈 합의로 이어지는 경험을 축적하는 것이 필요하다.

표 3.8에서 보면 비즈니스 협상 사례 중 13%, 갈등해결 사례 중 42%, 전체 사례 중 33%가 '이해관계 파악'을 교훈으로 제시하였다. 이해관계 파악은 협상과 갈등해결에서 단순한 입장 차이만이 아니라, 상대방의 숨겨진 동기, 조직 내 권력 관계, 외부 환경적 요인 등 복합적인 요소를 고려하는 것이다. 비즈니스 협상 사례에서는 종종 당사자들이 자신의 목표에 집중한 나머지 상대방의 실질적 이해관계를 간과하는 경향이 있었던 반면, 갈등해결 사례에서는 이해관계를 제대로 분

석한 경우 신속하고 효과적인 해결이 이루어진 사례가 많았다는 점을 기억할 필요가 있다.

2) '관계관리 노력'은 협상 결과의 지속성과 갈등해결의 성공을 결정짓는다.

표 3.8에서 보면 비즈니스 협상 사례 중 13%, 갈등해결 사례 중 28%, 전체 사례 중 23%가 '관계관리 노력'을 교훈으로 제시하였다. 관계관리 노력은 협상과 갈등해결 후에도 당사자 간 신뢰와 협력 관계를 유지하기 위한 전략이다. 관계관리는 일회성 활동이 아니라 지속적인 노력이 필요하며, 사전 예방 차원의 신뢰 구축 노력도 중요하다. 협상과 갈등해결에서 당장의 합의만을 목표로 하는 것이 아니라, 장기적으로 지속 가능한 관계를 구축하는 것이 더욱 중요한 성공 요인이 될 수 있다. 신뢰를 유지하고 협력적 환경을 조성하는 것은 기업과 개인 모두에게 장기적인 이익을 가져올 것이다.

3) 기업은 협상과 갈등관리 역량을 개발하여 기업 경쟁력 강화와 조직문화 개선을 도모할 필요가 있다.

표 3.4에서 분석한 협상 사례의 분류체계와 빈도에 의하면 비즈니스 협상 사례 중 기업 간 협상 사례가 62.5%이고 갈등해결 사례 중 직장 내 갈등해결 사례가 50%를 차지하고 있어서 비즈니스 협상과 갈등해결의 빈도가 기업 내와 기업 간에 매우 높게 나타나고 있다. 현실적으

로 협상이 많이 사용되는 곳이 기업과 기업사이라면 협상을 성공하기 위해 기업은 협상역량을 길러야할 필요가 있다. 마찬가지로 갈등해결이 많이 사용되는 곳도 기업 내이므로 기업은 갈등관리역량을 개발할 필요가 있다. 이러한 협상역량과 갈등관리역량을 개발하는 것은 분명 기업의 경쟁력 강화와 조직문화 선진화를 가능하게 하여 초일류기업으로 발전하게 할 것이다.

부록. 협상사례 번호, 제목, 저자 및 페이지

NCL #	제목	저자	페이지
22-01	냉장고 제조·판매 부서갈등협상 사례	원창희	173
22-02	에어컨 제조사 조직 내 상하갈등 코칭 사례	최동하	235
22-03	소통의 지혜 사례-해석은 듣는 이의 몫	장동혁	177
22-04	자매 간 겨울옷 구매갈등 감정대립 상담사례	최숙	181
23-01	비영리기관 운영의 조직갈등 ADR 사례	최숭원	239
23-02	사전 협상을 토대로 한 비선호시설 입지선정 성공 사례	정주영	185
23-03	코로나19 이후 비대면 소통 확산으로 인한 조직갈등 사례	권희범	189
23-04	컴퓨터 프로그래머 연봉협상 사례	원창희	105
23-05	지방자치단체의 적극적 갈등조정을 통한 주민갈등 해소 사례	이현직	243
23-06	K아파트 경비노동자 집단해고 협상 사례	박종국	247
23-07	모 공공기관의 직장 내 괴롭힘 갈등해결 사례	송치경	251
23-08	식당업체 선정 내·외부협상 사례	황안순	109
23-09	신입 사원과 팀장 간 갈등해결 사례	조정혜	255
23-10	화력발전소 건설 관련 사업자-어민 간 분쟁 사례	김용춘	259
23-11	직장 내 괴롭힘 자율해결 코칭 사례	최동하	263
23-12	모녀의 갈등 조정 사례	임정숙	267
23-13	헤드헌팅 협상 사례	김채연	113
23-14	동료 간 감정 갈등해결 사례	이강수	193
23-15	비즈니스 협상 사례 '누가 먼저 조건을 말할까	송효지	117
23-16	BATNA를 활용한 프로젝트 발주 협상 사례	박정일	121
23-17	은행 대출금리 협상 사례	이은희	125
23-18	인도인, 중국인, 한국인의 협상 사례와 문화	조윤근	129
23-19	협동조합 내 운영자들 간 갈등 사례	전혜자	271
23-20	좋은 사람 나쁜 사람 전술을 활용한 사무실 임차계약	류경선	133
23-21	학생과 교사 간 갈등해결 이야기	김미양	275

NCL #	제목	저자	페이지
23-22	축사건축 민원 갈등해결 사례	이혜경	279
23-23	어떻게 원하는 것을 얻을 것인가-택배대란 사례	장동혁	283
23-24	치매 부모로 겪은 내적갈등 해결 사례	최숙	287
24-01	협업을 위한 협상 코칭 사례	최동하	291
24-02	아빠와 딸의 유튜브 영상편집 갈등해결 사례	조윤근	197
24-03	MZ세대 노동조합과 사용자 간 갈등 사례	권희범	201
24-04	퇴직자의 귀촌과 토지매매협상 사례	정주영	137
24-05	학교폭력 갈등의 화해중재를 통해 얻는 교훈	김용섭	295
24-06	크리스마스트리 갈등 이야기	장동혁	205
24-07	갈등의 생성자이면서 해결사로서 경험 사례	조정혜	209
24-08	고용상 간접 성차별 사례와 의미	송치경	299
24-09	상호주관적 이해를 통한 법원 민사조정의 성공사례	임정숙	143
24-10	SM고속도로 건설 협력전략 사례	이현직	303
24-11	경기도「일하는 모든 사람 권리보장 조례」제정 협상 사례	박종국	213
24-12	신재생에너지 정책 갈등과 과제	김용춘	217
24-13	교사의 관리자 갑질 갈등해결 사례	김미양	307
24-14	지자체 연구용역 갈등증폭 예방 사례	이강수	221
24-15	브랜드 사용료 협상에서 객관적 기준의 중요성	송효지	147
24-16	중소기업의 불법 소프트웨어 배상 협상 사례	이은희	151
24-17	화재발생 리모델링 공사 갈등해결 사례	이혜경	155
24-18	연봉 협상의 조건부 합의전략 활용 사례	류경선	159
24-19	광고 협상에서 영향력 있는 제3자 활용 전략 사례	정혜경	163
24-20	적대적 vs 협력적 노사관계의 사례분석	이동찬	225
24-21	공익직불금 민원 갈등해결 이야기	최성희	229
24-22	의료업계 직장 내 괴롭힘 해결 사례	김지연	311
24-23	공공기관의 임금교섭 사례와 제언	최영재	167
24-24	부드러운 화법의 인간적 친근 전략 사례	최미영	315

저자 출판 소감
(제출 순)

1. 최숙 소감

'시작이 반이다.'라는 말은 진리인 것 같습니다. 시작이 어제 같은데 어느새 협상사례레터가 출간된다고 생각하니 그룹의 한 구성원으로서 매우 기쁘고 뿌듯합니다. 마치 생각하지도 못했던 선물을 받을 때처럼 설레는 느낌입니다. 모든 분들의 노고에 감사드리며 앞으로 더욱 발전되고 수준 높은 사례집이 탄생되기를 기원합니다.

2. 이은희 소감

협상은 삶의 모든 순간에 중요한 가치를 가진다고 생각합니다. 이번 사례집에 은행 대출 금리 협상과 중소기업의 불법 소프트웨어 배상 협상 사례를 공유하게 되어 매우 뜻깊었습니다. 저의 경험이 독자들에게 실질적인 도움과 영감을 줄 수 있기를 바랍니다.

3. 류경선 소감

협상의 원칙과 전략을 공유하게 되어 기쁩니다. 실제 사례를 통해 독자들이 협상의 가능성을 넓히고, 보다 효과적인 협상가로 성장하는

데 도움이 되길 바랍니다.

4. 송효지 소감

'구슬이 서 말 이라도 꿰어야 보배'인 것처럼 각계각층의 다양한 협상가의 사례들이 한 권의 책으로 묶이게 되었습니다. 이를 계획하고 추진하신 원창희 대표님, 최동하, 장동혁 편집위원님과 바쁜 와중에도 사례 집필에 힘쓰신 필자들의 노고에 감사드립니다.

5. 임정숙 소감

이 책은 갈등과 협상의 실제 사례로 구성되며, 갈등해결을 위해 개입하는 과정을 다루고 있습니다. 이러한 사례들은 갈등에 영향을 주는 요인들을 탐색하고, 전문가의 특성에 따라 진행되는 과정과 결과를 비교할 수 있어 현장에서 활동하는데, 많은 도움이 되었습니다. 갈등 전문가들에게 적극적으로 추천하는 바입니다.

6. 이강수 소감

사회생활을 하다 보면 이웃이나 동료와의 협상 및 갈등 상황을 피할 수 없습니다. 이 책은 다양한 사례를 통해 독자들이 간접적으로 경험을 쌓고, 갈등해결에 대한 통찰을 얻을 수 있도록 돕고자 저술되었습니다. 이를 통해 서로의 입장을 이해하고 관계의 벽을 허물며 보다 원만한 소통을 이루는 데 기여할 수 있기를 기대합니다.

7. 조윤근 소감

52개의 소중한 사례를 분석하며 협상과 갈등해결에서 구조의 중요성을 새삼 깨달았습니다. 탄탄한 구조 속에서 논리와 감정, 전략과 공감이 조화를 이룰 때 진정한 해결이 가능함을 확인했습니다. 이 책이 실용적 지혜와 통찰을 전하는 길잡이가 되길 바랍니다.

8. 최미영 소감

이번 협상 사례집은 단순 거래를 넘어 인간관계의 섬세한 예술임을 보여주는 사례집이 될 것입니다. 다양한 협상 사례들이 상호존중과 깊은 이해로 긍정적 관계를 창출 하는 과정을 입증하며 인생의 지혜를 일깨워주는 사례집이 될 것입니다.

■제1저자 원창희 프로필

[학력]
고려대학교 경영대학 경영학 학사
고려대학교 대학원 경제학 석사
미국 오하이오주립대(The Ohio State University) 경제학 박사

[경력]
한국노동교육원 교육본부장, 교수
숭실대 노사관계대학원 겸임교수
한국노동경제학회 / 한국노사관계학회 부회장, 이사
서울지방노동위원회 / 경기지방노동위원회 공익위원
국회 환경노동위원회 전문위원
아주대학교 경영대학원 겸임교수
The 9th Asia Pacific Mediation Forum(APMF) Conference 준비위원장
단국대학교 경영대학원 협상론 강사
한국코치협회 인증코치
한국조정중재협회 부회장
한국갈등조정가협회 회장
미국 연방조정알선청 명예조정관(현)
서울중앙지방법원 / 서울가정법원 조정위원(현)
고려대학교 노동문제연구소 연구교수(현)
한국협상경영원 대표/원장(현)

[저서]
노사간 신뢰구축의 길(공저, 나남출판사, 2004)
노동분쟁의 조정: 이론과 실제(법문사, 2005)
사례로 배우는 대안적 분쟁해결: 협상조정중재(이지북스, 2009)
갈등관리의 이해(한국문화사, 2012)
직장인 행복서(인더비즈, 2014)
협상조정의 이해(한국문화사, 2016)
갈등코칭과 협상코칭(한국문화사, 2019)
함께 행복한 협상 이야기(네고메드, 2020)
역사 속 위대한 협상가 이야기(공저, 파인협상아카데미, 2022)
조직갈등해결의 실무와 사례(공저, 한국협상경영원, 2023)
노동갈등해결의 실무와 사례(공저, 한국협상경영원, 2024)
성공하는 협상의 10가지 핵심역량(개정판)(한국협상경영원, 2024)
비즈니스 협상의 실무와 사례(공저, 한국협상경영원, 2024)
한국의 위대한 협상가(공저, 한국협상경영원, 2024)

■제2저자 최동하 프로필

[학력]
한국외국어대학교 학사
중앙대 신문방송대학원 석사
국민대 일반대학원 문화학 박사

[경력]
단국대학교 경영대학원 협상학과 협상코칭전공 주임교수
㈜퀀텀프로젝트 대표이사(대표코치): 기업코칭/컨설팅/교육기관
한국협상경영원 자문교수, 한국협상가그룹 총회장
㈜케어마인 심리상담&코칭 센터 연구소장
ICF KOREA 부회장, 한국코칭학회 상임이사
한국코치협회 코칭수퍼비전연구회/멘탈코칭연구회 운영자
(사)한국코치협회 인증 수퍼바이저코치(KSC)
국제코치연맹(ICF) 인증 전문코치(PCC)
NLP 트레이너(캐나다 Erickson College 인증)
(사)한국코치협회 이사
2019년 한국코치협회 올해의 코치상 수상

[저서]
KCA 코칭역량해설(2025) 공저
강의트렌드 2025(2025) 공저
최신 코칭학개론(2023) 공저
VUCA시대의 조직문화와 피어코칭(2020) 공역
현장 실전코칭(2021) 공저
ICF코칭핵심역량(2021) 공저
코칭의 역사(2015) 공역
성학 코칭리더십연구(박사논문)

■제3저자 장동혁 프로필

[학력]
전북대학교 생물교육과 학사
한양대학교 생명과학과 석사
백석대학교 상담대학원 석사

[경력]
서울특별시 물연구원 연구원
㈜KORBI
㈜에너지이노베이터 대표
㈜하이컨플릭트 대표
(사)한국갈등조정가협회 사무국장
수원군공항 이전 상생발전위원회 위원
과천시 갈등관리시민행복단 부단장
SH서울주택도시공사 갈등조정위원
인천광역시 인재개발원 강사
MG새마을금고 인재개발원 강사
인천지방법원/대전지방법원 천안지원 상설조정위원
독일 갈등조정가 과정 수료(Vechta Univ.)
유독성 조류(Toxic Algae) 분류 및 동정 전문가과정 수료(Univ. of Tokyo)
수필가 등단(월간순수문학 수필 당선)

[저서]
『사랑건축학개론』,『프란츠 카프카를 위한 변(辯)』월간순수문학 통권311호, 2019
『관계의 정원』, 지식노마드, 2025(출간중)

■제4저자 조윤근 프로필

[학력]
단국대학교 경영학사
고려대학교 경영대학원 경영학석사(MBA), 인사조직전공

[경력]
롯데제과(주) 노사협력팀 팀장
롯데(중국)투자유한공사 인사팀 팀장
롯데(상해)식품유한공사 관리부 부장
대한민국 육군 중위 전역(ROTC)
서울시 영등포구 환경거버넌스 위원
협상가1급, 마스터협상가 자격증(한국협상경영원)
한국협상경영원 전문위원(현)
롯데웰푸드(주) 안전경영팀 매니저/수석(현)
국무총리표창 2회(근로자의 날 유공, 산재예방 유공)

[저서]
조직갈등해결의 실무와 사례(공저, 한국협상경영원, 2023)

■31인 사례 저자 명단(가나다 순)

권희범: 인사노무컨설팅그룹 서중 대표노무사
김미양: 봄빛기업교육 대표
김용섭: 화성오산교육지원청 학폭소위원장/화해중재위원
김용춘: 수협중앙회 어업피해보상 자문위원
김지연: 레이버코드 노동법률사무소 대표노무사
김채연: 한국커리어리더십 대표
류경선: 롯데e커머스 팀장
박정일: 전북대학교 경영학박사·경영지도사
박종국: 경기도 노동정책전문관
송치경: 노무법인 비상 대표 공인노무사
송효지: MBC 차장
원창희: 한국협상경영원 대표, 원장
이강수: 참된경영교육컨설팅 수석컨설턴트
이동찬: 한수원 한울1발 노조위원장
이은희: ㈜구츠 이사
이현직: 경기도 노동권익보호담당관
이혜경: 전남 영암군 팀장
임정숙: 한성대학교 국방대학원 외래교수
전혜자: 은진마을학교협동조합 대표
장동혁: ㈜하이컨플릭트 대표
정주영: 한국갈등연구원 대표, 대구지법 경주지원 조정위원
정혜경: ICF국제코칭연맹 사무국장
조윤근: 롯데웰푸드(주) 안전경영팀 수석
조정혜: 소셜벤처 두근두근 대표
최동하: 단국대 경영대학원 협상코칭전공 주임교수
최미영: 휴먼마인드연구소 대표
최성희: 전남 영암군 팀장
최 숙: 한국협상경영원 경영이사
최승원: 노무법인 공감프로젝트 대표노무사
최영재: 한수원 노동조합 한울본부위원장
황안순: ㈜코스맥스 전무이사

사례로 보는 협상과 갈등해결

1판1쇄 발행 2025년 4월 15일

지 은 이 원창희, 최동하, 장동혁, 조윤근 외 27인
펴 낸 이 이원창희
펴 낸 곳 한국협상경영원
기획홍보 조윤근
편   집 최숙
등   록 2020년 5월 11일
주   소 서울특별시 서초구 서초대로46길 99, 4196호(현빌딩)
전   화 02-6223-7001
팩   스 050-4186-4540
이 메 일 k-nego@daum.net
홈 페 이 지 www.k-nego.com

책값은 뒤표지에 있습니다.

잘못된 책은 바꾸어 드립니다.
이 책의 내용은 저작권법에 따라 보호받고 있습니다.

ISBN 979-11-979913- 7-0

이 도서의 국립중앙도서관 출판도서목록은 서지정보유통지원시스템
홈페이지(http://seoji.nl.go.kr)와 국가자료공동목록시스템(http://www.nl.go.kr/kolisnet)에서
이용하실 수 있습니다.(ISBN 979-11-979913-7-0으로 검색)

바코드로 검색 가능